互联网与会计教学改革的创新研究

王小娟　李亚杰　张　俊　著

吉林科学技术出版社

图书在版编目（CIP）数据

互联网与会计教学改革的创新研究 / 王小娟，李亚杰，张俊著．— 长春：吉林科学技术出版社，2024．5．
ISBN 978-7-5744-1379-5

Ⅰ．F230-39

中国国家版本馆 CIP 数据核字第 2024K8K035 号

互联网与会计教学改革的创新研究

著　王小娟　李亚杰　张　俊
出版人　宛　霞
责任编辑　鲁　梦
封面设计　树人教育
制　版　树人教育
幅面尺寸　185mm×260mm
开　本　16
字　数　260 千字
印　张　12
印　数　1~1500 册
版　次　2024 年 5 月第 1 版
印　次　2024 年10月第 1 次印刷

出　版　吉林科学技术出版社
发　行　吉林科学技术出版社
地　址　长春市福祉大路5788 号出版大厦A 座
邮　编　130118
发行部电话/传真　0431-81629529 81629530 81629531
81629532 81629533 81629534
储运部电话　0431-86059116
编辑部电话　0431-81629510
印　刷　廊坊市印艺阁数字科技有限公司

书　号　ISBN 978-7-5744-1379-5
定　价　75.00元

前　言

国家“互联网 +”行动计划的积极推进，各行各业正努力在新一轮发展中抢占先机。互联网时代背景下，高等教育改革应与时俱进。会计教育为国家培养会计人才，会计教育依托现代信息技术，需要在转型中不断改进创新教育教学，持续发展，才能培养出具有较强竞争力的高素质人才。

由于会计专业的特殊性，要成为一名优秀的会计专业人才需要经过多种技术与资格考试，比如，初级会计职称考试、中级会计职称考试、高级会计职称考试、注册会计师考试等。传统的会计教育主要依赖教师的课堂教学以及市面上的各大培训机构，而随着互联网的发展，东奥会计网校、中华会计网校等网络培训机构应运而生。学生已经不再需要按时按地地出现在教室聆听教师的讲课，只需要打开电脑就可以随时随地进行会计知识的学习，这就脱离了传统的“填鸭式”课堂的教学模式，学生不仅可以在课堂上听教师讲课，还可以在课下通过网络学习知识，这极大地满足了学生的学习需求。

互联网时代的到来，促使会计行业迎来一场前所未有的变革。时代带来的不仅是会计技术上的变化，更是会计思维、理念和模式上的变革，也使企业对会计人员的职业需求发生了改变，因而会计教学也要根据时代的变化做出革新。

由于笔者水平有限，本书难免存在不足之处，敬请广大学界同人与读者朋友批评指正。

目　录

第一章　会计教学概述

第一节　会计教学

一、会计

会计有两层意思：一是指会计工作，二是指会计工作人员。会计工作是会计从业人员根据会计相关法律法规、会计准则对本单位的经济活动进行核算和监督的过程。会计工作人员是从事会计工作的专职人员，按照职位和岗位分为会计部门负责人、主管会计、会计、出纳等；按照专业技术职务分为高级会计师、会计师、助理会计师、会计员等。

我国从周代开始就有了会计的新官职，掌管赋税收入、钱银支出等财务工作，进行月计、岁会。每月零星盘算为“计”，一年总盘算为“会”，两者合在一起即成“会计”一词。

（一）会计对象

会计对象是指会计核算和监督的内容，具体是指社会再生产过程中能以货币表现的经济活动，即资金运动或价值运动。

（二）基本特征

会计有五个基本特征：①会计是一种经济管理活动；②会计是一种经济信息系统；③会计以货币作为主要计量单位；④会计具有核算和监督的基本职能；⑤会计采用一系列专门的方法。

（三）会计目标

会计目标也叫作会计目的，是要求会计工作完成的任务或达到的标准。我国《企业会计准则》[①] 中对会计核算的目标做了明确规定：会计的目标是向财务会计报告使

① 中华人民共和国财政部制定．企业会计准则 [M]. 北京：经济科学出版社，2019.01.

用者提供与企业财务状况、经营成果和现金流量等有关的会计信息，反映企业管理层受托责任履行情况，有助于财务会计报告使用者做出经济决策。

（四）会计职能

1. 会计的核算职能

会计的核算职能也称为会计反映职能，是指会计以货币为主要计量单位，对特定主体的经济活动进行确认、计量和报告。会计核算贯穿经济活动的全过程，是会计最基本的职能。

记账、算账、报账、分析是会计执行核算职能的主要形式，将个别、大量的经济业务，通过记录、分类、计算、汇总转化为一系列经济信息，使其正确、全面、综合地反映企事业单位的经济活动过程和结果，为经营管理提供数据资料。

2. 会计的监督职能

会计监督职能又称会计控制职能，是指对特定主体经济活动和相关会计核算的真实性、合法性和合理性进行监督检查。监督的核心就是要干预经济活动，使之遵守国家法律、法规，保证财经制度的贯彻执行，同时要从本单位的经济效益出发，对每项经济活动的合理性、有效性进行事前、事中、事后监督，以防止损失或浪费。

3. 拓展职能

（1）预测经济前景，是指根据财务会计提供的信息，定量或定性地判断和推测经济活动的发展变化规律以指导和调节经济活动，提高经济效益。

（2）参与经济决策，是指根据财务会计提供的信息，采用专门的方法，对各种备选方案中选出的最经济可行的方案进行分析，为企业经营管理等提供决策。

决策在现代化管理中起着重要的作用，正确的决策可以使企业获得最大效益，决策失误将会造成重大损失与浪费。决策必须建立在科学预测的基础上，而预测与决策都需要掌握大量的财务信息，这些资料都必须依靠会计来提供。因此，为企业取得最大经济效益奠定基础的参与决策职能，是会计的一项重要职能。

（3）评价经营业绩，是指利用财务会计提供的信息，采用适当的方法，对企业一定经营期间的资产运营、经济效益等经营成果，对照相应的评价标准，进行定量及定性对比分析，做出真实、客观、公正的综合评判。

二、会计教学

本书里所说的“会计”，指的是会计学专业的系列课程。为了给社会培养合格的会计专业人才，各高校必然会为会计系、科、专业的学生开设一系列的专业课程，如初级财务会计学、中级财务会计学、成本会计学、会计理论专题、管理会计学、非营利单位会计学、财务管理学、审计学、财务分析学、电算会计学、国际会计学、资产评估学等。这些课程，有的属于传授会计理论知识的，有的属于训练会计实践能力的，它们共同为完成会计专业人才培养目标而服务。因此，这里所说的“会计”，实际上是会计学专业课程的总合与总称。尽管它包括每一门单一的会计课程，但指的并不仅仅是某一门单一的会计课程。

与之相应地，我们所说的“会计教学”，指的便是高校会计学专业所开设的会计专业课程的教学，包括会计理论课程的教学与会计实践课程的教学。当然，高校的会计教学，既有博士生层次的会计教学，也有硕士生层次的会计教学，既有本科生层次的会计教学，又有专科生层次的会计教学。由于博士生层次与硕士生层次的会计教学带有明显的学术探索色彩与以学生自我探讨为主的特色，而且教学内容的研究领域更为精细，教学对象的人数相对有限，难以按班级授课制形式教学，教学时更关注会计理论的发展与建设，而不大关注会计实践能力的培养，即它们不属于以培养会计从业人员为主的教学体系，因此博士生与硕士生层次的会计教学没有涵盖在这本书所说的“会计教学”概念范畴里。这样，我们所说的“会计教学”，便专指高校本、专科层次的会计专业课程的教学。

目前，我国有相当一部分中专学校和职业高中也开设了一系列会计专业课程，甚至一些课程的名称与所使用的教材也与高校的一致，但是必须说明，我们所说的“会计教学”并不包括中专学校和职业高中的会计专业课程的教学。因为无论是中专学校，还是职业高中，都属于中等学校，而非高等学校。同时，随着我国办学体制的改革，中专学校正在逐渐削减，由本、专科学校取代，因此，即使把它们纳入本书所指的“会计教学”中来，意义也不是很大了。

第二节　会计教学的目标

一、目标的概念

目标，指的是射击、攻击或寻求的对象，也指想要达到的境地或标准。例如，沈从文《题记》：“由我自己说来，我所有的作品，都还只能说是一个开端，远远没有达到我的目标。”目标是对活动预期结果的主观设想，是在头脑中形成的一种主观意识形态，也是活动的预期目的，为活动指明方向。其具有维系组织各方面关系、构成系统组织方向核心的作用。

任何实践活动都有鲜明的目标，或者说没有鲜明目标的实践活动都将归于失败。目标既是实践活动的出发点，又是实践活动的最终归宿。一旦有了明确的目标，实践活动的目的性便会生动地表现出来，走向成功的概率也随之提高。

学校教育是一种以培养人与改造人为己任的实践活动，当然有其鲜明的目标。这一点，在我国古代就已形成共识。儒家经典著作之一的《大学》，下笔便开宗明义地提出：“大学之道，在明明德，在亲民，在止于至善。”其中，提到的“明明德”“亲民”“止于至善”，便是学校教育的三大基本目标。另一本儒家经典著作《中庸》，也就学校教育的目标进行了具体阐述，明确指出学校教育具有八大基本目标“格物、致知、诚意、正心、修身、齐家、治国、平天下”。到了今天，我们的学校教育目标便明确地界定为：“使受教育者在德、智、体、美、劳等方面得到全面发展。”当然，这些教育目标的说法，都是针对学校整体教育而言的，并没有区分出大、中、小学的不同，也没有考虑各门学科教学的差别，也就是说，无论大、中、小学，也无论是何种学科，其教育教学的目标从整体上说都是一致的。

但是，大、中、小学的教育与教学，由于学生对象的年龄与心智不同，其培养目标也应该有所区别；各门学科的教学，由于其性质与内容有明显不同，其教学目标也应该有所区别。也就是说，尽管都可以概述为“使受教育者在德、智、体、美、劳等方面得到全面发展”，但是其德、智、体、美、劳的具体内涵与发展程度是有所区别的。我们这里研究的会计教学的基本目标，首先属于大学教育的一个组成部分，应该体现大学教育的整体目标，而与中、小学教育的整体目标有明显区别；其次属于会计学科的教学目标，应该表现出与其他学科教学目标的区别，且具有自己鲜明的特色。

大学教育不是基础教育，而是一种职业技能教育。大学的任何专业都是为培养这个特定专业所需要的人才服务的。经济生活中，既然存在着会计这样一种工作，就需要专门人员去从事这个工作，于是会计便成为一种职业。任何人想要从事会计职业的工作，都必须具备会计职业的工作技能。而要想获得这种会计职业的工作技能，除了接受会计专业的教育与从事会计实践工作别无他法。这样一来，大学的会计专业应运而生。所以，会计教学的基本目标应该是提高学生的综合能力。其中，主要是提高学生的会计职业技能，使其成为一位合格的、在不断变化的会计环境中能够胜任会计工作的从业者。教育部“面向21世纪会计学类系列课程及其教学内容改革的研究”北方课题组负责人阎达五与王化成站在会计教育的角度将会计教育的培养目标界定为：“培养具有较强市场经济意识和社会适应能力，具有较为宽广的经济和财会理论基础，以及相关学科的原理性知识，具备较好的从事会计、审计、理财及其他相关经济管理工作的具有一定专业技能的高素质人才。”① 应该肯定的是，这个界定是比较理性与全面的。

长期以来，人们都在思考与讨论一个问题：大学教育到底是“通才”教育还是“专才”教育？有人认为是“通才”教育，大学要使大学生博古通今，文理兼通；有人则

① 阎达五．面向21世纪会计学类系列课程及其教学内容改革的研究[M]．北京：经济科学出版社，2000.01.

认为是“专才”教育，大学要使大学生经世致用，专务职业。其实，“通”也好，“专”也好，应该是相互结合，而不是互不相容的。就大学生个人而言，应该是既“专”宜“通”。不“专”，他便难以胜任本职工作；不“通”，他则难以左右逢源，开拓创新，发展提高。但是，“专”是基础，“通”是发展，“专”是基本要求，“通”是高要求，所以既“专”宜“通”，又先“专”后“通”。就大学而言，应该首先是“专才”教育，其次才是“通才”教育。大学是培养专门人才的地方，因此大学教育首先是“专才”教育，但是大学里所训练的职业技能不同于以体力劳动为主要内容的职业技能，而是一种以脑力劳动为主体成分的职业技能，它要求所培养的人才，既能胜任这种职业，又能出谋划策，参与管理，即具备综合素养。因此，大学教育在做好“专才”教育工作的同时，必须锻炼学生的综合素养，体现“通才”教育的特色。这表明，大学教育，包括会计教育，既是一种“专才”教育，也是一种“通才”教育。它说明，大学教育的目标，包括会计教育的目标，不是单一的，而是存在着一定结构的复合体。

二、会计教学目标确定的依据

从教育目标到教学目标，存在一种结构性的转换。教育目标可以借助课程设置、教材编写、教学组织、实践训练、活动开展等途径而得以实现；教学目标则只能借助教学组织去实现。可见，教育目标大于教学目标，也包括教学目标。

必须指出，会计的教学目标与教育目标是相关和一致的，而且只有借助教学目标的实现才能最终保证教育目标的实现。由此可见，前面所引用的表述，又可以用来作为分析会计教学目标的依据。

任何学科的教学都是教师教学生的一种活动。在某门学科的教学活动中，学生总是学习的主体，而教师则总是为学生的学习服务的。教师的教，实际上是一种服务。这种服务，既包括介绍与引导，也包括训练与扶持，还包括评价与纠错，其核心总是指向学生的学习。本章探讨会计教学的基本目标，是站在会计教学的教师角度进行的，目的在于帮助会计专业的教师明确自己所从事的教学活动的目标，但是这个目标从何而来，则是由学生的学习决定的。所以，大学生学习会计课程的目标便成了我们分析会计教学目标的依据。

会计是一项技术性很强的管理活动，涉及许多专门方法和各项会计准则，而这些方法与准则又是随着经济生活的发展而不断发展的。这说明，会计职业所必须具备的专业技能并不是一成不变的，从事会计工作的人员必须不断地学习新知识，掌握新的会计方法，才能在新的会计环境中立足，才能跟上经济发展的步伐。这一点，在我国目前表现得尤为突出。近年来，随着国内外经济环境与国际经济关系的不断变化，国家经济政策也随之不断进行调整，这带来的是经济业务呈现出的多样性。在科技发展日新月异的今天，新技术正在不断改变原有的经济业务模式与业务开展方法，这使经济业务越来越呈现出快速的创新性。这就要求从事经济管理的人员必须不断学习提高，才能应对这些变化与创新。知识经济也给会计工作带来了巨大的冲击和影响，要求会计人员必须跟上这个进程。如果墨守成规，不能跟进，而只会机械地从事传统会计的确认、计量、记录、报告等，那么在面临新的会计环境时，就会不知所措，难以发挥会计应有的职能。因此，对于会计人员而言，具备一种不断适应经济变化的能力，是一种基本的需求。那么，作为培养会计人才的会计教学，自然也应该将培养这种适应能力看成基本的目标。所以，经济不断发展的现状、经济法规逐渐完善的现实、知识经济使会计面临的新的环境，也就自然而然成为我们确定会计教学目标的依据。

会计作为一种技术很强的管理活动，既是一种与账目数字打交道的人与物的交流活动，也是一种与人打交道的人与人交流的活动。与人打交道，会计工作便具有了一定的人文色彩。而且，从事会计工作的人员，本身也是一个可变的因素，其道德、心灵、人格的修养也具有明显的人文色彩。能不能与相关部门的职员相互协作，实现良性互动；能不能与其他同事良好相处，共同完成会计管理的任务，也是会计人员综合素养的具体表现。因此，从人的角度来考虑个人的发展、表现与人际适应能力，也应该成为我们确立会计教学目标的依据。

三、会计教学目标的内部结构

会计教学目标究竟如何呢？我们从分析会计专业大学生的学习目标的角度可以得出结论。会计专业的大学生，来到大学里，直接的目标是学习职业本领——会计理论知识与实际操作技能，以便为毕业后从事会计工作奠定坚实基础。不过，会计工作不同于简单劳动，除了需要掌握系统的会计专业知识与技能，还需要体现明晰的职业操守和个人修养，并将这样的操守与修养渗透到职业能力之中。因此，会计专业的大学生，在学习会计知识与能力的同时，必须使自己的人格得到改善，增强职业意识，具备职业道德，提高职业修养。学习又是一种自主的活动，学习者在学习知识与能力的同时，可以获得自主学习的能力、发展评判是非的能力，并激发出怀疑与创新的能力，大学生的学习在这方面表现得更加鲜明。此外，对职业的兴趣、职业的情感等非智力的因素，也必将在学习过程中得到激发与增进，这又反过来可以促进专业学习的进步。这样来说，会计专业的大学生，其学习目标实际上是由三个层面的因素构成的：一是会计知识与能力；二是会计道德与人格；三是会计智力与非智力。按照教学论的观点，知识与能力属于教养，道德与人格属于教育，智力与非智力属于发展。所以，会计专业大学生的学习目标，可以简要地表述为形成教养、接受教育、获得发展。

与会计专业的学习目标相适应，会计专业的教学目标，即会计教师教学生学的目标可以表述为帮助学生形成会计专业教养、促使学生接受会计人格教育、协助学生获得智性发展。这三者之间构成一种三维结构，在会计教学过程中同步实现，如图 1-1 所示。

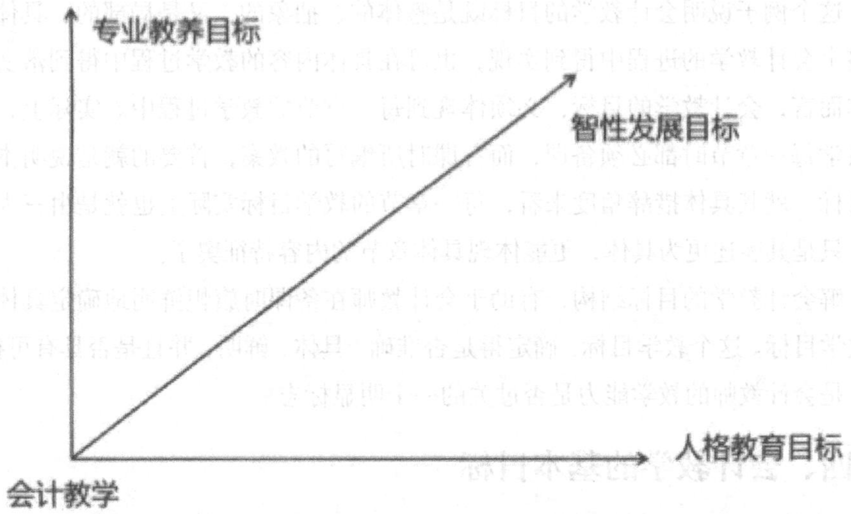

图 1–1 会计教学中专业教养目标、人格教育目标与智性发展目标构成的三维结构

必须说明的是，在这个三维结构中，基本的维度是两个，即会计专业教养目标与会计人格教育目标，发展目标是这二者的派生物，也是在完成专业教养目标与人格教育目标的过程中附带着同时实现的。

此外，会计教学的直接目标是会计专业教养目标，属于第一层面；会计人格教育目标是建立在会计专业教养目标的实现基础上的，属于第二层面；智性发展目标则是建立在专业教养目标与人格教育目标的实现基础上的，属于第三层面。三者之间的关系，就像一个三级火箭之中每一级之间的关系一样，既是一个整体，又有先后顺序与不同分工，第一级火箭推动和带动第二、三级火箭，第二级火箭配合第一级火箭推动和带动第三级火箭，第三级火箭则延续第一、二级火箭的推动，最终将卫星送入轨道。所以，会计专业教养目标就是第一级火箭，是第一位的目标；会计人格教育目标就是第二级火箭，是第二位的目标；智性发展目标就是第三级火箭，是第三位的目标。

还必须说明，这三大目标在表述的时候，只能分别述说，单独考察，但是在教学操作的时候，则可以而且必须同时实现、一步完成。会计专业的教师有责任与义务在自己的教学过程中，明确这三大目标，并借助自己对教学内容的取舍、对教学方法的运用、对教学重点的选择来同时实现这三大目标。例如，会计教师的教学内容是会计法规，直接的目标便是让学生了解相关法规的原理与内容，并能依据这些法规处理会计事项，但是教师如果强调这些法规的权威性，并提出会计人员必须依法办事，便能同时完成对大学生进行会计职业道德教育的任务，使教育目标得到同步实现。同时教师如果能够在教学中除了介绍法规，还能对这些法规的内容进行评价甚至批判，鼓励大学生为完善这些法规做贡献，便可同时促使大学生形成相应的是非评判能力与怀疑创新能力，使他们的智力因素得到发展。这样，三大教学目标便巧妙地得到了结合与实现。这个例子说明会计教学的目标既是整体的、抽象的，又是局部的、具体的；既可在整个会计教学的进程中得到实现，也可在具体内容的教学过程中得到落实。就教学操作而言，会计教学的目标，必须体现到每一章节的教学过程中。实际上，会计教师在教学每一章节时都必须备课，而备课时所编写的教案，首要的就是说明本章节的教学目标。就其具体措辞角度来看，每一章节的教学目标实际上也就是由三大目标构成的，只是其表述更为具体，更能体现具体章节的内容特征罢了。

了解会计教学的目标结构，有助于会计教师在备课时旗帜鲜明地确定具体教学内容的教学目标。这个教学目标，确定得是否准确、具体、鲜明，并且是否具有可操作性，实际上是会计教师的教学能力是否过关的一个明显标志。

四、会计教学的基本目标

（一）会计专业教养目标

具体来说，会计专业教学的教养目标到底包括哪些知识与能力呢？我们可以分开考察。

1. 知识

知识是符合文明方向的，是人类对物质世界以及精神世界探索结果的总和。知识一词至今也没有一个统一而明确的界定。但是，知识的价值判断标准在于实用性，以能否让人类创造新物质、得到力量和权力等为考量。会计专业知识是非常宽泛的。从整体上看，它属于会计的专业知识，具有区别于其他专业知识的完整体系，形成一个相对完备的自足系统。展开来分析，会计的专业知识又是由会计的前提性知识、会计的基础性知识与会计的专门性知识三个部分构成的。

首先，会计的前提性知识指的是会计工作的环境因素能够对会计人员进行影响与制约而形成的静态知识，它通常以条规的形式与物化的形式出现。具体来说，它包括会计法规知识与会计主体（包括各类组织和企业）知识两大类。在会计法规方面，如颁布的会计法、企业会计制度与会计准则等，均属于会计法规知识。它们是每一个会计人员处理经济业务时必须了解的前提，具有强制性和权威性，必须牢牢掌握，所以属于会计人员从事会计工作所必须掌握的前提性知识。在会计主体方面，如政府与事业单位、工商企业，均有各自的特点与会计核算组织程序，对会计人员开展会计工作也有各自特殊的要求。它们也是会计人员处理经济业务的同时必须了解的前提，同样属于前提性知识。这样的知识，渗透于会计专业课程的许多具体章节之中，因此会计教师有责任通过自己的教学，让大学生牢固掌握。

其次，会计的基础性知识指的是会计人员从事会计工作必须具备的与专业相关的原理性知识。它包括会计历史知识、经济管理知识、数理统计知识等。这些知识虽然不直接与会计专业能力相关联，却随时影响与制约着会计人员的素质与会计工作的质量，在会计专业课程的教学内容里，也随处渗透着这些方面的知识，所以从事会计专业课程教学的教师有义务让学生在教学中掌握这些知识。

最后，会计的专门性知识指的是与会计工作直接相关的知识，或者说是会计人员所必须掌握的职业知识。它包括会计知识与审计知识两大类，具体包含会计科目、会计账户与借贷记账法、会计凭证、会计账簿与账务处理程序、会计各要素的核算方法、成本核算方法、财务管理原理、审计基础知识、会计信息化知识等。这些知识是会计人员从事会计工作时非具备不可的，也是与会计工作直接相关联的。会计专业课程的大部分内容都包含有这些专门性知识，而且不管大学生将来是从事会计工作还是审计工作，都不能不掌握这些知识。会计教师在教学之中，让大学生牢牢掌握这些知识，便成了一种核心的任务，也可以说是一种核心的目标。

2. **能力**

能力是完成一项目标或者任务所体现出来的综合素质。人们在完成活动中表现出来的能力有所不同，能力是直接影响活动效率，并使活动顺利完成的个性心理特征。能力总是和人完成一定的实践联系在一起，离开了具体实践既不能表现人的能力，也不能发展人的能力。会计能力，即会计人员在处理会计事项时所表现出来的熟练程度与有效程度。应该说，会计能力是一个由多方面因素构成的综合体。

会计能力与会计知识不同，其需要的是训练与运用。也就是说，会计知识着眼于了解、理解与巩固，强调熟知与记忆，而会计能力着眼的则是运用，强调反复训练与操作，注重的是熟练性与有效性。由于会计信息系统是对数据按一定程序进行加工、鉴别、传递、生成信息的系统，而实施这个系统必须要有三个步骤，即会计数据的记录与核算、会计数据的鉴别与使用、会计数据的归纳与分析，所以相应地，在处理会计信息的过程中，需要会计人员分别具备三大基本能力，才能胜任会计工作。这三大基本能力便是会计数据的记录与核算能力、会计数据的鉴别与使用能力和会计数据的归纳与分析能力。同时，这三大基本能力也是大学中会计专业课程教学所要培养的职业能力，属于我们所说的“教养目标”的具体成分。

首先，会计数据的记录与核算能力指的是在会计信息系统过程中输入经济业务数据并进行核算的能力。处理经济业务数据是会计部门的基本职责，也是会计人员必须具备的基本能力，主要包括会计核算基础能力和财务会计核算能力。

其次，会计数据的鉴别与使用能力，指的是对会计数据进行分类、排序、汇总、鉴证，并在管理过程中使用这些数据的能力。

最后，会计数据的归纳与分析能力，指的是在会计报表的基础上对会计数据进行汇总与分析，并生成会计信息的能力。

会计专业课程的教学应该以培养学生的这几种能力为己任。把会计专业教养目标构成用图示的方法来概括性地表述出来，如图 1-2 所示。

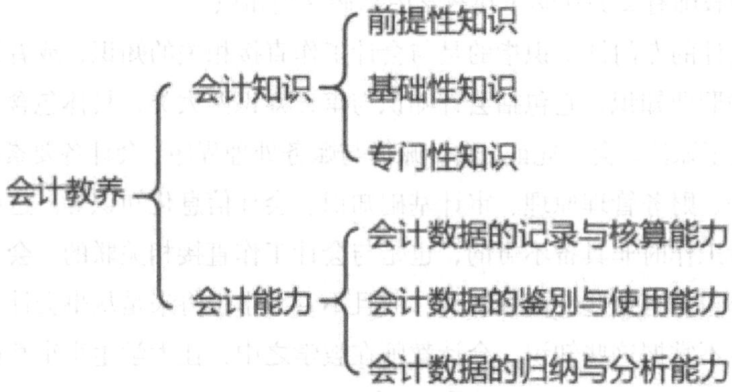

图 1–2　会记专业教养目标构成

（二）会计人格教育目标

1. 会计人格教育目标所指

学校是培养人、改变人、塑造人的地方。一个学生，来到学校里，不仅可以通过学习知识获得能力取得长进，而且可以塑造心灵、修炼思想、健全人格、获得培养。如果把学校仅仅看成是传授知识与训练能力的地方，而全然不顾陶冶学生的灵魂，那么学校培养出来的便只能是一些以追求功利目的为己任的行尸走肉，从而使学校教育最终丧失其应有的育人意义。人之所以为人，是区别于行尸走肉的。人，有思想、有道德、有理想、有情操、有审美观、有价值观、有人生观、有世界观。所有这一切，并不是每个人一开始就具有的，也不是在进入学校之前就已经具备的；每一个人只有在接受教育的过程中，才能逐渐具备。

同时，人又是群居与交际的动物，每一个人都离不开其他人，都必须与其他人打交道。人类的群居构成了社会分工，也构成了社会秩序。每个人在这个群居的社会里各司其职，共同遵守社会秩序，然后互相尊重、互相依赖、互相服务，形成一个紧密联系、丰富多彩的世界。每一个人，要想生活得更好，除了在竞争中努力，不能以破坏社会秩序和损害他人利益为代价。因此，对个人来说，教养是一回事，教育是另一回事，而教养与教育是不可分割的。任何一个人，通过形成教养，获得谋生的能力，而通过获得教育，则可以赢得他人的尊重，使自身成为一个健全的人。所以，任何学校，在帮助学生形成教养的同时，必须促使学生获得良好的教育。

就大学来说，培养的是人群中的高素质人员，所以更应该在培养大学生的专业知识与职业能力的同时，使大学生接受最优质的人格教育。会计专业所培养的大学生，将来都是直接参与经济管理工作的，并且与金钱和物质打交道的机会较多，如果为了使自身的生活更优裕而任由自己的贪欲膨胀，使自己成为金钱与物质的奴隶，那么就有可能贪赃枉法，沦为罪人。在市场经济时代，部门利益、单位利益与个人利益直接挂钩，却与国家利益、他人利益、其他部门和单位的利益客观上相冲突，如果会计人员把握不准，利用自己的职权与对业务的熟知，篡改账目、提供虚假信息、欺骗信息使用者、损害国家与他人利益，最终会为法律所不容。另外，在同一个处室工作，如果会计人员不能与其他人员良好相处，配合互相，为领导出谋划策，那么他应该发挥的才干和为单位应该做出的贡献，也难以体现出来。而这一切后果的产生，均与会计人员的专业教养无关，却直接与其人格教育相联系。可见，教育目标与教养目标同样重要，并且缺一不可。

教育人的任务是学校教育方面工作的共同任务，在专业课程的教学过程中，同样也可以完成。大学的会计专业，所有课程的教学均需担此重任。不同的是，会计专业课程的教学更应该旗帜鲜明，当仁不让。并且，会计教师在传授会计知识与训练会计能力的过程中，应该随时随地关注对学生会计人格的教育问题。

2. 会计人格教育内涵分析

对于教育目标，教育界一向有不同看法。对于人的教育，从精神领域来说，中国古代注重的是伦理道德教育，近代加入了审美教育的内容，现代则又加入了政治教育的内容。所以，新中国成立后，在相当长的时期内，我们都把人的教育等同于伦理、政治与审美教育，所谓“德、智、体、美、劳全面发展”，其中的德育与美育就属于人的精神范畴。在美国，教育家布鲁姆的“教育目标分类学说”，将人的精神教育概称为“情感教育”，并认为人的情感是由人的兴趣、态度、价值和性格等因素构成的。可见，我国注重的精神教育是建立在人与人的关系基础上的，而美国人注重的情感教育则是建立在个人的个体特征基础上的。

其实，所谓教育，就是对人的内心的改造。人的内心，从其指向上看，大体有三个方向：一是指向自我，二是指向他人，三是指向物质。这三个指向分别可以体现出人的一些内心品质。其中，指向自我，便形成人的人生观、理想、情操和性格；指向他人，便形成人的道德和情感；指向物质，便形成人的兴趣、审美观、价值观与世界观。这三者之和，可以用一个词来概括，就是人的品格，简称人格。所以，我们认为，所谓教育，指的就是人格教育。

人格是指个体在对人、对事、对己等方面的社会适应中行为上的内部倾向性和心理特征，表现为能力、气质、性格、需要、动机、兴趣、理想、价值观和体质等方面的整合，是具有动力一致性和连续性的自我，是个体在社会化过程中形成的独特的身心组织。人格大致包括一般人格与特殊人格两个组成部分。一般人格，是人人共有的，所以也可称为基础人格。在基础教育阶段，学校教育对学生的教育，实际就是进行一般人格的教育。对个人来说，不管生活在什么家庭，生活在什么环境，都必须具备的，就是一般人格。比如，积极、乐观、向上的人生观，远大的人生理想，活泼、热情、友善的性格，对世界的根本正确的看法，等等，均属于人人必须具备的一般人格。特殊人格，是有着特殊身份从事特殊工作的人所必须具备的人格。比如，母亲的身份决定了她在子女面前的特殊人格，领袖的身份决定了他在大众面前的特殊人格，商店营业员的服务工作决定了她在顾客面前的特殊人格，教师的教学工作决定了他在学生面前的特殊人格。也就是说，每个人，由于其身份的不同和所从事工作的不同，便会要求他表现出独特的人格。大学教育是为培养具有特定身份和从事特定工作的人服务的，所以对学生人格的培养也主要表现在特定人格方面。因此，可以说，大学的教育目标，主要是培养大学生将来所从事的职业所需要具备的特殊人格，大学教育就是一种特定人格的教育。

会计专业的培养目标，是让大学生具备将来较好地从事会计、审计、财务管理及其他相关经济管理工作的具有一定专业的技能的高素质人才。这个特定的职业教育目标，便要求会计专业要培养具备从事会计、审计、财务管理工作所需要的特殊人格的大学生。在这个问题上，会计专业课程的教学具有不可推卸的责任，会计专业的教师必须在自己的教学过程中,在传授知识与训练能力的同时,有意识地培养这种特定人格。

3. 会计人格教育目标构成

具体来说，会计教学的人格教育目标到底包括哪些特殊因素？这可以从会计工作对会计人员所需具备的工作态度、职业道德与合作精神三方面分别进行阐述。

第一，任何工作都有其相应的工作态度。会计工作，由于其工作内容与工作性质的决定性影响，对会计人员的工作态度有特殊的要求。它要求会计人员既认真细致，又求真务实。所谓认真细致，就是要求会计人员对会计账目中的任何数据都认真对待，保证一切会计数据处理都没有丝毫差错，即从会计数据的记录核算，到鉴别使用，再到归纳分析，每一环节都准确无误。会计人员必须比其他职业的工作人员更细心，更冷静，更有条不紊。写错一个数字，算错一个数据，记错一个数目，登错一个账目，都有可能造成重大损失，所以马虎不得。所谓求真务实，就是要求会计人员处理账目时不受外界因素的干扰，严格依规章制度办事，确保会计信息的真实性与客观性。会计人员处理经济业务时，都必须准确真实。例如，面对报销账目的人员，无论是顶头上司，还是普通职员，都应该一视同仁，实事求是，按原则办事。对会计人员来说，不认真细致，便可能做糊涂账；不求真务实，便可能做人情账。而无论哪种结果，对会计人员自身来说，最终都毫无益处，甚至会惹祸上身。为了强调这两大人格因素，我们的会计教师应该在自己的教学中随时加以引导。在会计专业课程的教学中，教师既要正面强调认真细致与求真务实的必然性、必要性与好处，也要拿反面的事例来证明不认真细致与求真务实的坏处，并以此来潜移默化地影响大学生的心灵，使他们在成为正式会计人员之前就明确自己的职责，端正应有的工作态度，为将来做一个称职的会计人员奠定人格基础。

第二，任何职业都有其相应的职业道德，会计人员也不例外。从其工作性质角度考虑，会计人员的基本职业道德应该是既秉公敬业，又遵规守法。所谓秉公敬业，就是客观公正、爱岗敬业。会计工作关系到不同利益主体的责、权、利，国家、上级主管部门、单位三者之间都存在着利益分配，会计人员如果不能做到客观公正，而是做假账，设置账外账，便缺乏了基本的职业道德，也丧失了基本的人格。会计工作每天与枯燥的数字打交道，对会计人员来说，久而久之，可能觉得枯燥乏味，有时还会头昏脑账，因而难免产生厌烦情绪甚至产生跳槽想法。所以，对会计人员来说，爱岗敬业，做到干一行，专一行，爱一行，也显得尤为重要。而这可作为其基本的职业人格，或者看作基本的职业道德。所谓遵规守法，就是依法理账，按规章制度办事。会计工作直接与经济管理相关，为了保证其客观、公正、准确、系统、完整，从国家，到行业，从部门，到单位，都制定了一系列的法规制度。这些法规制度都是经过充分讨论酝酿，广泛征求意见，权衡利益得失，平衡国家、集体与个人之间的利益之后制定出来的，具有强制性和权威性，它们是会计人员处理会计数据的依据，也是会计人员应对各种违法行为的武器，同时是会计人员务必遵照执行的标准。当然，再完善的法律也会有漏洞可寻，再齐全的规章也会有空子可钻，如果会计人员专门寻找这些法规的漏洞，专门摸索这些法规的空当，投机取巧，贪污挪用，不仅会损害国家利益与部门利益，而且会损害单位利益与个人利益。对会计人员来说，依法办事，做到法规面前人人平等，应该成为一种起码的职业道德，也应该成为一种基本的人格。为了培养会计专业大学生的职业道德，我们可以开设专门的会计职业道德课程，也可以在讲授其他课程时，尤其是在讲授会计专业课程中涉及相关法规时，有意识地对大学生进行会计职业道德的教育。

第三，任何职业都要求具备职业道德和合作精神。会计工作作为经济管理工作的一个环节，与其他管理环节密切相关，因而存在着相互协作的问题。这种协作，只能通过相应的管理人员去进行。会计人员，作为经济管理人员之一，自然需要这种协作。搞好这种协作便需要会计人员具有良好的合作精神。这种合作精神，就是我们古人所说的“敬业乐群”中的“乐群”精神。对于每一个会计人员而言，这种合作既包括同一处室的会计人员之间的合作，也包括与生产管理、销售管理、人事管理等其他部门之间的合作，还包括与银行、税务、工商部门之间的合作。概括地说，这种合作精神，实际上指的是会计人员的人际沟通意识与协调配合思想。如果没有良好的人际沟通意识，而是封闭自我，“各人自扫门前雪，莫管他人瓦上霜”，便不仅不能与同事良好相处，也有损于工作效率的提高。性格开朗，热情主动，替他人着想，予他人方便，不仅能赢得尊重，也有利于提高自身的管理能力与人际协调能力。没有协调配合思想，而是我行我素，便难以确保整盘棋局活，也难以得到他人的配合，最终受损的还是自己。这样的人际沟通意识与协调配合思想，尽管在大学的会计专业课程的教学中难以得到培养，但是可以得到强调与影响。如果我们的会计教师在自己的教学中随时强调这样的合作精神，并在会计实践教学过程中有意识地锻炼大学生之间的合作精神，便能使我们的教学真正地成为既教书又育人的事业。

用图示的方法来概括性地表述会计人格教育目标的构成，如图 1-3 所示。

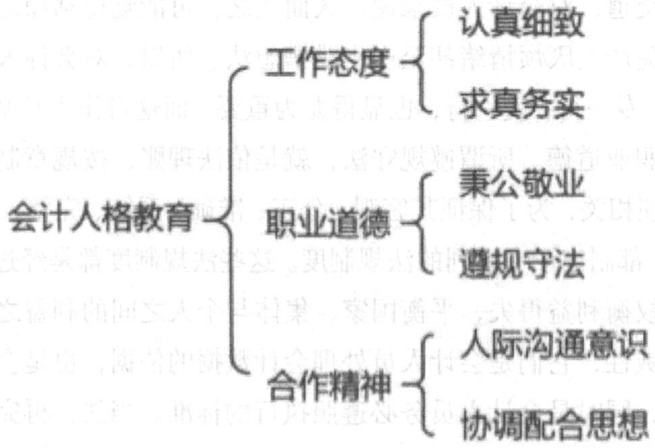

图 1-3 会计人格教育目标构成

（三）个人智性发展目标

1. 个人智性发展目标所指

在教育学与心理学的范畴中，所谓发展，指的是学校教育使学生在获得教养、受到教育的同时，还得到心理发展。心理发展包括两个方面的内容：一是智力因素的发展，二是非智力因素的发展。其中，智力是一个综合概念，指的是人类个体获得信息和处理信息的能力，也就是人类个体获得知识并运用知识解决实际问题的心理能力。它包括注意力、观察力、记忆力、联想力、想象力、思维力、学习力与创造力八个具体方面。思维力是智力的核心，学习力是智力的表现，创造力则是智力的最高表现形式。智力的衡量参数叫智商（IQ），智商的高低决定了人类个体的聪明程度，也决定了人类个体的能力水平。非智力是一种个性因素，指的是人类个体的一些意识倾向与各种稳定而独特的心理特征的总和。它与人的认知无关，却直接与人类个体的行为方式相关。非智力主要包括动机、兴趣、习惯、情感、意志与性格等心理因素。动机与兴趣影响人类个体的行为态度，情感与意志影响人类个体的行为能力，习惯与性格则影响人类个体的行为效果。非智力的衡量参数叫情商（EQ），情商的高低决定了人类个体的行为能力，也决定了人类个体的成功程度。

传统教育理论一般把教学目标概括为教养和教育两个方面，现代教育理论则还提出了把发展作为目标。这个发展，指的就是智商的发展与情商的发展，也就是我们经常说的开发智力、发展个性。在教学过程中，这个发展目标，指的实际就是让学生在既有智力与个性的基础上，在学习知识、形成能力、健全人格的同时，使其智力得到进一步开发、个性得到进一步发展。就学生个体来说，注意力是否集中、观察力是否敏锐、记忆力是否丰富、思维力是否深刻、学习力是否有效、创造力是否新颖，直接影响其学习效果，也最终影响其谋生能力与智慧才干。同样地，学生个体的动机是否强烈、兴趣是否高昂、习惯是否良好、情感是否热烈、意志是否坚强、性格是否正常，也直接影响其学习效果，并最终影响其成功程度与成才高度。在教学过程中，学生的智力因素得到开发，会促使其非智力因素得到进一步发展；反过来说，学生的非智力因素得到发展，又能促进其智力因素得到较好的开发。这样相互促进，共同发展，循环往复，螺旋式上升。所以，在强调开发学生智力的同时，必须强调发展学生的非智力因素。这二者之间，应该相互协调，一致发展。

学校是陶冶人、磨炼人的地方，也是使人变得更加聪明能干的地方。学生来到学校，通过学习，使自身的意志得到磨炼、性格得到陶冶，然后在获得知识、习得能力与人格得到塑造的过程中，使自身的智商得到提高，从而让自己获得全面发展，这可以看成是学生学习的目的。相应地，学校在完成教学与教育的任务中，也应该切实地担负起促进学生全面发展的责任。这个任务，需要每一位教师在自己的一切教学与教育活动中加以明确，得到落实。大学的会计教育，照样需要完成这样的任务。对于大学会计专业的会计专业课程，在教学的时候，我们的会计教师也必须将这作为自己明确的工作任务。

2. 个人智性发展内涵分析

上文中我们在回答发展目标所指时，所提到的教育学与心理学范畴的看法，尽管其中智力与非智力概念的外延均比较丰富，但相对来说，仍然是一个抽象的说法。它既没有考虑学生的年龄特征，也没有考虑教学教育的层次，甚至没有考虑教学教育的内容。它针对的是人类个体的整体，也是人类个体的终身。意思是说，人类个体的学习，从整体上说，可以促使其智力得到开发、个性得到发展；从终身角度说，也是为了促使其智商提高、情商发展。

我们谈论大学的会计教学，至少要考虑到大学生的年龄特征，也要考虑到大学的职业教育性质，还要考虑到会计专业课程的教学内容。也就是说，我们要考虑的是，在大学会计专业课程的教学过程中，到底能够使大学生智力的哪些方面得到开发，并使其开发到应有的程度；到底能够使大学生个性的哪些方面得到发展，并使其发展到符合职业要求所需要的水平。要回答这一问题，就需要对智力与非智力之中的因素进行区别与分析。

智力之中，注意力、观察力、记忆力、联想力与想象力这五大因素，对大学生来说属于基础智力。这五大因素，在基础教育阶段就应该并已经得到了较好的开发。可以说，开发这五大智力因素，已经不再是大学教育的主要目标，尽管仍然能够使它们得到一定的开发。相比之下，思维力、学习力与创造力这三大智力因素，对大学生来说，则属于基本智力。它们应该在大学生的学习过程中得到加强与提高。对大学生而言，没有深广的思维力，便难以获得认识事物、分析事物与处理事物的能力，也难以判断是非、真假、善恶与美丑；没有独立的学习力，便难以获得自学的能力，也难以获得主动、积极、有效的探索能力与总结规律发现问题的能力；没有新颖的创造力，便难以获得创造性地处理实际问题的能力，也难以完成创造知识、提出见解的任务，并难以获得敢想敢干、开拓进取的智慧与闯劲。然而，无论是深广的思维力，还是强大的学习力，甚至是新颖的创造力，都是大学生毕业以后，走向工作岗位和继续深造不可或缺的智力因素。大学的会计教育，会计专业课程的教学，对大学生智力的开发也主要集中体现在这三大因素之上。

非智力之中，动机、兴趣与情感这三大因素，对大学生来说也属于基础性非智力。大学生一旦进入大学，并选定所学专业以后，这三大因素便已基本定型。他选择会计专业，动机明确、兴趣集中、情感鲜明。这三大因素，均指向他所选定的会计专业，以及将来所从事的会计工作。只要他不中途转换专业，打算一心一意地在会计领域里工作一辈子，这种动机、兴趣与情感便没有继续强化的紧迫性。尽管也需要在会计专业的教学教育中继续得到强化，但紧迫性并不突出。相比之下，非智力中的意志、习惯与性格这三大因素，对大学生来说，显得尤其重要。因为他将来要从事会计工作，面对纷繁杂乱的数据，没有坚韧顽强的意志不行，没有耐心细致的习惯不行，没有冷静理智的性格也不行。没有坚韧顽强的意志，就可能知难而退，甚至会三心二意，从而丧失对会计工作的兴趣，也可能处理不好基本会计数据；没有耐心细致的习惯，就可能内心烦躁，常出差错；没有冷静理智的性格，就可能难以坚持原则，客观理账，而会产生一些原则性的错误。然而，无论是坚韧顽强的意志，还是耐心细致的习惯，甚至是冷静理智的性格，对会计专业的大学生而言，将来不管从事财务管理工作，还是会计工作，或者是审计工作，都是不可或缺的。大学的会计教育，会计专业课程的教学，要发展大学生的个性，也主要体现在这三大因素上。

3. 个人智性发展目标构成

具体来说，在会计专业课程的教学过程中，到底能使大学生的哪些智力成分与非智力方面成分个性得到发展呢？可以从智力成分的开发与非智力个性成分的发展两方面来看。

其一，在智力成分的开发方面，我们提出对会计专业的大学生而言，会计教师的教学目标，应该是发展其深广的思维力、独立的学习力与新颖的创造力三大因素。展开来看，深广的思维力又是由职业判断能力与信息管理能力两方面表现出来的。职业判断能力，指的是会计人员对自己所从事的具体工作进行归类与判断的能力。会计工作的性质与职能，要求会计人员具有敏锐的职业判断能力。面对纷繁复杂的经济业务，是否能够准确地进行职业判断，并对数据进行准确归类，是衡量一个会计人员是否合格的重要标准。当然，敏锐的职业判断能力的最终形成，需要一个较长的实践过程，需要靠经验的不断积累，但是是否为这种职业判断能力的形成打下良好的基础，则是衡量学校教育质量水平的一个重要尺度。要培养大学生这种职业判断能力，需要在教学时尽可能多地让学生了解会计现状、接触会计实务，做到理论联系实际。为此，实行案例教学并加强会计实践训练是很有必要的。信息管理能力，指的是会计人员对会计信息的实际分析和决策能力。现代企业中，各项决策均离不开包括会计信息在内的各项经济信息。会计人员不仅是经济信息的提供者，也是经济信息的综合分析者，他要为企业决策提供综合性分析资料。企业的资金、成本、利润等预测分析，是会计工作的基本任务之一。因此，作为会计专业的大学生，理应具备较强的经济信息综合分析能力。会计专业课程的教学，可以对此进行专项训练。

独立的学习力，是由吸收与运用新知识的能力与跨学科学习的能力两方面表现出来的。吸收与运用新知识的能力，指的是在学习与工作中不断学习新知识的能力，它是终身教育的组成部分，也是自我教育的组成因素。随着时代的变迁，社会的发展，会产生一系列新的知识，也会对会计人员提出新的挑战。只有勤于学习，积极果断地吸收与运用新知识，并把终身受训和不断学习作为自己生活的组成部分，才能跟上时代步伐。对会计专业的大学生而言，不仅要重视大学期间所获得的知识，更要重视在长期的工作实践中不断学习、积累、更新并运用新知识，从而积蓄进一步发展与成长的潜力。大学的会计教师，虽然不可能保证向学生传授的知识能够一劳永逸，却可以保证让学生学会学习，具备独自、主动、有效的学习能力。跨学科学习能力，指的是以专业知识的学习为核心的横跨相关学科知识的学习能力。会计人员，为了胜任会计管理工作，需要掌握一个共同的知识体系。这个知识体系，是会计人员终身教育所涉及的知识领域，范围较广。它不仅包括会计学专业的专业知识体系，也包括会计工作所需要的经济知识与管理知识，以及现代社会从事任何工作都需要的一般科学文化知识。同样，这样庞大的知识体系，也是处在不断扩充、改进、更新、淘汰的过程之中的，仍然需要会计专业大学生在学习专业课程的时候，培养出独立、自主、有效的学习能力。

新颖的创造力,是由会计方法创新能力与会计业务拓展能力两个方面表现出来的。会计方法创新能力，指的是在会计工作中，针对新情况，在遵守会计法规的前提下，创造性与艺术性地处理会计信息的能力。随着社会的发展，新经济领域不断涌现，新经济业务也不断出现，会计所面临的环境在不断变化，而教科书的说法往往落后于这样的实际，如果照搬教科书上学到的方法去处理会计事项，就有可能遇到难题。而经济业务是不能不处理的，怎么办？这就需要会计人员合理选择，进行会计方法的研究和会计制度的设计。会计教师虽然无法保证提供创新会计方法的具体经验，却可以在自己的教学中使学生受到启发，形成创新的意识。会计业务拓展能力，是指在法规、准则提供的会计基础操作方法的基础上，善于根据会计主体实际情况及时调整启用的会计科目体系、账务处理程序、采用的会计政策、凭证收集传递的程序与方法等事项，以使会计工作的开展更为科学、会计信息质量更有保障的能力。新的经济体系、新的经济交往方式与电子时代的资金运作方式，都向会计人员提出了挑战，需要会计人员创新进取、大胆改革，从而拓展业务、科学核算。这一点，大学教育本身难以做到让大学生一开始就具备这种能力，但可以让他们具备这样的头脑。所以，会计教师在教学中的启发与引导便有了价值。

其二，在非智力个性成分方面，我们认为，对会计专业的大学生而言，会计专业课程的教学目标应该是锻炼大学生坚韧顽强的意志、培养大学生耐心细致的习惯、培养大学生冷静理智的性格三大因素。

展开来看，坚韧顽强的意志又是由迎难而上的精神与锲而不舍的意志两方面表现出来的。会计工作环节多、程序多、数据多，而且环环相扣，一步都不能出差错。会计人员整日埋头工作，头晕眼花是常事，一不留神，核算差错便会出现，而一旦出现核算差错便要重新核对与调整，相当麻烦。遇到这样的工作，没有迎难而上的精神，便会被困难吓倒，甚至败下阵来，成为会计工作的逃兵；没有锲而不舍的意志，便会困难重重，进展缓慢，甚至消沉气馁，成为会计工作的懦夫。在这方面，会计专业课程的教师，在自己的教学中有意加以强调与训练，应是一个基本的目标。

耐心细致的习惯，是由仔细核算的习惯与反复核对的习惯两方面表现出来的。会计工作，容易出现差错与漏洞的是记账与登账环节。为了确保这两大环节不出纰漏，需要会计人员仔细核算登录，反复核对，并且养成习惯。经验丰富的会计人员，一般都注重仔细核算与反复核对，并且随时保持头脑清醒，小心翼翼地处置任何一笔账目。说到底，这就是习惯。这种习惯一旦养成，便能减少差错，从而提高工作效率。可见，马虎潦草、心浮气躁，是干不好会计工作的。会计专业课程的教师，在教学时，既可以强调仔细核算与反复核对的重要性与必要性，又可以增加一些必要的训练，并让学生反复核算与核对，以正面与反面例子来影响大学生的心态。

冷静理智的性格,则是由坚持原则的性格与宽厚待人的性格两个方面表现出来的。会计工作，无非是既对事又对人的工作。对事要处理往来账目，不管多少，也不管繁简，都应该坚持原则，依法规处置；对人，无论尊卑，也无论内外，都必须热情相待，宽厚相处。这既能够体现会计人员的性格，又能够体现会计人员的素质。会计专业课程的教学，理当为完善大学生的性格，使其更趋成熟做贡献。这一点，会计教师可以通过强调的方式达到目的，也可以通过以身作则的方式示范性地达到目的。

用图示的方法来概括性地表述个人智性发展目标的构成，如图 1-4 所示。

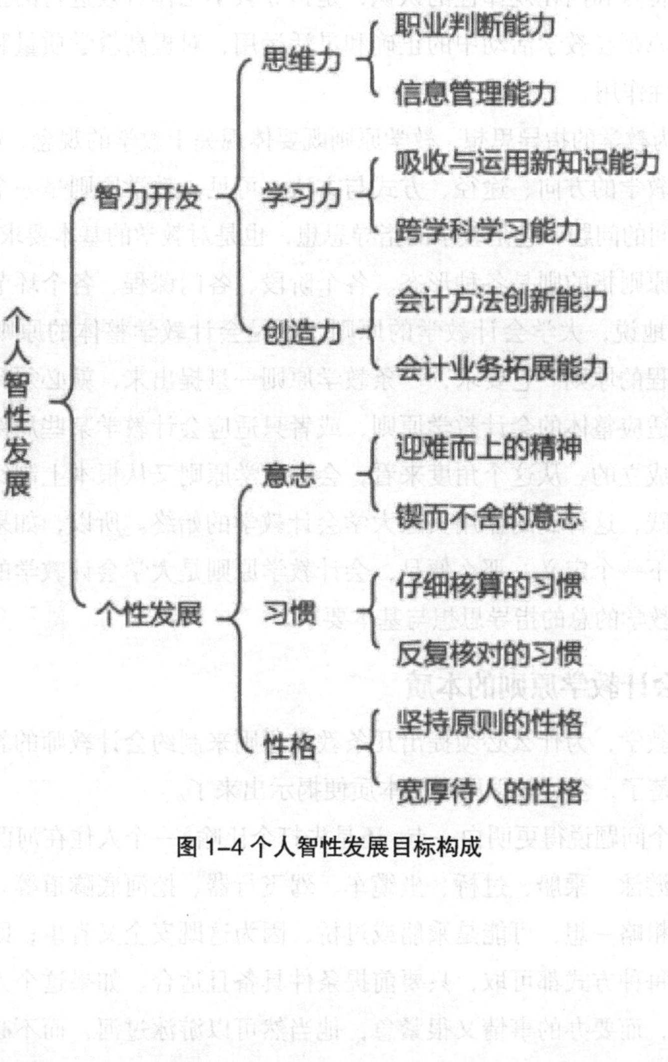

图 1–4 个人智性发展目标构成

第三节　会计教学的原则

一、会计教学原则的内涵及其本质

（一）会计教学原则的内涵

教学原则是根据教育教学目的,反映教学规律而制定的指导教学工作的基本要求。它既指教师的教，也指学生的学，应贯彻教学过程的始终。教学原则反映了人们对教学活动本质性特点和内在规律性的认识，是指导教学工作有效进行的指导性原理和行为准则。教学原则在教学活动中的正确和灵活运用，对提高教学质量和教学效率发挥着重要的保障性作用。

因此，作为教学的指导思想，教学原则既要体现关于教学的观念、观点、认识与看法，又要体现教学的方向、途径、方式与方法。可见，教学原则是一个介于教学理论与教学实践之间的问题。它是教学的指导思想，也是对教学的基本要求。

会计教学原则指的则是各种形态、各个阶段、各门课程、各个环节的大学会计教学原则。简单地说，大学会计教学的原则，既是会计教学整体的原则，又是会计教学具体操作过程的原则。它要求，一条教学原则一旦提出来，就必须具有全面、广泛的适应性。只适应整体的会计教学原则，或者只适应会计教学某些局部内容的教学原则，都是不能成立的。从这个角度来看，会计教学原则又从根本上制约着大学会计教学的理论与实践，这种制约作用贯穿大学会计教学的始终。所以，如果我们要给“会计教学原则”下一个定义，那么便是，会计教学原则是大学会计教学的原理与法则，也是大学会计教学的总的指导思想与基本要求。

（二）会计教学原则的本质

大学会计教学，为什么必须提出几条教学原则来制约会计教师的教学行为呢？把这个问题讲清楚了，会计教学原则的本质便揭示出来了。

为了把这个问题说得更明白一点,还是先打个比喻。一个人住在河西,要到河东去,过河的方式有游泳、乘船、过桥、坐缆车、驾飞行器、挖河底隧道等。他应采取哪种方式才好呢？粗略一想，可能是乘船或过桥，因为这既安全又省事；既快捷又节约。仔细一想，则每种方式都可取，只要前提条件具备且适合。如果这个人水性好，天气方面气温又高，而要办的事情又很紧急，他当然可以游泳过河，而不必四处去找船，或绕很远的路去过桥。同样地，如果他家的附近建有缆车、挖有河底隧道，或他自己有一架直升机或者一个热气球，他自然也可以坐缆车、过隧道甚至直接飞过河。那么，在这几种过河方式中，哪种方式更好呢？回答应该是，在特定的条件下，每种方式都可以成为最好的方式。但是，无论采取哪种方式过河都存在着一个共同的选择标准或衡量标准。这个标准，实际上就是这个人过河所必须遵循的原则。如上所述，我们可以从中抽象出的过河原则便是安全、快捷、节省、方便这四条。即无论何时何地，也不管选择哪种方式过河，这个人总是根据既安全又快捷，既节省又方便这四大过河原则来行动的。其实，在生活中，我们每个人都是有意识或者无意识地根据这四条原则来选择过河方式的。因为如果这四条原则中有任何一条没有得到遵循，就有可能费时、费钱、费力，甚至产生生命危险。

这个比喻或例子告诉我们，人类的任何实践活动，都渗透着类似的原则。而且，我们人类在从事这些实践活动时，总会有意识或者无意识地遵循这些原则，按这些原则办事。只不过有的实践活动比较简单，影响力也不是很大，所以我们不必专门探寻出它的办事原则了。

但是，复杂的实践活动、大规模人群参与的实践活动、影响力比较大的实践活动，则必须加以研究，找出其中的办事原则。比如，我国改革开放的经济建设活动，便属于这样一种典型、复杂、大规模、影响深广的实践活动，所以，我们专门总结出了“四项基本原则”，作为全国人民的行动指南。大学的会计教学，虽然没有改革开放的经济建设这种实践活动这么复杂、这么大规模、这么影响深广，但是肯定比过河这种实践活动要复杂得多、规模大得多、影响也深广得多。因此，要把大学的会计教学搞好，我们就必须从中抽象出几条相应的原则，并使之得到有意识的而不是无意识的遵循。也就是说，会计教学原则应该成为会计教师教学时必须自觉遵循的行动指南。

至此，我们可以把会计教学原则的本质揭示为，为了把会计教学工作做得更好、更有成效，从会计教学活动和现象的相应特点中抽象出来的，用以指导会计教学实践，而必须自始至终得到遵循的会计教学的指导思想与基本要求。

二、会计教学原则的构成

会计教学的原则到底是哪几条呢？需要指出的是，这里所提出的，大都是适应各类学校与各门学科教学的共同原则，如科学性和思想性统一的原则、理论联系实践的原则、直观性原则、启发性原则、循序渐进原则、巩固性原则、因材施教原则等。这里罗列的诸多教学原则，虽然有着面上的广泛适应性，是各级各类学校与各门学科教师在教学中所必须共同遵循的，但由于它们不足以体现每门学科自身的特点，也没有反映学生对象的年龄与身心特征，所以我们谈论大学的会计教学原则时，不能简单地照搬这些条文，而应该把这些条文与会计教学的实际结合起来，与大学生的身心特征结合起来，再从中抽象出相应的具体的条文。

就会计学科来说，我们使用的“会计”概念，包括会计学专业系列课程，其内容非常专业、复杂和庞大。这使它既不同于基础教育阶段的任何一门学科，也不同于大学里其他专业所开课程所属的学科，甚至也同于会计专业所有非专业课程所属的学科。会计学科的内容包括会计、财务管理、审计所属的方方面面，即存在会计、财务管理、审计人员所需的原理、知识与法规，也存在会计、财务管理、审计人员所需具备的技能、道德与心理，我们要提出的会计教学原则，必须体现这些因素。

大学会计学科的教学对象，都是一些20岁左右的大学生。作为成年人，他们的生理、心理与学习能力均与中学生不同，也不同于硕士生与博士生层次的成年人。他们的学习兴趣、学习目标与学习方法都体现出了与众不同的特点。他们对教师的依赖程度、在课堂上的表现方式，以及自学训练的水平也独具特色。正是这诸多因素，直接影响着大学会计教学原则的构成。

如果依据教育学与教学论里提出的共同教学原则，考虑会计学科的性质与特点，充分体现大学生学习的特征，并将这三个方面的因素综合起来研究，我们可以为会计教学提出以下四条基本原则：会计能力培养与会计人格教育相结合的原则；会计原理阐释与会计案例分析相结合的原则；会计知识传授与会计法规传播相结合的原则；会计技能训练与会计心理锻炼相结合的原则。

（一）会计能力培养与会计人格教育相结合的原则

1. 原则的含义

在会计教学过程中，培养大学生的会计工作能力，并对其进行会计人格的教育，使他们既具备实践能力，又具备角色意识，形成会计人格，是大学会计教学的基本目标。在前面我们提出，培养会计能力属于教养目标，而进行会计人格教育则属于教育目标，并且认为教养目标是会计教学的第一目标，而教育目标则是会计教学的第二目标，实际上这两大目标，在教学过程中，是相互结合在一起，并且是同时实现的。因此，所谓会计能力培养与会计人格教育相结合的原则，实际上就是会计教学的教养目标与教育目标相结合的原则。说到底，这条原则的含义是会计教学要在培养大学生的会计能力的同时，使他们的会计人格受到教育，使会计教学达到一举两得的效果。在教育学与教学论中，这条原则称为科学性与思想性相统一原则，实际上是这一条基本原则在大学会计教学中的具体化。

一条教学原则，一旦被提出来，就应该涵盖会计教学的所有内容与形态。会计教学，尽管也需要传授知识，但是知识是能力的基础，传授知识的目的在于促进能力的习得，所以其教养方面的核心目标还是培养能力。为了表达的方便，我们在这里并没有提到传授会计知识与培养会计人格相结合，但是由于会计知识包容在其会计能力之中，所以我们只需要提到会计能力培养与会计人格教育相结合就行了。当然，理解这条原则的时候，还是应该看到会计知识传授与会计人格教育相结合也包括在会计能力培养与会计人格教育相结合的原则中。

在会计教学过程中，这条原则要求会计教师，不管是教授哪一个专题，还是教授哪一个环节，不管是教授其中的哪一门具体会计专业课程，还是教授哪一门具体会计专业课程中的哪一个章节，都必须将会计知识的传授、会计能力的培养与会计人格的教育挂上钩，使其同步完成任务。也就是说，会计教师教的是会计知识，培养的是大学生的会计能力，但始终必须装着会计人格教育这根弦，并且不让它与会计知识传授和会计能力培养脱离开来。

2. 原则的确立依据

这一教学原则的提出，主要是基于下列依据。

第一，大学生培养目标的需要。会计专业的大学生，需要获得全面发展。其中，既包括获得专业知识与形成专业能力，也包括怡情养性、陶冶心灵、得到人格完善，当然也包括智力与个性的相应发展。人与动物的相同之处在于均需要学会谋生的能力，人与动物的不同之处在于人还需要在获得谋生能力的同时使心灵得到塑造、人格得到完善。对会计专业的大学生而言，获得专业知识与形成专业能力就是学会谋生的能力，以便将来能够找到工作，谋求生存。但是，他的谋生，只能在人类社会之中进行。他必须与人打交道，也必须与人良好合作，所以他只具备谋生能力还不够，还必须具备与人良好相处的能力，也就是具备一种能赢得尊重与合作的人格。这表明，会计教学在完成培养大学生谋生能力的同时，必须完成塑造其健康人格的任务。

第二，会计学科的特点使然。会计学科的基本职能在于反映与监督经济活动，其中反映是客观的职能，而监督则带有明显的主观色彩，这说明会计具有二重性。一方面，它要真实反映经济业务的过程与结果，具有明显的工具性；另一方面，它又要监督与控制经济业务，为会计信息的使用者提供决策依据，具有明显的人文性。具备工具性的会计学科，要求会计从业人员掌握其基本技术，具有真实客观地提供会计信息的能力，也就是具有会计能力；而具备人文性的会计学科，则要求会计从业人员在真实地处理会计信息时，担负起监督调控者、决策者、管理者的任务，并使会计信息的处理更好地为国家、企事业单位或个人服务。简言之，会计从业人员既要与会计信息打交道，又要与人的决策相关联。会计从业人员能否在真实反映经济信息的同时，使自身提出的建议更合理、更具操作性，便显得尤为重要。所以，会计人员，也包括将来要成为会计人员的会计专业大学生，在学会真实客观处理经济信息本领的同时，必须使自己更具人性色彩，也就是使自己的人格更趋完善。

第三，会计教师的客观影响。会计教学是教师的教与学生的学相结合的共同实践。在教与学共同配合的实践过程中，教师除了通过教学内容影响大学生的心灵，他自身的一言一行、思想意识、态度主张、价值取向等均能产生对大学生心灵的影响力。教师在教学过程中，教的是会计知识，训练的是会计能力。但是同时，他自己的言谈举止及其倾向性会不知不觉地影响学生的态度与意识，促使大学生的这些人格因素在潜移默化中得到改善。所以，会计教师完全可以在教学中利用这些言传身教和以身作则的因素来影响学生的心灵与人格。

我们常说，一个人不能成为“思想的巨人，行动的矮子”。其实，反过来说，一个人不能成为“思想的矮子，行动的巨人”，也能成立。这说明，思想与行动必须匹配。这个观点移用于本条教学原则的阐述之中，换一个措辞，便成为人格与能力必须匹配。可见，会计教学必须同时担负起人格教育与能力培养的责任，并使大学生的人格与能力相匹配，是一个基本要求。

3. 原则的贯彻

会计教师如何在自己的教学中遵循与贯彻这一教学原则呢？这需要通过强调三方面的认识来落实。

首先，要全面理解人格教育的含义。人格与人格教育，是一个综合概念。单就人格而言，便包括个人心灵之中的一切因素，如政治意识、道德情操、思想品质、审美情趣、人生观点等。单独来看人格教育，指的就是这一切心灵因素总和的教育。人格教育，应该是各级各类学校的各门学科教学的共同任务，但是每个具体学科所实施的人格教育总会具有学科专业特征。所以，会计学科的教学在对大学生进行人格教育时，自然也具有会计专业色彩。我们可以说，会计教学所实施的人格教育，实际上只能称之为会计人格教育。我们在谈会计教学的基本目标时，就已经认定，它包括对大学生的工作态度、职业道德、合作精神三方面的人格进行突出性的教育，因此这里所提到的“人格教育”，仍然与这一说法相一致。会计教师的教学，也只能从这三个方面来影响大学生的人格。

其次，要以渗透作为途径。渗透，即渗入与浸透的意思。一块白布上滴几滴墨水，这块白布上会出现几个大的黑点。这几个黑点的面积一定大于滴上去时墨水的面积。墨水滴在白布上，慢慢弥漫开来，这不叫渗透。我们所提出的在会计教学中对学生进行人格教育，不是这种白布上滴墨水的方式。一块白布浸在水中，然后将黑色染料滴入水中，然后将水加热，使颜色慢慢浸入白布之中，最后拿出来的白布变成了黑布。这个过程，就叫作渗透。它是黑色染料渗入与浸透到了整块白布之中。我们所提出的在会计教学中培养大学生的人格，就需要将人格教育的理念这样渗透到会计教学的能力培养之中。所谓“随风潜入夜，润物细无声”，指的就是这种渗透。这个渗透的意思是，人格教育相当于黑色染料，而能力培养相当于整块白布，我们要将人格教育的染料渗透到能力培养的白布之中，并最终使能力培养这块白布带上人格教育这种染料的色彩。换言之，就是要把会计人格教育理想附着在会计能力的训练过程中，使大学生最终获得的会计能力中包含有会计人格的成分。为此，会计教师在教学时，必须眼中瞄准会计能力培养，而心中却装着会计人格教育，并随时随地恰到好处地使二者结合起来。

最后，以不脱节作为规范。脱节，指的是会计能力培养与会计人格教育相脱节。贯彻这一原则，最应该避免的便是将二者脱离开来的形而上学的做法。如果不顾会计能力培养的实际，为了进行会计人格教育而牵强附会，或者强行加上会计人格教育的成分，都属于脱节的做法。本条原则需要的做法是，在完成会计能力培养这个任务的过程中，相应地渗入会计人格教育的内容。也就是说，会计教学在培养大学生的会计能力的时候，只有需要的时候和能够渗入的时候，才能加进会计人格教育的因素。脱离会计能力的培养，单独进行会计人格教育，或者只一味地培养会计能力，却不考虑同时进行会计人格教育，都是脱节的表现，是不行的。换言之，没有会计能力培养的会计人格教育，和没有会计人格教育的会计能力培养，都是不正确的教学操作。

（二）会计原理与会计案例分析相结合的原则

1. 原则的含义

会计，作为一个信息系统，具有一系列自成体系的规则与原理，形成相对完备的知识体系。会计、财务管理、审计人员，必须掌握这些规则与原理，才能从事相应的工作，并具备相应的工作能力。所以，打算从事会计、财务管理和审计工作的人员，均需学习会计的基本原理，并加以掌握。高等学校中的会计专业，就是专门培养会计人员的，因而必须开设会计专业课程，以向大学生传授这些规则与原理。对会计专业课程的教师而言，在自己的教学中，向大学生介绍与阐释这一系列的会计规则与原理，便成了教学的一个基本任务。

但是，会计的规则也好，原理也罢，都是比较抽象的概念体系。规则与规则之间，原理与原理之间，尽管存在一定的逻辑关联与先后联系，但是理解起来仍然是比较艰难的。帮助大学生解决理解上的难题，最有效的教学方法便是举实例，用一系列生动的实例来加以说明，以达到深入浅出、形象生动的目的。案例教学便是举实例的最好表现。

同时，会计的规则与原理，都是为会计工作的实践而设的，其最终指向的还是会计人员的实际操作。对会计专业的大学生讲授会计的规则与原理，实际上也是为了最终使他们具备实际操作的能力。然而，规则与原理属于知识，实际操作则属于能力，在知识与能力的转化中，如果没有一座桥梁，也难以达到目的。这座桥梁当然可以依靠会计的模拟实习或者实践锻炼去架设，但是在理论教学的过程中只能依靠案例分析来架设。如果没有案例分析，会计原理得不到理解与巩固，原理的阐释便会成为纸上谈兵。可见，将案例分析与原理阐释结合起来，也是培养会计能力的需要。

所谓会计原理阐释与案例分析相结合，实际上就是借助企业会计实务中的案例来完成帮助学生理解与掌握会计知识的任务，将抽象的概念与生动具体的例子结合起来。这一原则实际上是教学论中所说的“理论与实践相结合原则”的具体化，也包含了启发性原则、直观性原则与巩固性原则的因素。如果把会计原理看成是理论，而把会计的案例分析看成是实践，这便是典型的“理论与实践相结合”。同时，教师之所以采用案例教学，也主要是为了启发学生，以形象具体的例子帮助学生理解。近年来，案例教学大行其道，实际上也是这一教学原则得到体现与落实的标志。

2. 原则的确立依据

案例教学已经成为会计专业课程教学的时尚，将会计原理的阐释与会计案例的分析结合起来的依据有以下三方面。

第一，人才市场的需要。大学毕业生带着满脑子的专业知识来到工作岗位，这些知识必须转化为操作能力才能发挥作用。上大学时，知识很重要；到了工作岗位，知识便必须退居二线，隐藏到能力背后，而由知识到能力的转化需要一个过程。在计划经济时代，各个用人单位都允许新上岗的会计人员有一段“磨合期”，甚至有的单位还特意安排师傅“传帮带”，以老带新，以使大学毕业生逐渐适应工作的需要。进入市场经济时代，会计人员已经成了人才市场的商品，用人单位要求所选用的会计人员必须立即进入角色，独当一面。这样，一向以没有实践经验的大学毕业生，在就业的时候便遇到了难题，难以找到自己理想的工作。怎么解决这一难题？最好的办法是在大学专业课程教学中，让会计专业的大学生锻炼这种实践能力。而案例分析的教学方法正好可以担此重任。

第二，会计学科教学的需求。会计学科的应用性与实践性极强，与现实的经济生活也息息相关。这个特征要求会计学科的教学密切联系经济现实，体现会计应用性，为培养应用型人才服务。现实的经济生活在向会计学科提出挑战的同时，向会计教学也提出了挑战，并且为会计的教学提供了丰富多彩的案例。教师将这些案例移用到会计教学的课堂，能够使枯燥的概念变成生动的故事，使呆板的报表变成迷人的图案。所以，案例分析与原理阐释相结合能够鲜明地体现出会计专业课程的应用性特征，并且有利于培养大学生的实际操作能力。

第三，教师追求良好教学效果的需要。如何使自己的教学富于吸引力，表现生动形象的特征，并能帮助大学生获得最佳的学习效果，这是每一位教师关注的问题，也是其追求的目标。要达到这个目标，便需要对教学内容与教学方法进行改革，使之更适合课堂教学的操作。采用案例教学，将案例分析与原理阐释结合起来，其实就是教学内容与教学方法改革的具体表现。借助案例分析，以生动活泼的实际背景来证实抽象的定义、定理、规则与原理，以形象思维来映衬内在逻辑，既能说明原理的客观性和可操作性，又能启发与引导大学生对原理的理解与掌握，并能使大学生从中学到具体的操作规程与解决问题的方法，可谓一举多得。我们常说，事半功倍，并以此作为提高效率的标准。其实，大学会计教师的教学，通过采用案例教学的方式，恰好可以达到事半功倍的效果。

3. 原则的贯彻

会计原理阐释与会计案例分析相结合的原则在教学过程中得到遵循与贯彻，需要会计教师牢固树立几个基本观念。

第一，树立理论联系实际的观念。会计原理阐释实际上是理论阐释，会计案例分析实际上是实际分析，这两者的结合就是理论与实际的结合，体现的就是理论联系实际的观念。其实，会计原理是在一系列会计实际活动中总结出来的规律，必然适应任意一个具体的案例，它们之间的关系就是一般与个别的关系、抽象与具体的关系、规律与实证的关系。会计的案例分析中必然蕴藏着会计的原理阐释，会计的原理阐释也必然需要会计的案例分析来说明、检验与印证。两者之间互相关联，不可脱节。为此，会计教师应该在教学时随时关注两者的联系，始终将两者结合起来

第二，树立一种互动的观念。所谓互动，指的是会计教学过程中会计原理阐释与会计案例分析之间的互动。这种互动既是一种互相依赖，也是一种互相带动。相互依赖说的是两者之间不可分离的关系，即会计原理的阐释必然借助会计案例的分析来佐证，会计案例的分析也必然借助会计原理的阐释来实施，两者你中有我，我中有你，互不分离。互相带动说的是两者之间互为先后的关系，即教学时，既可以先阐释会计原理然后用会计案例的分析来印证，也可以先分析会计案例然后从中抽象出会计原理并加以阐释，两者谁先谁后，并无固定程式。

第三，树立一种研究性教学的观念。教学有几种程式？依教材顺序阐释理论与原理，教师讲学生听，教师考学生背，始终围绕原理做文章，这是第一种。依实践操作顺序手把手传授技术，教师示范学生模仿，教师指点学生训练，始终关注学生的动手能力，这是另一种。依教材顺序阐释原理，同时依相应实践操作顺序手把手传授技术，将两者结合起来，教师既讲述也示范，学生既动脑也动手，始终关注知识与能力的同步发展，这是第三种。将会计原理阐释与会计案例分析结合起来的教学就是第三种程式。这种程式对教师来说，不是单一的宣讲，对学生来说，也不是单一被动地接受。它实际上是一种研究，是教师带领学生进行研究，让学生重新探讨会计原理建立的过程，体会研究的乐趣。所以，这一原则的贯彻实际上是要求实施一种研究性教学。研究性教学对于大学教育来说，是一种行之有效的教学方式，也是必然采用的一种教学方式。对于会计教师而言，树立一种研究性教学的观念，让学生带着研究的心态与眼光参与学习，既有助于丰富其会计理论的修养，又有助于提高其会计实际操作的能力。

（三）会计知识传授与会计法规传播相结合的原则

1. 原则的含义

会计教学的目标在于为社会培养合格的会计专业人才。经济活动中的会计、财务管理与审计渗透着一系列客观存在的规律、程序与规则。这些规律、程序与规则被总结与抽象出来，便成了会计学科的知识体系。对于会计人员而言，这样的知识体系必须牢牢掌握。否则，不了解会计工作的规律、程序与规则，便会出现差错，难以胜任工作。以培养会计、财务管理与审计人员为己任的会计教学，理所当然要担负起传授这个知识体系的责任，使会计专业的大学生将来能根据实践过程的规律、程序与规则来处理会计事务，胜任工作。所以，会计教学必须做好传授会计知识的工作。

经济活动中，会计、财务管理与审计工作的进行还受到一系列外围因素的制约。这些外围因素既包括与之相关的经济法律，也包括国家经济管理部门制定的会计法规、会计制度，甚至包括一些行业会计制度与规定。它们虽然不是会计工作中客观存在的规律、程序与规则，但同样对会计工作具有强制的制约性。会计人员在处理经济业务时，必须依照这些法律、法规与制度办事。可以说，国家也好，行业也好，部门也好，制定这些法律、法规与制度的目的无非是规范操作的程序，建立一个约束的机制，创设一种监管的手段，以便实施宏观调控与管理。这些法律与法规一旦颁布实施，便具有客观制约性。所以，对于会计人员而言，这些法律、法规与制度（概称法规）照样需要牢牢掌握。如果会计人员掌握不好，理解不透，便难以胜任工作。大学的会计教学，在传授书本上的会计知识时，应该同时向学生介绍与传播这些会计法规。

当然，会计知识具有广泛的适应性，而会计法规的适应性则要受到行业、部门甚至地域的影响，不如会计知识的适应面广。所以，会计专业课程的教科书主要涵盖的是具有广泛适应性的会计知识，而少有会计法规的专题介绍。既然会计知识与会计法规对会计人员的工作同样不可缺少，那么在依据教科书传授会计知识的同时，必然要随时渗透会计法规。这就需要会计教师适时补充、扩展教材内容，将会计法规的介绍与会计知识的传授结合起来，同步完成。因此，所谓会计知识传授与会计法规传播相结合的原则实际上指的是，在会计教学中，会计教师向学生传授会计知识的时候，随时向学生补充性地介绍一些会计法规，目的在于让学生既学到会计知识，又了解会计法规，从而使之能够得心应手地从事会计工作。

2. 原则的确立依据

这条原则的提出主要基于以下几个方面的客观事实。

首先，会计知识与会计法规对会计业务的同时制约。会计知识是会计工作的规律总结。它源于会计实务，又回过头帮助会计人员有效地处理会计实务。会计知识存在于会计实务之中，从业人员只有掌握了才能处理好会计实务。会计知识是从业人员处理会计实务的内在需要，从实质上制约着从业人员的操作规程。会计法规则不同，它是必须遵守的，因此它从外在要求上制约着从业人员的操作规程。可以说，会计知识与会计法规相生相伴，相辅相成，属于两类不同的知识，从内在与外在两个角度同时约束从业人员的一切行为。可见，对于准备从事会计工作的会计专业大学生而言，两种知识都必须掌握。

其次，会计知识与会计法规动静相随。一般情况下，会计知识属于静态知识，一旦形成，便具有相对的稳定性；而会计法规则属于动态知识，会随着经济体制、政策方向与企业发展业务的变化而随时变化。但是，像经济体制的改革、政策方向的调整、经济业务的改变这样的大前提，对会计知识与会计法规的影响力是等同的。一旦大前提改变，会计法规便会相应调整，最终会导致会计知识进行改进与更新。所以，会计法规的变化也会导致会计知识相应地发生变化。比如，从计划经济体制到市场经济体制的转变、从国税制到国税与地税并行制的变化等，都会导致会计法规的变化，事实上也最终导致了会计知识的变化。这样说来，会计教师应根据大前提的改变状况，适时向学生介绍新的会计法规，同时调整会计知识的传授内容。

最后，会计知识与会计法规刚柔相济。会计知识作为静态知识，属于刚性知识、硬知识，是非记住照搬不可的；会计法规作为动态知识，则属于柔性知识、软知识，尽管也非记住与照搬不可，但其时效性比较鲜明，变化的频率较快，灵活性特征较强，特别是会计准则与税务政策变动比较频繁，因而需要随时调整，不断更新。不过，无论如何，在处理会计业务时，从业人员都必须将两类知识同时调动起来，实现刚柔相济。比如，差旅费的报销，核算的方法与程序是固定不变的，也就是说这方面的会计知识是不变的，但是差旅人员的补助标准则是因人因地因时因单位而异的，从业人员必须根据相应的法规确定具体差旅人员的补助标准，按固定不变的核算方法与程序处理，办理报销手续。其中，实际上就体现了会计知识与会计法规之间刚柔相济的特征。差旅费报销的核算方法与程序方面的知识属于刚性知识，而补助标准则属于柔性知识，只有将两类知识结合起来，才能处理好相应账目。

3. 原则的贯彻

会计知识传授与会计法规传播相结合的原则在教学过程中得到遵循与贯彻，需要强化以下几个基本观点。

第一，将会计法规看成是知识。如前所述，会计法规属于动态知识。它跟教科书里的专业知识尽管有别，却是互相配套，并同样发挥作用的。我们在进行会计教学的时候，如果只关注教科书里的知识传授，却不顾现实中的会计法规的传播，就会使大学生的知识结构产生断层。会计知识与会计法规缺一不可。为此，需要会计教师将会计法规看成知识，并且伺机行事随时补充，在传授书本知识的同时，向大学生多加以介绍。那种只讲书本知识，而不顾及相关知识的观念是目光短浅的表现。我们常说，教师要将课内与课外两个空间联系起来，让学生既学到课内的书本知识，又学到课外的现实知识。其实，会计法规知识便是一种课外的现实知识。它应该引起会计教师足够的重视。

第二，将两类知识与会计操作挂钩。会计法规也好，会计知识也好，这两类知识实际上都是既来自会计实际业务，又用来指导会计实际业务的。知识教学只有与实践操作相结合，才能有助于学生更好地理解知识、消化知识、运用知识，也才能有助于学生牢固地记住知识。所以，我们在强调两类知识的传授相结合时，要同时强调将两类知识的传授渗透在会计实践的操作之中。纯粹地传授知识，为了传授知识而传授知识，无助于灵活运用能力的增强，也无助于提高学生学习知识的兴趣，是不可取的。为此，在传授两类知识的同时，会计教师要多多地举例，并让学生做相应的练习，使之在练习之中消化与运用知识。

第三，将两类知识与其他知识相联结。会计知识与会计法规这两类知识，在从业人员那里其实是与其他专门知识共生的。比如，外贸企业的会计人员在处理账务时，既需要掌握会计知识与会计法规，又需要了解外贸结算制度、出口退税机制等方面的知识，同时需要掌握商品登记知识与物价知识，这样看来，会计人员的知识面应该是越广越好，至少是需要掌握的相关知识都应该具备。可见，我们在从事会计教学时，有责任，也有义务让学生在学到两类知识的同时，学到其他相关知识，并使这些知识产生联想，形成整体，转化为实践操作的能力。会计教师在传授会计知识与会计法规时，还必须介绍其他相关的知识，这无疑向教师们提出了挑战，但这个挑战又是非迎接不可的。

（四）会计技能训练与会计心理锻炼相结合的原则

1. 原则的含义

如果说会计知识教学是会计教学的基础。那么，会计技能训练便是会计教学的核心。对大学生进行会计技能训练，既是教学的最终目标又所在，是教学的难点所在。我们说，职业能力就是一种技能。财务、会计、审计这些职业所需的能力，我们统称为会计技能。会计教学的主要任务便是在教学过程中训练大学生的这种会计技能。

具体来说，会计技能涵盖会计信息的记录技能、鉴别技能、归纳技能、分析技能、使用技能等方面，其外在表现由会计操作的准确性、速度与熟练程度等因素体现。这些技能的获得离不开反复训练。所谓“熟能生巧”，指的便是技能训练。没有反复训练，谈不上熟练程度，也谈不上速度；没有仔细训练，谈不上准确程度。所以，会计教学需要在技能训练上多花时间，多费心思。

会计心理与会计技能相伴相随。我们认为，高超的会计技能必然有良好的会计心理作为背景。我们提出，会计工作从业人员必须既认真细致又求真务实，既有耐心又有诚心，既不怕苦又不畏难，指的就是这种会计心理。这样的会计心理既与人的意志相关，也与人的习惯相连，还与人的性格相应，也就是与从业人员的个性相符。所以，所谓会计心理锻炼实际也就是会计个性培养。

这里提出的会计技能训练与会计心理锻炼相结合的原则是指会计教学要在完成对大学生的会计技能训练的同时，使大学生的会计心理同步得到锻炼，从而为养成其特有的会计个性服务。相比之下，会计技能训练是外显的，而会计心理锻炼是内隐的。不过，它们之间的关系就好比一张纸的正面与反面，我们看到的是正面，但实际是隐藏在正面后面的反面总会同时出现在这张纸上，只是我们表面没有看到罢了。会计教学中，我们的直接目标是对大学生进行会计技能的训练，但在训练其会计技能时，又总是同时在对其个性心理进行锻炼。比如，记录技能的训练，要让学生经过反复训练，达到既快又准的程度，便需要同时培养大学生耐心细致与自信稳重的性格，锻炼他们的职业心理。可以这样说，我们表面上在对大学生进行会计技能的训练，而实际上又同时对大学生的意志、习惯与性格进行了磨炼，使他们逐渐地具备了财务、会计与审计工作所需要具备的特殊个性。既然如此，我们在教学中，就应该将其作为一个明确的指导思想，有意识地加强对大学生会计心理的锻炼。

2. 原则的确立依据

会计技能训练与会计心理锻炼相结合原则的提出主要基于下列依据

首先，技能是心理的体现与反映。任何技能，背后都隐藏着一定的心态。司机的驾车技能体现与反映的是胆大心细，教师的教学技能体现与反映的是自信热忱，体操运动员的运动技能体现与反映的是沉稳协调，点钞员的点钞技能体现与反映的是专注细心。可以说，任何技能的习得过程都是相应的心理状态的锻炼过程，没有心态的训练，技能的训练也会落空。许多运动员的技能非常熟练，但是比赛的时候因为场所或紧张的心理而导致动作差错，实际上也说明了技能与心理同步训练的重要性。会计技能需要稳重自信、耐心细致、求真务实等心理状态相伴随。会计技能的熟练程度与准确程度同时体现与反映的便是会计人员的自信稳重程度、耐心细致程度、求真务实程度。正因为这样，会计专业的会计教学，在培养大学生的会计技能、进行相应的技能训练的同时，需要锻炼其相应的心理。

其次，心理能够配合与促进技能的表现。良好的心理状态反过来能够配合技能的表现，也能够促进技能的提高。心浮气躁、粗心大意是干不好会计工作的。在常人那里，不管从事何种工作，也不管发挥何种技能，心态好的时候便会得心应手，心态不好的时候则会容易出现错误。这个现实便说明了心理与技能的配合关系。离开了良好的心理状态，再熟练的技能，其准确性也会大打折扣。而会计工作最关注的便是准确性。没有沉稳细致的心理状态，没有求真务实的个性特征，这种准确程度便难以保证。更为重要的是，良好的心理状态能够促使技能得到更有效的发挥，所谓“越战越勇，越勇越战”，说的就是这种良好心态对技能的促进作用。由此可见，我们在训练会计技能时，务必同时锻炼会计心理，并使之在大学生的身上结合起来，同步协调发展。

最后，技能与心理可以在训练之中合二为一同步发展。机械重复的技能训练锻炼的是受训练者的耐心与诚心；加大难度的技能训练锻炼的是受训者的信心与进取心；变换条件的技能训练锻炼的是受训者的灵活性与适应性，即随机应变心态。不同的技能训练锻炼的是不同的心理状态。然而，这些技能也好，心态也好，对从事技能性工作的人员而言，都是需要具备的。既然心理与技能的训练总是内外配合、协调同步的，我们在会计教学中对大学生进行会计技能的训练时，也必须与心理训练结合起来。为此，我们可以有意识地变换训练方式、要求、程序与难度，将分项训练与综合训练结合起来，同时完成对大学生的会计技能与会计心理的训练。

3. 原则的贯彻

在会计教学中，遵循与贯彻会计技能训练与会计心理锻炼相结合原则，主要应该关注心理锻炼这一内容，不要只顾表面的技能训练，而忽略了内在的心理锻炼。为了保证这一原则得到落实，会计教师需要形成以下三个认知。

第一，坚持以人为本的观点。教育的目标在于塑造人，教学的目标也在于培养人。这个“人”应该是全面发展的人。技能与心理的关系实际也就是部分与部分的关系、外表与内核的关系。我们的教学，如果带着培养人的观念来操作，便会富于人情味。如果只看到知识与技能这些因素，却忽略心灵与个性这些因素，我们的教学便会成为功利主义的牺牲品，丧失人文主义的色彩。人之所以区别于动物，就是因为人类具有复杂的心灵与个性。坚持以人为本的观点，始终全面发展人的各项素质，理应成为各门学科教学的共同追求。大学的会计教学在训练大学生的会计技能时，适当注意锻炼其会计心理，实际上就是这一追求的具体体现。

第二，注重综合素质的锻炼意识。我们提倡素质教育，关注的是对学生综合素质的锻炼。这个综合素质既包括知识与技能，也包括体魄与心灵，还包括个性与心理。将技能的训练与心理的锻炼挂钩，实际也就是落实素质教育中锻炼学生的综合素质的观念。财务、会计、审计人员的综合素质包含会计技能，也包含会计心理。其会计技能是一种职业技能，其会计心理也是一种职业心理。所以，锻炼会计专业大学生的会计技能与会计心理，实际上是锻炼其会计职业的综合素质。比如，我们在训练学生的会计信息鉴别技能时，故意让他们去查错与纠错，或者故意让他们犯错后复核，都是在锻炼他们的会计心理，也是对他们的综合素质进行锻炼。

第三，树立心育观念。心育，即心理教育。这是近年来提出的教育主张。以前教育界只提德、智、体、美、劳五个方面的教育，最近大家还提出并接受了第六个方面的教育主张，就是心育。意思是说，在教育教学的过程中，我们的教师能够做到，也应该做到对学生的心理进行教育。我们提出会计技能训练与会计心理锻炼相结合，便是这种心育主张的具体落实。其实，心理的教育与其他五个方面的教育相比较，是一种最能影响人的素质的教育，也是一种最彻底的教育。大学的会计教学是能够为落实对大学生进行心理教育服务的。

技能的训练可以在短时期内完成，并且可以不断精进，日臻完善；心理的锻炼则需要一辈子不间断，在职业生涯里不断调适，实现与技能的更有效配合。大学里的会计教学可以在短期内完成对学生会计技能训练的同时，对他们进行会计心理的锻炼，并使他们具备起码的职业心理，以便更好地投身会计职业之中。

第四节　会计教学的手段与方法

一、会计教学的手段

（一）讲授的手段

1. 讲授手段的含义与方式

讲授是指教师通过口头语言向学生描绘情境、叙述事实、解释概念、论证原理和阐明规律的教学手段。它是教师使用最早的、应用最广的教学手段，可用于传授新知识，也可用于巩固旧知识。讲授有多种具体方式，具体如下。

（1）讲述

讲述侧重生动形象地描绘某些事物现象，叙述事件发生、发展的过程，使学生形成鲜明的表象和概念，并从情绪上得到感染。凡是叙述某一问题的历史情况以及某一发明、发现的过程或人物传记材料时，常采用这种方法。在低年级，由于儿童思维的形象性、注意力不易持久集中，在各门学科的教学中，也多采用讲述的方法。

（2）讲解

讲解主要是对一些较复杂的问题、概念、定理和原则等，进行较系统而严密的解释和论证。讲解在文、理科教学中都广泛应用，在理科教学中应用尤多。当演示和讲述不足以说明事物内部结构或联系的时候，就需要进行讲解。在教学中，讲解和讲述经常是结合运用的。

（3）讲演

讲演是指教师就教材中的某一专题进行有理有据、首尾连贯的论说，中间不插入或很少插入其他的活动。这种方法主要用于中学的高年级和高等学校。

（4）提问

提问是指教师以质疑、问难的方式所进行的讲授或说话。提问一般采用疑问的语气，有时又带有祈使的语气。它的功能在于启发与诱导，在于调动与促进，是教师发挥教学职能并约束学生学习的有效手段。提问可以引发思考，可以引发讨论，甚至可以引发研究的兴趣。提问的目的在于开启学生的思维，提高学生的热情，或者摸清学生的底细，同时落实对学生的训练。会计教学中的提问可以是有疑而问，可以是无疑而问，也可以是自问自答，因此提问的方式有疑问、反问与设问三种。从方法上说，还可以有追问、直问、曲问、趣问等问法。教师所提的问题应该具有问题价值，对学生的学习掌握确有帮助，不能为了提问而提问，搞表面热闹而内心无动于衷的形式主义。提问的措辞宜多问“是什么”“怎样”“为什么”之类的问题，尤其是多问“为什么不”之类的问题，而少问或不问“是不是”“对不对”“好不好”“要不要”之类的问题。教学过程中，会计教师向学生提出一些问题可以起到深化教学的作用，可以起到调动气氛的作用，可以起到穿插过渡、承上启下的作用，也可以起到开掘引申、言有尽而意无穷的作用。大学的会计教师应该既乐于提问，又勤于提问，还要善于提问，实现以问代讲、以问带讲的目的。

（5）答疑

答疑是指教师回答疑问、解答疑惑的讲授方式或说话方式。回答疑问指教师回答自己的提问；解答疑惑，指教师回应学生的求教。课堂上，教师提问以后，学生回答了，但到底对不对，究竟怎么回答，最终还需要教师来总结或回答。至于教师的自问自答，更需要回答。课堂上，学生也会举手发问，请求教师解答疑惑，大学生甚至会因为对教学内容表示怀疑而提问。答疑时，一般以说明与议论的表达方式来说话，采用的是陈述的语气。当然，也可以以问代答，以启发取代回答，把思路留给学生，让他们自己找到答案。还可以答一半，留一半，或者只回答一部分，而要求学生自己回答另一部分。这都是比较巧妙的答疑方法。答疑，要求教师灵活机智，也要求教师谦恭诚实，还要求教师讲究技巧，引而不发，开而不达，点到为止。

（6）评价

评价是指教师对教学内容或学生表现进行评析、贬而进行的讲授方式或说话方式。评析，针对教学内容或教材内容；贬，针对学生的表现，包括对其答问、练习、演算、操作等情况的表扬或批评。大学教师应具有学术勇气与独立见解，对于教学内容或教材内容，对于使用的会计案例，都可以进行点评，发表自己独到的看法。对于大学生在学习过程中的参与与表现，教师也有责任给予适时、恰当、中肯的评价，指出他们的不足，肯定他们的优势。这样的评价一般采用陈述语气与感叹语气相结合的方式，而且情理相生的色彩较为鲜明。评价要求中肯恰当、切中要害，要求一分为二，鼓励为主，也要求公平公正、客观冷静。评价学生时，教师需要控制情感，也需要实事求是，不偏不倚。因此，评价对教师的人格要求较高。

2. 讲授手段的特点

（1）信息量大

信息量大能使学生通过教师的说明、分析、论证、描述、设疑、解疑等教学语言，短时间内获得大量的系统科学知识，因此适用于传授新知识和阐明学习目的、教会学习方法和进行思想教育等。

（2）灵活性大

灵活性大，适应性强。无论在课内教学还是课外教学，也无论是地理感性知识还是理性知识，讲授手段都可运用。它使学生通过感知、理解、应用而达到巩固掌握的目的，在教学过程中便于调控，且随时可与组织教学等环节相结合。

（3）有利于教师主导作用的发挥

教师在教学过程中要完成传授知识、培养能力、进行思想教育三项职能，同时要通过说明目的、激发兴趣、教会方法、启发自觉学习等调动学生的积极性，这些都适合通过讲授方法体现自己的意图，表达自己的思想。讲授手段也易于反映教师的知识水平、教学能力、人格修养、对学生的态度等，这些又对学生的成长和发展起着不可估量的作用。

讲授手段缺乏学生直接实践和及时做出反馈的机会，有时会影响学生积极性的发挥。

（二）演示的手段

1. 演示手段的含义与方式

演示是指通过一些方式和工具，将信息传达给他人，是一种信息传达的行为方式，即利用实验或实物、工具把事物的过程显示出来的过程。

演示有多种具体方式。

（1）演算

演算是指按照一定的原理或公式计算。会计教学过程中，有不少内容需要演算给学生看，是一种教师对会计教学中的资料核算内容，利用黑板、算盘或计算器、模拟仿真系统等工具进行运算，以给学生提供运算示范的教学方式。财务、会计与审计工作离不开数学运算，会计教学中的数学运算也不少。对于会计专业的大学生来说，尤其需要学会这些数学运算。一般来说，数学运算大致可采用心算、手算、珠算、电算这四种方式。这四种方式，会计教师均应在课堂上演算给学生看，所以演算的手段是会计教学不可缺少的一种基本教学手段。四种运算方式当中，心算与笔算的运算需要使用黑板与粉笔，珠算的演算需要使用算盘，电算的演算需要使用计算器或模拟仿真系统，总之，都需要使用特定的教学设备。因此，显而易见，演算的手段照样是一种辅助教学手段。它的使用目的在于让会计专业大学生学会心算，提高笔算的准确性，熟练地使用算盘与计算器，训练会计运算的技能，掌握一种硬性的职业本领。会计教师的演算实际上是一种示范，既是技能的示范，也是技巧的示范。它的功能在于让学生边看边学，边学边会，边会边巧，有助于极大地提高大学生的学习兴趣。

（2）操演

操演指教师在教学活动中利用实验设备、教学机器及其相关材料组织教学，并通过操作演示这些设备、机器与材料来传达信息，直观展示教学内容，完成教学任务而采用的教学方式。会计教学中的操演主要指操演一些常规的电化教学设备及其相关材料。在会计类课程的教学中，借助计算机系统及其外部信息输入输出设备对操作性的教学内容进行操作演示，效果要强于教师的讲授，既能产生对会计教学内容的形象展示作用，也能产生对会计教学信息的综合传达作用，既能产生对教师教学的辅助替代作用，也能产生对学生学习的激发促进作用，更能产生节省教学时间、提高教学效率的作用。可见，操演的方式应该大力提倡，广泛使用。

（3）展示

展示指的是教师在教学活动中，根据教学的需要，向学生展示有关教学内容的照片、图片、实物、标本、模型等教具而采用的教学方式。展示的方式可以是实物展示，也可以是信息化资源的展示。实物展示可以让学生看到较为真实的展示内容，便于场景模拟，提高学生的感知能力。信息化资源的展示需要借助计算机系统进行展示，信息化资源可以以多种形式进行展示，如图片、动画、视频等。信息化资源还可以与相应的应用软件相结合，对展示的内容进行多方面的辅助展示，从而让展示过程更直观、方便、快捷。会计教学中，展示手段的运用主要是出示图片与实物两种情况。流程图、分析图、会计原始凭证和实物等都可以在课堂上展示出来。通过展示这些东西，有助于教师的直观讲授，有助于学生的形象理解，当然也有助于教学效率的提高。

（4）示范

会计领域的学习最终要落实到业务的操作之上。大学生从未接触过会计业务，从学习到操作需要一个过程。这个过程便是教师的操作示范。所以，示范指教师在教学过程中对实际操作业务的一种演示，通过这种演示让学生模仿学习，并最终学会操作而采用的一种教学方式。会计教学过程中，会计凭证的填制、会计账簿的登记、会计报表的编制、会计档案的装订、数据表格的填列与分析、相关软件的操作、项目分析与判断、制度与流程的设计、业务报告的撰写等都属于业务操作。教这些内容的目的在于让学生能够学会操作。而学生的操作只能从模仿开始，因此少不了会计教师的操作示范。由于这种示范要么需要借助黑板与粉笔，要么需要借助计算机多媒体系统，因此它仍然是一种辅助教学手段。课堂上，让学生学习业务操作时，教师与大学生的关系便变成了教练与运动员的关系。教练要给运动员讲动作要领，也要示范与纠正运动员的差错，会计教师要给大学生讲会计业务的具体操作，也要示范，供大学生模仿，然后再纠正大学生的差错，最终让他们学会操作。从这个角度来看，会计教师应该是处理会计实务的行家里手，是不为过的。这种示范具有手把手的教育功能，也具有直观展示的教学功能，能够直接、具体地帮助大学生学会各种会计业务的操作技能，有助于他们将会计知识转化为会计能力，所以需要大力提倡。当然，这种示范也可以与案例分析结合起来进行。

2. 演示手段的原则

演示是信息传递过程中的桥梁。一般来说，演示的标准主要有两条：忠实和简化。

忠实是指忠实于所要传递的信息，也就是说，把原信息完整而准确地表达出来，使他人得到的信息与原信息大致相同。

简化是指简明扼要、明白易懂、重点突出，没有文理不通、结构混乱、逻辑不清的现象。

（三）多媒体手段

1. 多媒体手段的含义与优势

多媒体手段是指在教学过程中，根据教学目标和教学对象的特点，通过教学设计，合理选择和运用现代教学媒体，并与传统教学手段有机组合，共同参与教学全过程，以多种媒体信息作用于学生，形成合理的教学过程结构，达到最优化的教学效果。

在会计教学中采用多媒体手段，与传统教学手段比较起来，具有非常明显的优势。传统教学条件下，教师靠一支粉笔、一张嘴来操作会计教学，难以达到应有的效果。教学中，一些会计理论、会计实务需要使用大量的篇幅和大量的数据资料加以解释说明，在传统教学条件下，教师往往因为技术条件以及课时时数的限制，而只好对这些会计理论与实务粗略、简单地一带而过，有时甚至只好舍弃一部分内容，因而造成学生难以全面理解与掌握的现状。而且，有的教师即便试图将这部分理论和实务解释清楚也不得不投入大量的时间与精力，耗费不少课时，又降低了教学的效率。

会计教学采用多媒体手段，既可用于原理的讲授，也可用于实务的操作，并可用于案例的分析。多媒体手段一旦被采用，对教师的教与学生的学均能产生积极的作用。首先，它有利于会计教学的规范化与标准化，有利于及时补充教科书的不足；其次，它有利于改变传统单调的语言叙述方式，有利于引导与启发学生的积极思考，有利于激发学生的学习兴趣，有利于提高学生的学习成效；最后，它也有利于减少教师的重复劳动，使教师在课堂上得到解放，更有利于改变教师的教学观念，使他们树立一种为追求教学效率而进行教学的思想意识。

2. 多媒体手段的特点

多媒体计算机辅助教学是指利用多媒体计算机，综合处理和控制符号、语言、文字、声音、图形、图像、影像等多种媒体信息，把多媒体的各个要素按教学要求，进行有机组合并通过屏幕或投影机投影显示出来，同时按需要加上声音的配合以及使用者与计算机之间的人机交互操作，完成教学或训练过程。

所以，多媒体手段通常指的是计算机多媒体手段，是通过计算机实现的多种媒体组合，具有交互性、集成性、可控性等特点，它只是多种媒体中的一种。

它利用计算机技术、网络技术、通信技术以及科学规范的管理对学习、教学、科研、管理和生活服务有关的所有信息资源进行整合、集成和全面的数字化，以构成统一的用户管理、统一的资源管理和统一的权限控制。多媒体手段侧重于学生可随时通过 Wi-Fi 接入校园网及互联网，方便地获取学习资源，教师可利用无线网络随时随地查看学生的学习情况、完成备课及进行科研工作。其核心在于无纸化教学的实施以及校园内无线网络的延伸。

二、会计教学的方法

（一）教学方法的概念与内在本质特点

教学方法包括教师教的方法（教授法）和学生学的方法（学习法）两大方面，是教授法与学习法的统一。教授法必须依据学习法，否则便会因缺乏针对性和可行性而不能有效地达到预期的目的。但由于教师在教学过程中处于主导地位，所以在教法与学法中，教法处于主导地位。

由于时代、社会背景、文化氛围的不同以及研究者研究问题的角度和侧面的差异，中外不同时期的教学理论研究者对“教学方法”概念的界说自然不尽相同。教学方法不同界定之间的共性主要有三点：第一，教学方法要服务于教学目的和教学任务的要求；第二，教学方法是师生双方共同完成教学活动内容的手段；第三，教学方法是教学活动中师生双方行为的体系。

教学方法是教学过程中教师与学生为实现教学目的和教学任务要求，在教学活动中所采取的行为方式的总称。教学方法的内在本质特点如下：教学方法体现了特定的教育和教学的价值观念，它指向实现特定的教学目标要求；教学方法受到特定的教学内容的制约；教学方法要受到具体的教学组织形式的影响和制约。

（二）会计教学的基本方法

讨论会计教学的方法，我们是站在会计教师的角度思考的。会计教师为了完成教学任务，追求最佳教学效果，势必组织学生并带领学生理解与训练，通过理解让学生获取会计知识，通过训练让学生获取会计能力。这样，我们确定会计教学基本方法的思路就只能以帮助学生理解与组织学生训练为起点。帮助学生理解，会计教师在课堂上，要么自己讲授，要么组织学生讨论，采用的教学方法相应就是讲授法与讨论法；组织学生训练，在课堂上，会计教师要么让学生做一些消化性的练习，要么让学生做一些模仿性的操作，采用的方法相应就是练习法与实习法。因此，会计教学的基本方法包括讲授法、讨论法、练习法与实习法四种。

至于自学辅导法、分组研讨法、茶馆式教学法、网络教学法之类的现代教学方法，都是由这几种最基本的教学方法派生出来的。

1. 讲授法

会计教学的课堂上，教师要向学生讲述概念、阐释原理、分析报表、演示分录、演算账目、介绍案例，均离不开讲授法。固然，不同内容的讲授，具体的讲授方法也会有所不同。这里我们将会计教学中讲授法的运用按以下六种不同的讲授方法来分别加以介绍。

（1）逻辑推论法

逻辑推论法是一种严密论证的方法。会计教学中，会计原理的阐释筹资与投资管理的阐述，应收与预付账款之间关系的说明，收入、成本和利润的测算，资产与负债比例的论述，都需要采用逻辑推论的方法加以讲授。它的特点在于，讲授的思路严密，讲授的条理分明，讲授的态度严谨，讲授的节奏鲜明，环环相扣，逻辑分明。它的优势在于，启发学生思考，引导学生探索，帮助学生理解，并能引发学生的研究兴趣。列宁说，雄辩的逻辑力量是不可战胜的。逻辑推理法的运用恰好能帮助会计教师拥有这种说服力来说服与征服学生。

（2）平铺直叙法

平铺直叙法是一种冷静述说的方法。会计教学中，概念含义的表述、会计历史知识的介绍、会计法规的述说、经济环境的引述、案例的引入都需要采用平铺直叙的方法加以讲授。它的特点在于，讲授的情绪冷静客观，讲授的内容通俗易懂，讲授的条理清晰可辨，讲授的语言简明平易。之所以会这样，主要是因为这些讲授的内容对学生来说一听便明白，并不难以理解。教师平铺直叙时，简明扼要以避免啰嗦，态度从容以避免急躁，语气平和以避免生硬，语速平稳以避免夸张，语音洪亮以避免模糊，便成为基本要求。

（3）直观辅助法

直观辅助法是一种形象生动的方法。在会计教学课堂上，教师一边讲授一边调动表情与手势来描绘与模拟，或者一边讲授一边在黑板上勾画图示，有时也一边讲授一边出示投影片、原始凭证或教学挂图让学生看，这都是在采用直观辅助法。它的特点在于，依靠直观辅助的手段来补充口头讲授的不足，形象展示口头讲授的内容，吸引学生的注意力。这种方法的优势在于，通过直观展示而达到形象生动、引人入胜的境界，并有助于节省教师的讲授时间，实现精讲，还有助于教学效率的提高，有助于学生的理解与接受。会计教学中，几乎所有内容的教学都可以采用这种讲授方法。当然，在阐释会计原理与演练会计实务时，它的运用价值更为突出。

（4）举例说明法

举例说明法是一种演绎论证的方法。讲授抽象的会计概念与原理时，或者讲授会计实务与会计应用时，先从一般的原理与方法讲起，再拿具体的事例来说明，是一种由深入浅的讲授方法，也是一种由抽象到具体的讲授方法。它的功能在于，通过举例，靠生动形象的实例来佐证与阐释一般的原理与规律，有助于学生迅速地理解与掌握，也有助于学生学习与模仿。会计教学中，经济业务对会计恒等式的影响问题、合并报表的编制问题、审计准则与审计依据的关系问题等，学生都难以理解与运用，一旦举出实例，加以说明，学生便可豁然开朗。所以，对于会计教师而言，举例说明法不失为有效的一种讲授方式。

（5）比喻说明法

比喻说明法是一种形象生动的方法。再抽象的原理，通过恰当的比喻，都可以让学生迅速理解。大学课堂上，比喻的讲授方法具有广泛使用空间。会计教学中，可比喻的也不少。比如，一个小家庭，要维持日常生活，要搞家庭基本建设，要储蓄，要投资，要兼职创收，要借贷，如何运作才更好，夫妻俩进行规划与预算，这便是财务管理；把每一笔收入与支出登记在册，定期统计出来，这便是会计；回过头来逐笔分析，看哪些钱该花不该花，哪些收入可调节，这便是审计。我们教学时，便可用这个比喻来讲清楚财务、会计与审计三者之间的关系。小到家庭大至企业，甚至国家，都可用这种比喻。其实，只要比喻贴切，它的效果远远胜过千言万语的讲授。所以，比喻说明法也是一种事半功倍的讲授方法。

（6）幽默激趣法

幽默激趣法是一种富于魅力的方法。现代人都追求幽默风趣，大学生尤其喜欢幽默风趣的讲授方法。幽默是智慧的体现，也是信心的体现。会计教师如果能在教学中运用幽默激趣的方法来讲授，便不仅能显示自己开朗自信的个性，也能展示自己从容机智的智慧，还能让学生在会心的笑声中受到启发。如果一堂课能让学生情不自禁地发出几次笑声，这样的课堂便充满了生机，而这样的教师也会受到学生广泛的欢迎。当然，幽默风趣是一种个人风格，也是一种讲授技巧。会计教师尽管不必刻意为之，但是也可适当地加以考虑与运用。其实，会计教学中一切内容的教学都可以采用幽默激趣的方法来讲授。需要指出的是，它只能作为教学的一种点缀，而不能整堂课都采用。

讲授法不是注入式的代名词，讲授不得法容易变成注入式，但是讲授得法则是可以富于启发性的。不过，在各种基本的教学方法中，讲授法容易成为通向注入式的桥梁，所以应特别注意在运用讲授法时避免注入式；同时，因为讲授法至今仍是最基本、最重要的教学方法，所以在运用讲授法时注重启发式又具有积极的普遍的意义。

2. 讨论法

讨论法也称为问答法。会计教学中，许多内容都具有讨论的价值，需要会计教师引起重视。比如，就财务运作来说，是会计利润更重要，还是现金流量更重要；就企业融资方式来说，是发行股票好，还是发行债券好；就固定资产来说，是租赁好，还是购买好；就审计主体来说，是政府审计好，还是民间审计好；就审计时间来说，是事前审计好，还是事后审计好；就审核方式来说，是顺查法好，还是逆查法好；就固定资产折旧率来说，是高一点好，还是低一点好；就企业投资来说，是短期投资好，还是长期投资好；就提高企业职工待遇来说，是涨工资好，还是发奖金好；等等。这些问题在具体章节的教学中，教师都可以拿出来让学生讨论。当然，能够用来组织讨论的问题应该具有讨论的价值，能够便于学生打开思路，站在不同的角度思考。问题没有讨论价值，学生难以发表不同见解，讨论的气氛出不来，也就毫无意义。所以，会计教师不能为了讨论而组织讨论，而必须在需要讨论的时候，或者在具有讨论价值的问题上进行组织。

教师运用讨论法教学的关键在于做好提问的工作。这里所说的提问既包括提出讨论问题时所进行的提问，也包括引导学生思考时所进行的提问，还包括对学生的答问进行评点时所进行的提问。提问的功夫到了家，会计教师的讨论教学法便能运用得相当有效。这里，我们将提问的方法概括为以下五种。

（1）直问法

直问法即直接提问法。它的特点是想问什么便问什么，不绕弯子。比如，股份公司向股东分配股利，有派发现金股利与派发股票股利两种方式，如果想让学生考虑哪种方式更利于公司发展，或者更受股东欢迎，直接提问的方法便是问：股份公司的股东分配股利，站在公司的立场上，是派发现金股利好，还是派发股票股利好？或者问：股份公司向股东分配利润，派发现金股利与派发股票股利两种方式，哪种方式更受股东欢迎？这样的提问方法直来直去、清晰可辨，有利于学生理解所提问题的含义，而且措辞简明扼要，不至于打乱学生的思路。

（2）曲问法

曲问法即曲折提问法。它的特点是想问什么不直接问什么，而是绕一个弯子提问题。比如，上面的例子，如果用曲问法提问，具体的问法如下：如果你是股份公司的总经理，你是愿意给股东派发现金股利，还是派发股票股利？或者如果你是股东，你是希望得到现金股利，还是希望得到股票股利？这样的提问方法表面上问“此”而实际上问“彼”，借助通俗的“此”而问抽象的“彼”，能够把抽象的问题通俗化，有利于由浅入深，打开学生的思路，同时学生在回答“此”问题时，实际也回答了想要学生回答的“彼”问题，显得较为巧妙。

（3）趣问法

趣问法即趣味提问法。它的特点是用幽默风趣的提问内容来掩饰客观抽象的问题实质，也属于想问什么而不问什么，故意绕弯子来找问题。比如，上面的例子，如果用趣问法提问，具体的问法如下：如果你是股份公司的董事长，你想给股东派发股票股利，而你的副职却想给股东派发现金股利，你打算怎么说服他（她）？或者问：如果你是股份公司的股东，去领红利时，一个信封里装的是送股凭证，一个信封里装的是派股钞票，你会领走哪一个信封？这样的提问方法将一个客观抽象的问题掩藏在所提问题的后面，显得很生动，很有趣，能极大地激发学生的讨论兴趣，并且由于它提供了一个假想的情境，学生思考和回答问题时更具有了明确的针对性，有利于在笑声中揭示问题的本质，也是一种巧妙的问法。

（4）反问法

反问法是一种在学生讨论的过程中所进行的提问方法。课堂讨论时，某一学生持自己的观点做了明确的回答，而教师为了启发他的辩证思维，故意用反问的方法提问，以此来开启学生的思路，促使他继续思考与回答。比如，上面的讨论题，在讨论时，某学生明确支持给股东派发股票股利的主张，却反对派发现金股利的主张，会计教师此时插话，如果用反问的方法提问，即给股东送股要分摊股份，将来这些送股又要参与分红，不是更加重了公司的负担吗？或者问：作为股东，得到送股却难以变现，而你又要买房子，拿到现金不是更能派上用场吗？这样的提问方法既能启发学生向纵深层次思考，又能引导学生联系各个因素来衡量，并且以反问代替评点，以反问推进讨论，具有明显的优势。

（5）追问法

追问法这也是在学生讨论的过程中进行提问的方法。学生答问时，有时只答出了一个方面或者一个层次的内容要点，却对其他方面或者其他层次内容要点不予理睬，有时又答非所问，或者答而不对，这时会计教师便可采用追问的方法，继续向他发问。通过追问来促使他回答其他方面与层面的内容要点，来帮助他认清所提问题的真实含义，以让他回答完整，回答准确，甚至把问题引向纵深。比如，上面的例子中，如果学生答问时，有人认为派发股票股利与派发现金股利各有利，但就是不表明到底支持何种方式的主张，此时教师可以用追问的方法提问：既然两种方式各有利，那么你到底是支持派发现金股利还是支持派发股票股利呢？或者问：如果你是一个股东，从税负的角度来看，你是愿意公司派发股票股利还是派发现金股利？从股权稀释的角度看，你是愿意公司采用哪种方式呢？这样的问法有利于学生提高决策能力，并有利于推进学生深入、仔细、全面地思考，而且具有挑战性，能吸引全体学生的注意力，并引发更热烈的讨论。

讨论法的采用既需要技术，也需要技巧。可见，会计教师组织讨论并不是简单地提出问题让学生去说便是了。我们认为，教学本应是师生之间的双边活动，讨论法的使用使这种双边性体现得最充分，同时它的使用使教学远离了注入式而充分体现了启发式，教师的主导作用与学生的主体作用也能从中得到最大限度的发挥。

3. 练习法

练习法是指学生在教师的指导下，依靠自觉的控制和矫正，反复地完成一定动作或活动方式，借以形成技能、技巧或行为习惯的教学方法。从生理机制上说，通过练习使学生在神经系统中形成一定的动力定型，以便顺利、成功地完成某种活动。练习法对巩固知识，引导学生把知识应用于实际，发展学生的能力以及形成学生的道德品质等方面具有重要的作用。

对于大学生而言，会计教学中的课堂练习立足于让他们“弄懂”教材内容，而课外练习则立足于让他们“驾驭”教材内容，并“会”进行技能操作。这样看来，课堂练习与课外作业都不可偏废。它们之间构成一种相辅相成的互补关系。

4. 实习法

实习法又称实习作业法。学生在教师的组织和指导下，从事一定的实际工作，借以掌握一定的技能和有关的直接知识，验证间接知识，或综合运用知识于实践的教学方法。通常实习是以理论知识为基础，并在理论的指导下进行的。运用实习法，一般要求：实习开始，教师提出明确的目的和要求，并根据实习的场所和工作情况做好组织工作；实习进行中对学生进行具体的指导；实习结束时对实习活动进行评定和小结，事后评阅实习作业报告。

会计专业课程的教学尽管需要向大学生传授相关知识，但最主要的以及最终的目标是让大学生获得相关技能，具备解决会计、财务与审计工作中具体问题的能力。要实现这个目的，加强实践教学环节，运用实习法教学，让学生在实践中学习会计类工作的各项技能，便成为现实需要。为了配合这样的教学目的的实现，不少高校的会计系都建立起了专门的会计模拟实验室。这样，我们的会计教学便既可以在普通教室里进行，也可以在会计模拟实验室里进行。

在会计专业课程教学的课堂上所进行的实习带有课堂练习的色彩。它通常针对会计、财务与审计工作的某一环节而进行，训练点到为止，不涉及其他环节。比如，编制会计凭证时的借与贷问题，初学者难以分清，教师尽管讲得很清楚仔细，也举了不少实例，甚至让学生做了一些课堂练习，但有的学生仍然搞不太清，即便搞清楚了学生的底气也不太足，似乎没有把握各种不同业务的会计凭证的编制。在这种情况下，会计教师便可以采用实习法，向学生提供一些原始的材料，并向学生分发一些仿真的凭证，让学生以会计人员的身份来操作，编制一些仿真的会计凭证。这样做有利于向学生提供一个真实的会计环境，并有利于培养学生的角色意识，使他们增强责任感，同时能让学生留下牢固的记忆。在审计课的教学中，教师也可以让学生分别扮演会计员和审计员，让扮演会计员的学生按照正确与不正确的方法分别处理不同账务，故意为难扮演审计员的学生，并要求扮演审计员的学生对正确与不正确的账务进行审核，找出不正确的地方，并分析错误发生的原因。这样的实习法具有挑战性，也具有趣味性，能够在竞赛的心态下培养学生的实战能力。类似的做法也可以在财务管理的教学中采用。

当然，不管在会计专业课程的哪一具体课程的教学中，采用实习法组织教学，都必须给学生创设一个真实的环境。这个真实指的是素材的真实、数字的真实与凭证的真实，也包括要求的真实、程序的真实与结果的真实。有了这个真实的环境，学生便能迅速进入角色，引起足够的重视，并能慎重地加以操作，效果也显著得多。

第五节　我国会计教学的现状

一、会计教育教学的环境

经济全球化使经济活动超越国界，把整个世界作为一个整体来进行运作。跨国企业大量进入中国进行本土化经营，将大大增加对熟悉国际规则的管理人才的需求。因此，经济全球化必然要求会计核算和监督的国际化，进而要求对会计教育内容进行调整。

同时，以计算机、通信和网络技术为核心的现代信息技术发展使整个社会经济的运行方式发生了根本性的变化。基于现代信息技术的会计信息系统使会计信息作为管理资源，可以通过自动化的获取、加工、传输、应用等处理，为企业提供充足、实时、全方位的信息。信息技术发展要求传统的会计工作与智能化的信息管理系统相融合，在业务核算、账务处理等方面发挥作用，这种变化必然要求信息技术及其应用成为会计教育的重要内容。

二、我国会计教育存在的问题

（一）会计教育目标定位较为模糊

一种普遍的教育现象是会计专业的学生毕业后找不到合适的工作，主要原因在于会计专业的培养目标定位不明确。会计教育界关于本科会计教育的培养目标存在以下三个方面的争议：一是大学应该培养应用型人才还是研究型人才；二是高等教育应该实行精英教育还是大众教育；三是教师应向学生传授知识还是培养技能。如果这些问题都无法解决，就会造成培养目标模糊，无法保证后续环节的顺利进行。

（二）教学方式单一

目前，我国会计教育所采用的教学手段比较简单，仍是以教师在教堂上教授、学生听讲和记笔记的传统授课方式为主。教师在授课的过程中习惯性地把课程的重点和难点主动总结归纳给学生，学生的参与度很低，因此学生在学习中总是被动的，学习效率低下，缺乏独立思考和归纳拓展的能力，尤其影响了学生会计专业能力的培养。虽然多媒体教学已经比较普及，案例教学也有应用，但是互动式、小组性的教学手段尚未完全发挥作用，忽视了会计学生辩证性思维和创新能力的应用。“互联网+”的教学模式在会计类课程的教学中的应用还处于初级阶段，应用效果还没有完全有效地体现出来。单一的教学模式和手段显然不能与目前的教育环境相适应，不能完成培养目标。

（三）师资力量薄弱

教师是教育的灵魂，会计教育创新的基础是教师素质的提高。在信息技术快速发展的今天，教育信息化是对教师综合教学能力的一大考验，对信息技术的掌握与应用已逐渐成为现代教师的必修技能。然而非计算机专业的会计教师其计算机技术水平的有限成了教育信息化发展的一大“瓶颈”，也是现代会计教师队伍力量薄弱的主要体现。除此之外，政策、法规、准则、制度的频繁更新，经济管理理念的不断创新，新业务的层出不穷，都对会计教师对知识的更新与研究提出了更高的要求。

（四）考试评价机制不健全

我国目前在考核学生时，大部分是以学校为主导，但学校对成绩的考查仅限于必修的分数，忽略了实践技能的培养。学生对课程的掌握仅凭期末考试来定夺的培养方式造成了高分低能，使会计专业的学生无法满足用人单位的需求。

三、我国会计教育的对策分析

（一）明确会计教育目标

在经营权与所有权两权分离的情况下，现代会计是由财务会计和管理会计组成的，财务会计解决委托代理的问题，管理会计师控制企业经营活动。随着知识经济时代的到来，会计人员需要具备较强的成本控制、资本预算、战略投资、跨国投资等综合能力。同时，基于现代信息技术的会计信息系统，会计人员的主要职能从传统的核算和监督转移到预测和控制。

因此，我国会计教育的目标应以培养学生综合能力为主，提高学生专业素养，使学生的能力得到全方位的提升。通过会计专业的学习，学生在毕业之后可选择成为管理人才、财务经理、财务会计师、管理会计师、公共会计师及经理人，可进入各类大型企业、咨询公司、跨国公司、金融机构、私人企业或政府部门工作。

（二）推动教学方式改革

国外大学一些先进的教学方式值得我们分析借鉴，可以更好地促进我国教学方式的改革，加强会计教育的先进性和重要性。

一是广泛运用现代信息技术，开展信息化教学。各高校应该积极建设信息化教学资源，应用信息化教学平台，进行课前、课中、课后的全方位辅助教学。信息技术的应用可以使教学时间与空间得到很大程度的延伸，线上线下的多层次互动、系统的大数据智能分析与评价考核使教师的教、学生的学都更有方向性和针对性，能极大提高教学效率。

二是建立校内外实训基地，为学生创造实训条件。会计是一门应用型学科，在注重理论知识的前提下应尽量加大实践性课时的比重，增强学生的实际动手能力，加深学生对专业理论的理解与掌握，提高会计教学质量。除工业企业外，还可加入商业企业、外贸企业、房地产等多种经济类型的企业，有助于学生毕业后能适应各行业、各层次的社会需求。

（三）加强教师队伍建设

会计教育质量的提高关键在于培养高素质的教师团队。

各院校应针对教师团队信息化技术水平不高的现状，进行有针对性的专业培训，同时应该将基于新技术所能实现的新型教学方式与教学理念列入培训内容，从而全面提升会计专业课程教师信息技术的应用水平。

首先，要提高教师的理论水平，改善教师队伍参差不齐的情况。专业的会计教师应该熟悉管理学、经济学、金融和税收等知识体系，引导学生全方位地理解和思考。

其次，加强教学的培训，提高教学效果。有些教授知识丰富，却不知道如何把知识传授给学生，如何引导学生，有些甚至没有学过教育心理学、教学法等方面的知识。最后，学校应该采用更科学的方法来考核教师的工作业绩，加入激励机制，奖励那些在教学工作中做出突出贡献的教师。

（四）建设学生评价制度

在对学生的评价方法方面，我国应将学校主导型转变为市场需求为导向，主要有以下建议：一是增加考试方式多样性。例如，可以将笔试、口试、实操相结合，综合考核学生的理论、表达、实践能力。二是减少期末考试的比重。改变现行的期末考试的重要性，增加平时的考核，如课堂的自由讨论、案例分析、小组作业等方式。三是奖励具有创新和突破的学生。对于一些在行业内有特殊贡献的学生，给予一定的激励措施，鼓励学生的全面发展。

（五）强调终身教育

在知识经济和信息技术不断发展的时代，一个人的专业知识和工作技能必须时时更新。在会计职业界，会计准则和实务操作都在不断更新，如我国的《企业会计准则》[①]《政府会计准则》[②] 在近年来都陆续进行了多项具体准则的修订。因此，会计教育应该是个系统工程，不仅要求学生在校学习，还要培养他们独立的自学能力，加强会计人员的继续教育。

在全球化和信息时代的大背景下，我国的会计教育面临着机遇和挑战，针对我国会计教育存在的问题，我们应明确教育目标、推动教学方式改革、加强师资队伍建设、完善学生评价系统、强调终身教育，培养出适合市场需求和时代发展的会计人才。

① 中华人民共和国财政部制定 . 企业会计准则 [M]. 北京：经济科学出版社，2019.01.

② 中华人民共和国财政部制定 . 政府会计准则 [M]. 上海：立信会计出版社，2018.01.

第二章 新时期高校会计教学改革的新需求

会计教学所处的是多层次、多方位的环境，不同教学环境之间是一种纵横交错、相互制约的关系，直接影响着会计教育的发展。在当前，以全球化、网络化、高新技术化和知识化为显著特征的新经济时代，无疑使会计教学环境具有构成复杂、变化快速等特点。当前复杂的会计教学背景要求会计教师不仅要分析和研究教学环境因素，还应具有应对教学环境变化、科学合理组织会计教学的能力，不断提升学生的环境适应能力、利用能力及应变能力，培养出能够适应会计环境变化的合格人才。

第一节 高校会计教学改革的需求分析

一、会计教学环境现状分析

教学环境就是影响教学活动的各种外部条件。在现代教育技术条件下，教学环境包含两个方面的要素，即各类资源和递授系统。当前，我国高校会计教学要特别注意以下环境因素的变化和影响。

（一）社会环境变化对会计教学的挑战

社会环境对会计的发展产生的影响不仅是具体的，还是直接的。政治体制的不同影响着政府对经济资源的控制与管理，在宏观上，表现在对经济资源的控制与管理方面有着不同的要求和侧重点。在微观上，不仅在对资产的确认和计量方面不尽相同，在会计的核算和处理方法上也有所不同。随着市场经济体制的确立，改革开放进程的加快，金融市场的作用变得更加重要；伴随着我国金融市场的不断发展，金融资本的作用愈加增强，诸如银行会计、证券公司会计等金融业会计显得愈加重要，相应的金融业会计等方面的内容，也必须纳入高校会计教学中，相关教学内容也要随着经济的发展不断进行充实。

（二）经济全球一体化对会计教学的挑战

经济全球一体化，是指超越国界的世界经济活动，是资本、商品、劳务及信息为实现资源最佳配置的自由流动，世界贸易组织（WTO）将世界经济一体化作为重要目标之一。会计作为一种通用的商业语言，可以比作资本跨国界流动中的“润滑剂”，随着经济全球化进程的发展，会计由一国之内“通用”逐渐发展为全球范围内“通用”。由于社会环境等诸多因素的影响，不同国家的会计准则势必存在巨大的差异，这成为日益频繁的国际贸易亟待解决的难题，为了避免贸易成本的增加以及资源浪费，各国的会计准则和会计制度必须要相互进行协调。

会计国际化促进全球经济一体化发展的同时，全球经济一体化也影响着我国的会计教育，并带来了巨大的挑战。在全球经济一体化进程中，大量的跨国公司相继进入我国市场以及跨国公司的本土化经营，产生了大量的人才缺口，不仅是对高新技术人才的需求，还包括具有熟悉世界贸易规则能力的多领域高级经营管理人才的需求，如金融、管理等领域。在经济全球一体化的背景下，会计作为国际通用的商业语言，高校会计教学也必须不断进行相应调整，以满足持续不断的经济全球化进程的需要。

（三）信息技术革命对会计教学的挑战

现代信息技术的发展与变革，使整个社会经济的运行方式产生了翻天覆地的变化。现代信息技术在会计信息系统上应用，即依据现代网络环境，具有高效率、智能化的一种信息管理系统，该系统不仅能够高度自动化地处理会计业务，还能够对会计信息进行主动和实时的报告，使之成为一个开放的系统，不仅可以对会计信息做到高度共享，实现拓展会计功能，还可以拓展会计信息系统的功能，使其在传统核算功能的基础上增加控制功能和管理功能。

信息技术革命影响着会计主体组织结构的组成，传统的金字塔式组织结构将会消失，取而代之的将是新的网络组织，上层组织与基层组织之间的关系将会更加紧密与直接，传统组织结构中的中层管理将逐步被淡化。传统会计的变革，主要是围绕着通过建立什么样的会计模式，才能对经济活动进行正确反映和监督这一问题来进行探索的。关于信息技术发展给会计带来的影响及变化内容，高校会计教学需与之相适应，如教学内容、方法、手段等，均要与时俱进不断更新。

（四）知识经济对会计教学的挑战

在当前的知识经济社会中，不管是经济的发展还是社会的进步，均越发依赖人的智慧和创新，即对于知识积累的依赖以及人们对有效信息的运用的依赖。以世界经济合作与发展组织为研究主体，针对其主要成员国国内生产总值进行调查，依据相关研究报告可以得知，以知识为基础创造出来的国内生产总值占有的比例超过 50%。

知识经济的发展，使会计的生存环境也产生了巨大的变化，会计能够记录与反映经济的发展，它既是一种工具，又是一种手段，这就要求会计人员作为实际操作者和使用者，为适应会计环境的变化，要对自身工作方法及工作手段，做到在实践中不断进行变革和更新。会计教育体系对培养和教育会计人员起着重要作用，因此也要对其加以重视。

在知识经济社会中，以农业和工业为代表的传统经济形势依然存在，但是随着知识经济的发展，越来越多的人参与到新型经济的发展中，并且具有明显的以无形资产投入为主的特征，相应的工作岗位和业务种类也逐年增加，以便人们可以依据知识来获得高报酬。知识经济为发挥会计的职能作用提供了良好的机遇和更加广阔的空间，为更好地进行教育改革营造了良好的氛围，同时是其能够顺利发展的物质保证和经济支撑。

关于知识经济时代信息技术发展对我国会计教学产生的影响，主要是作为在教学手段及方法创新方面的技术依据，将计算机和网络技术应用到会计教学中。通过这种基本手段衍生出的一系列信息技术工具，将使会计教学方法得到极大的丰富和完善。

（五）教育机构的竞争对会计教学的挑战

许多国家对中国教育市场是非常认可的，这也为我国高等教育的发展带来了挑战与机遇。挑战主要表现在：许多国家为吸引中国学生出国留学采用了多种措施，我国也将放宽国外教育机构或公司进入我国合作办学的条件，这些国外机构具有较强的吸引力，直接参与到我国国内高校的竞争中，无疑是一种对我国高等教育的挑战。机遇主要表现在：通过引进国外会计教育方式，借鉴先进国家的经验，在实践中结合我国国情，促进我国会计教育的发展。

随着教育国际化的发展，网上教育也逐渐成为现实，这无疑也会对我国高校产生巨大的竞争压力，如何顺应会计教育国际化发展潮流，如何适应会计教育市场竞争的要求，是当前我国会计教育必须认真研究的重大课题。

二、高校传统会计教学模式存在的问题

（一）教师的教学理念落后

尽管高校会计教师的教学水平普遍不低，但还是有一部分教师受到传统教学观念的影响，在教学中采用传统“满堂灌”的教学方式，将会计理论知识灌输给学生，这种教学方式不仅不利于调动学生的学习积极性，甚至还会使学生失去对会计学习的兴趣。

（二）教学方法陈旧

在当前高校会计教学中，还存在一部分教师，将一种教学模式照搬到每一个班级的教学中，并沿用至下一届学生，在教学方法上没有推陈出新。在高校会计专业教学过程中，应营造一种活跃轻松的氛围，会计专业教师应在课堂中灵活运用一些有趣实用的以及能够提高教学质量的教学方法。

（三）缺乏教学实践部分

在传统会计教学模式中，在一节课中会计教师往往会在理论部分的讲解上安排较多的时间，相应的学生在课堂中进行自主学习及课堂实践的时间安排是比较少的。另外，在课堂之外的教学实践中，针对会计专业进行的教学活动，组织起来是比较困难的，这些问题均导致学生学到的会计理论知识难以得到应用，阻碍了会计教学效率的提升。

三、新时期高校会计教学的改革

（一）转变教学观念，创新教学方式

高校会计教师应直面互联网时代为高校会计教学带来的挑战。作为一名高校会计教师，应清醒地认识到传统的教学观念已不适应当前互联网环境下的发展需求。不管是高校方面还是教师均应积极吸收新的教学理念及新的教学技术，并灵活应用到会计教学实践中，真正做到由传统教学模式中的传道授业解惑者转变为引导者。高校会计教师只有通过改变教学观念，才能满足互联网环境下高校会计教学的要求。

（二）加强同互联网企业的合作互动

高校会计教学为满足当前互联网环境下的经济发展，应加强与互联网企业的合作，这一行为不仅对高校的发展具有重要意义，还对会计专业学生的发展有着非常重要的作用。在实践中与互联网企业进行合作，实现将人才输送给互联网企业，进而共同开发出一种互动体验式产品，模拟企业的经营和管理过程，通过会计电算化，高校会计专业的学生能够更多地体验到会计工作。

（三）推出优质的会计教学网络课程

网络技术是“互联网”环境的关键。传统的高校会计教学模式已经难以满足互联网环境下经济发展的需求。高校会计教学应从网络入手，使教学模式与网络进行融合，推出会计教学网络课程，使学生能够自主选择在线课程进行学习，教师的职能也由单纯的知识传授者转变为学生学习的引导者。会计教学在不断推出优质课程的同时，应当对教学资源进行整合，通过与兄弟院校的合作真正做到资源共享。从而，实现网络会计教学资源利用最大化。

（四）提高会计专业教师的素质水平

在高校会计教学整体环境中，会计专业教师无疑是普遍具有较高素质水平的。随着经济的飞速发展，互联网时代背景下，要求高校会计专业教师要直面新的会计教学要求，并快速适应。在新的要求下，存在部分会计专业教师难以适应新的教学要求，这就需要高校应加强对会计专业教师的培训，不仅要培养教师的互联网思维，还要培训教师的教学业务能力，使得教师能够更好地面对会计教学。

综上所述，高校会计教学的质量直接影响着学生的发展，影响着学生是否能够成为优秀的会计人才。高校会计教学为适应当前互联网环境下的新情况、新要求，势必要进行改革，从而更好地开展会计教学，以此提高教学的质量，促进学生的发展。

四、互联网时代会计教学改革的必要性

随着互联网时代的到来，经济全球化的趋势进一步明显，会计教育环境也随之发生变化，面对飞速变化的世界，会计专业教育也应该适应时代发展，充分利用互联网对会计教育的有利影响。时代的变化必然对会计教学提出新的要求。

（一）互联网时代学生创新能力的加强

互联网时代背景下，会计专业学生除了应具有较强的处理会计实务能力的基础，还应具有创新能力。创新能力一方面是针对具体会计工作的一种变革与创新能力，如会计核算、会计监督等；另一方面，经济的发展与变革，对企业内部经营管理现有的各种规章制度产生冲击，为适应社会发展需要，企业内部应进行改革与完善，构建一种有效的内部控制制度。随着会计的不断发展，社会对会计人才素质的要求将越来越高，创新能力在会计人才智能结构中的地位将愈加重要。

（二）互联网时代学生应变能力的需要

互联网时代背景下，由于平台广泛，市场信息的特征得以更加凸显出来，如多变性、即时性和交互性。会计专业学生不仅要系统地掌握管理学、经济学、会计学等方面的基本理论、基本知识和基本技能，具备从事本专业工作的能力，更重要的是要具有适应未来复杂多变的会计环境的能力。学会如何根据已经变化的客观实际，运用所学的专业理论知识和基本原理去分析、解决实际问题，探索新的工作方法和工作领域。也就是说，衡量学生的标准不能仅看他现有的工作适应能力，还要看其从现有知识中引入新知识的能力，即看学生的潜在能力及其发挥状况。

（三）互联网时代学生研究能力的提高

互联网时代，由于资源丰富，我们要接受的信息量巨大，所以，每个人都要提高各方面的能力，成为一名综合型人才。会计专业学生要具有的综合能力，不仅包括语

言与文字表达能力，还包括信息获取与处理能力等。会计专业学生要掌握的基本方法有文献检索、资料查询等，还要具有一定的研究能力。基于互联网时代对会计专业学生提出的要求，在会计教学过程中应将提高学生素质能力作为贯穿教学的主线，不仅要培养学生的创新思维，还要提高学生探求新知识的能力。

（四）互联网时代学生综合知识的增加

会计专业学生要涉猎多方面的知识，如下所示。

①熟悉国家方针政策、法律法规。

②掌握国际经济交往方面的知识，特别是一些税收、金融等领域的知识。

③熟知相关国际会计惯例，并熟练掌握用于国际经济交往的通用语言，包括公共外语与专业外语。

④熟知信息技术知识，熟练掌握计算机操作技能，包括计算机基础技能，如网络信息系统的设计、使用等，还应具备使用计算机处理会计实务的能力，可以通过建立各种分析模型来对会计管理进行预测、决策等，还可以利用计算机进行会计审计。

（五）互联网时代通用型会计人才的需要

互联网开放的信息资源为世界各地的学生打开了无处不在的学习之门，这将引起高等教育发生巨大的变革。在这个大背景下，使得高校利用移动课堂资源培养"通用型"专业人才成为可能。

会计专业学生在今后将会面临复杂多样的会计工作环境。不同行业、组织形式的会计工作，要求会计专业的学生不仅要具有承担会计相关管理工作的能力，还要能够胜任各行各业的会计工作，甚至是服务于特殊业务的特种会计。由于各行业会计之间的基本原理是相通的，会计专业学生需要依据自身掌握的会计基本理论和方法，来满足各行业会计的需要。因此，在高校会计教学方面应重视学生的基本理论和方法的掌握，不去强调课程设置与行业划分是否一致。

第二节 高校会计教学改革的理论支持

随着信息技术的兴起，为适应和引领经济发展新常态，需要在我国现代化进程中充分融入信息化。

一、推进会计信息化创新的重要意义

会计信息化作为当今世界发展的必然趋势，会计工作贯穿经济社会发展的方方面面，并与信息化建设存在着相辅相成、相互促进的紧密关系。随着信息技术创新的快速发展，关于推进会计信息化工作创新的意义，如下所示。

（一）有利于顺应发展趋势与落实国家信息化战略

推进会计信息化工作创新是信息技术发展的必然趋势。信息化是在经济社会发展转型的进程中的一种历史必然，是推动经济社会发展转型的一种变革力量，通过信息化技术对信息资源进行开发，在加速信息交流和资源共享发展进程的同时，提高经济以创新引领会计信息化，助力会计工作转型升级。

推进会计信息化工作创新，是使国家信息化战略得以充分贯彻落实的重大举措。在国家会计信息化发展进程中，会计信息化作为其中的重要环节和基础工程，对全社会信息化水平的提高起到了不容忽视的作用。在当前信息化背景下，会计为满足新时代的新要求应对先进的信息技术不断进行创新应用，以实现对会计信息功能深度挖掘的目的，使会计的管理职能得以充分发挥，进而在经济社会发展中充分显示出会计的重要作用。

（二）有利于顺应市场经济发展要求和提升管理水平

推进会计信息化工作创新，是顺应市场经济的发展要求。会计作为一种通用的商业语言，通过会计信息能够充分显示出企业的经营状况，有效地引导资源配置，对市场供求的价格形成机制进行完善。

推进会计信息化工作创新，是提升企业经营管理水平的依据，是使会计工作职能得以提升的依据，还是提升手段转型升级的依据。推进会计信息化工作创新主要具有以下四个方面的战略意义。

第一，在会计信息生成与披露方面，能够促进其实现标准化、规范化。

第二，在会计信息与企业业务信息方面，能够促进其实现同步化、集成化。

第三，在电算化条件下的信息传递转变。首先，由实时在线的信息取代传统的时效迟滞的信息；其次，由联结价值链的整合信息取代传统的相对单一的信息；最后，由多向“批发”的信息取代传统的单向“零售”的信息。

第四，具有重要的战略意义，有利于企业做出科学的决策、整合信息资源等。

（三）有利于顺应经济全球化发展要求与参与国际规则制定和协调

推进会计信息化工作创新，是顺应经济全球化发展的要求。当前社会环境的多元化发展以及全球治理体系的深刻变革，充分显示出信息化在未来发展中能够起到的重要作用，可以说拥有先进的信息化技术，就是拥有了未来发展的先机与优势。

推进会计信息化工作创新，是参与国际规则制定和协调的必然选择。由我国会计审计准则体系建设和国际趋同等效的经验可以得知，在相关规则的制定过程中要将被动转变为主动，要将一般建议转变为施加影响，要将追赶国际规则逐渐转变为自己的某些规则，使之上升为国际认可的通用规则，这些转变不仅有利于维护国家经济安全，还在国家根本利益和长远发展方面，具有重大而深远的意义。在推进会计信息化工作创新的进程中，全面介入国际会计信息化标准方面的相关工作，通过参与研究与制定工作，来使中国在会计信息化标准方面的国际影响力得到充分发挥，进而促进我国会计信息化领域的标准通过不断变革与创新，成为国际标准，使我国会计信息化工作踏入世界先进行列。

二、会计信息化工作取得的成绩

（一）基本完成会计信息化工作的顶层设计

会计信息化工作在多方面的共同努力之下，财政部先后建立了以下三个协同机制。

一是会计信息化委员会，是指我国会计信息化标准体系建设、实施和管理工作的咨询机构和协调机制。

二是可扩展商业报告语言中国地区组织，是指可扩展商业报告语言国际组织的正式国家地区组织成员，由会计信息化委员会的成员单位组成，是我国可扩展商业报告语言工作国际交流平台，负责推动可扩展商业报告语言在中国的应用。

三是全国会计信息化标准化技术委员会，是指负责制定会计信息化领域国家标准的专业技术委员会，负责起草和制定会计信息化领域的国家标准。

（二）扩展资本市场、国有资产和保险等监管应用

可扩展商业报告语言的应用领域正在不断扩大，当前已应用的领域有国有资产财务监管、资本市场信息披露等。在我国上海和深圳证券交易所，所有上市公司在年度和季度财务报告披露中使用了可扩展商业报告语言。在监管领域应用可扩展商业报告

语言，能够促进监管效能提升。支持与使用可扩展的业务报告语言的监管机构数量日益增加，在中国的应用范围也在不断扩大。

（三）扩展商业报告语言对企业的应用价值

基于通用分类标准，一部分企业正在寻求可扩展商业报告语言应用领域的扩展，主要表现在由对外报告领域向内部应用领域拓展，并启动了相关应用项目，这些项目通过应用可扩展商业报告语言，对存在于企业内部的数据，进行了统一标记，并且形成了一种统一的结构化数据体系，从而，成为提高管理会计质量的有力数据支持。近年来，多个项目通过可扩展商业报告语言的应用，取得了不错的成果，越来越多的企业正在为实现可扩展商业报告语言的内部应用而不断探索，充分体现出可扩展商业报告语言在我国企业的内生动力方面正在逐步加强。

（四）扩展数据的互联互通显露雏形

基于会计信息化委员会成员的支持，相关财政部门逐步在财务报告领域和不同监管领域建立了一系列可扩展商业报告语言分类标准系统，这些分类标准彼此兼容，可以说为可扩展商业报告语言数据的互联互通奠定了坚实的基础。

在可扩展商业报告语言分类标准系统中，财务报告领域的通用分类标准主要是由财政部负责制定的，财政部还负责联合监管部门，实现对不同监管领域通用分类标准的扩展分类标准进行制定。不管是通用分类标准，还是扩展分类标准，均是采用相同的技术架构，并且在监管报告中若是涉及财务概念、监管分类标准方面的内容，这时应直接引用在通用分类标准中的定义。通过统一的分类标准，使可扩展商业报告语言数据之间的兼容性得到保障，从而，进一步为监管机构之间的数据的互联互通提供了基础。企业可以在同一信息系统中设置不同监管机构的分类标准和报送要求，实现自动组装和生成不同监管机构的报告，可以有效减轻对外报送的负担。统一标准下的数据互联互通，随着监管扩展应用范围的日益扩大，其优势将逐步显现出来。

第三节　新时期高校会计教学改革的发展趋势

一、互联网时代会计行业的发展趋势

中国会计改革和会计行业的发展与开放已经取得了显著成就，中国的对外贸易不断发展，为中国会计改革和会计行业的发展提供良好的外部环境。会计教育应根据会计人才市场、会计职业资格设定、会计人才培养目标、课程设置和教学模式设定。

（一）网络互联为会计行业的发展提质增效

1. 信息传导实时呈现

互联网的发展以及会计专业软件和财务管理平台的相继出现，可以充分显示出企业的每一项资金流动，并且是全景监控的实时动态反映。随着会计行业的变革，会计核算的范畴也在不断扩大，不管是在企业的资金流动方面，还是在企业的运营流程方面，均显示出更加透明化的趋势。作为企业的管理者，通过远程监控系统，可以对子公司以及企业的上下游部门实现统一的管理。远程监控系统不仅可以将资金流向和财务发生的相关信息第一时间传达给管理者，还可以实时生成相应的报表，不仅真正做到了动态会计核算，还做到了在线财务管理，另外，生成的协同报表还可用于相关部门的监管审查，使会计业务实现一体化，简化工作流程。在企业中同样也可以利用互联网实现远距离部门之间的互联互通，有利于集中财务数据，并采用多种模式进行加工处理，以实现更好的服务管理者。

2. 信息呈现快捷

当代企业通常采用多种方式来实现集团化，如规模扩张、兼并重组等方式。在全球化背景下，跨地区、跨国经营的企业发展已是常见现象，因此，当前企业的财务掌控和管理，是离不开互联网和专业财务平台的。财务管理模式受到网络环境的影响，其发展与变革，对财务信息的收集和加工处理程序产生了一定的有利影响，使其变得更加简易化、集成化，企业财务信息范畴也有所扩展，表现在由传统会计的单纯的计算报表，逐渐扩展为以网络会计技术为中心的应用发展，如跟踪定位、单证交换等。

当前企业的管理工作正处于过渡阶段，由制度控制转变为程序控制。信息的全面快捷，主要是从管理者的角度出发的，首先，网络财务管理中心，充分满足了企业管理者的管理需求，通过索引数据，就能获取完整的数据流，可以实现个性化的管理。其次，企业可以利用互联网建立数据库，将企业各个时期的各种财务指标进行存储，有助于与其他企业的相关财务指标进行分析比较，可以更好地服务决策者。

3. 信息共享便利

随着互联网技术的普及，企业内部的会计信息更加透明化，主要表现在信息处理加工和报表呈现两方面，企业相关部门为满足不同的财务需求，通过网络来完成财会数据的采集以及获取一些企业外围信息，使用互联网不仅能增强信息的集成功能，还能增强信息的整体管控性，实现优化财务运作。随着软件管理的不断发展与完善，防火墙技术、信息安全性均得到进一步的增强与保障，企业管理者通过网络安全授权，不仅能够直接获取立体全方位的财务管理信息，还能实现实时网络信息资源共享。互联网技术，使信息的收集、传输和处理更加顺畅，提高了财务的运作效率，增加了财务详报的可靠性，进而为决策者提供了充实的决策依据。

（二）网络互联为会计人员的转型带来新机遇

传统财务工作范畴，受到互联网和大数据飞速发展的冲击，已经由金融核算、财务报表等方面的工作内容，步入现代化管理体系的行列之中，财务报表转变为以战略规划、风险控制等方面为工作重心的管理体系，因此，会计从业人员工作的转型发展，主要表现在由传统的核对工作，逐渐转变为专业化的管理工作。

1. 从数据采集到数据加工的转型

会计人员的工作正处于从低阶数据收集到高阶数据处理的过渡阶段。在传统模式下的会计预决算，其运行过程存在的弊端，如存储数据不足、从业人员技能素养水平不高等问题，干扰着预决算数据的准确性。即使是基于企业内部数据和历史数据而进行的预决算，也存在着诸多缺陷，如过时化、碎片化等。会计行业受到互联网飞速发展的冲击，带来了职业会计人的转型契机，主要表现在工作重心的转变上，由数据收集者，过渡到数据加工者。互联网的发展，为会计行业信息的收集带来了新气象，使之更加简便，会计专业软件，使会计信息可以得到各个层面的加工，处理过程更加透明高效，在会计财务核算方面更为规范化，在会计财务监督方面更具准确性、科学性。

2. 从操作者向管理者的转变

在当代，随着互联网、大数据的飞速发展，传统会计人员的操作者身份已经难以满足新时代的新要求，因此应将其逐渐转变为管理者。会计从业人员应与其他部门进行多个角度的连接，进而开设多方账户，并纳入现金流量预测、银行会计核算、资金核算控制、财务管理等业务，建立会计电算化数据集。会计从业人员应与其他行业建立对接以及进行数据交换，这样一来可以增强财务信息的可靠性、准确性，能够使财务管理更加合理，使反馈的财务数据更加有序、及时，使商品交易进一步得到满足的同时，使企业内部管理控制与决策的需求同样得到满足。

受网络大数据的影响，传统会计从业人员已经难以满足客户对信息核算处理等方面的需求，在传统的财务报告方面，存在的一些弊端也逐渐显露出来，如人为操作错误率高等，难以满足商业发展的需求。传统会计从业人员作为简单的数据操作者，为适应新要求，应进一步转变为管理者，通过报告系统来使财务报告真正实现自动化、实时化、无纸化。会计从业人员应通过计算机和云技术建立起一个强大的数据库，利用具有专业性的会计软件，使财务信息的载体发生转变，由传统会计的数据传输计算，逐渐转变为对符号的加工。采用信息化技术，有助于以最短的时间完成会计报告的生成，大大缩短了会计报告的上传、计算、归类和组合时间，并且最大程度地满足特定财务的需要。网络传导状态下的财务信息，是对会计报告传输形式的根本性改变，不仅减少了人工消耗，还有效地减少了传递成本。

相关专业软件能使会计报告及时生成，也缩短了审计人员的审计时间。公司管理部门在国家统一标准之外的审计内容也发生了转变，那就是由按照统一标准产生的信息经过发展逐渐转变为特定要求定制的报告模式，有利于失误的减少。利用信息化技术还能对历史和已发生财务的内容进行多角度的总结分析，进而对未来经济状况进行预计。

综上所述，会计工作的不断发展与变革，将会使会计教学更加多元化，更加全方位。

（三）互联网为会计职能的转变创造新环境

会计的职能正在经历着一系列的转变，从数据处理这一职能来说，正在由收集处理和造表提供逐渐转变为对比应用和决策辅助，会计程序正在由事后操算逐渐转变为事前的预测评估，会计职能的这些发展趋势，有利于从更深层次探索会计行业的职业内在含义。

1. 发挥会计预测分析和监督监管功能

当前，新型的会计职能可以追踪和记录企业的一系列经营活动，即企业的预算决算执行过程与结果。会计报表和数据指标可以通过软件和数据平台来进行定期编制，为管理者的考核运营目标提供依据，根据这些可靠有效的资料信息进行下一步的综合平衡决策。依托具有专业性、市场化的相关软件应用，可以为企业生产经营活动减少计算误差、缩短时耗。互联网对于企业经营活动能够起到的作用如下。

①通过互联网可以使企业内部信息的流动更为安全有序。

②利用互联网开立账户，可以对各项财务业务进行分类、连续的记录。

③伴随着各经济业务的发生，各会计要素的情况也会发生变化，通过互联网能够充分展现出其中的增减变动情况和结果，经济管理者可以从中获取到各种类型的会计指标。

④互联网为会计业务往来带来了极大的便利，利用互联网可以进行异地远程结算，对于相关报表可以做到及时传输，对会计信息通过合理使用表格和图表，加以幻灯片等方式进行演示，这大大增加了会计信息的可视性。

⑤依据网络环境而建立的会计信息系统，作为在电子商务方面必不可少的组成部分，有利于企业各部门间的合作，如管理、成本、财务等部门之间的融合，以解决对会计职业本身专业化的需求。

⑥由于电子商务模式会直接导致会计信息容量增强，这时就更加需要在财务与业务之间，通过互联网来实现协同远程报表、财务披露及查账等项目的往来。

2. 将会计工作的中心转移到协调管理中

行业间互联在满足了决策者需要的同时，给传统会计行业带来了冲击与新的发展机遇，冲击体现在行业间互联不仅改变了会计行业原有的经营模式，还改变了会计行业原有的工作运营环境，增加了资本流动性，使商业发展脱离了时间与空间的限制。行业间相互联系为会计行业转型带来了新的契机，作为会计从业者和职业会计人要及时抓住这一发展机遇，通过不断学习与调整，在行业发展方面加强与市场、与国际的接轨，适应在当前互联网环境下，电子商务的发展进程，有利于更好地服务于企业发展和公司决策。

二、互联网时代会计教学的发展趋势

（一）基于互联网模式整合会计教学资源

在当代，随着网络信息的快速发展，“互联网 +”应运而生，整合传统教学资源，对会计实践教学来说非常重要。会计专业会涉及企业保密信息，导致相关企业更愿意招聘一些具有一定实践技能的人员，而不愿接受一些实习生，这就要求高校应进一步加强学生的业务处理能力和实际操作能力，高校必须结合实践培养出能够适应当前互联网时代发展，符合当下企业需求的会计人才，依据互联网的优势，通过大数据平台对学生的综合能力进行培养与提升。

（二）教师采用慕课、微课等新的教学方式

互联网的发展给传统教学模式带来了冲击，受到网络新媒体的影响，传统教学模式正逐渐迈向多元化。新的时代背景要求高校教师，不仅要具备互联网思维，还要具备相应的互联网技术。创新作为教育改革的重要组成部分，高校会计教师要顺应时代的发展，利用互联网来进行教学方式创新，如慕课、微课极大地丰富了当代教学的方式。

（三）构建会计的情景模拟实验教学模型

互联网的发展，为教学创造了无数的可能性，当前传统会计教学如“填鸭式”教学正逐渐被“互联网 +”与会计教学相结合的方式所取代。高校可以通过互联网技术建立一个模拟平台，这一平台是具有开放性的仿真企业模拟实训室，通过模拟整个企业环境，并且将会计环境纳入其中，体现企业从建立到运营的过程，使会计专业教师和学生不再只依靠书本学习，仿真企业模拟实训室能够做到与企业的真正接轨，实现在实践中教学。

（四）高校会计教学改革下教师素质能力要求

1. 教师应具备优秀的教学素养

会计教学的改革，是对会计专业教师拥有的综合素质与能力的一种挑战。教学课程的设计如何满足学生全面发展的要求，如何对学生的思维进行正确引导，如何直面自身的不同状态，顺利完成课程教学目标及内容，这就需要会计专业教师具备一定的

教学能力，也就是扎实的理论功底、知识更新等方面的能力。教师应当随着现代教育理念的发展，不断优化自身的素质结构，扩展自身全方位、多层次的教学能力。

作为会计专业教师，要拥有广泛且丰富的专业知识，要熟练掌握教学的相关基本思想和方法知识，还要具有理解事物发生和发展的优秀认知能力。在引导学生掌握相关知识时，教师要注意采用科学的方法，引导学生形成主动思考的能力，善于发现问题，解决问题。由于现代社会和科学技术的发展，会计学科与其他诸多学科之间是相联系的，如经济学等学科，因此会计教师不仅要增强自身会计专业知识，还要涉猎其他学科知识，以增强自身素质能力。

2. 教师应具备良好的人格魅力

作为教学改革的重要一环，会计教师在学生学习过程中始终扮演着多重角色。会计教师是知识的传授者，是集体教学活动的组织者，是处理人际关系的艺术家，是心理治疗方面的专家，更是学生的朋友。会计教师的人格魅力直接影响着教学是不是科学的，是否具有艺术性。会计教师应不断维持自身健康的状态，不断丰富自身学识，培养高尚的美德，在语言和行动方面为学生树立榜样，真正做到“言传身教”。

3. 教师应具备丰富实践知识的教学能力

为丰富会计教学体系，学校应建立健全一支优秀的教师队伍，并且教师要具有优秀的理论教学和实践能力素养。会计教师的教学方法，要注意体现科学性，将“教什么、如何教”贯穿教学设计的始终。教师在进行教学活动设计时，要注意从宏观角度出发，注重整体的科学性，不仅要激发学生的学习积极性，还要保证学生参与教学的完整统一。教师应掌握现代教育理论的新兴发展学科，如教育心理学等，还有其他相关专业的科学技术及跨学科知识。教师应具有教学活动的设计与组织能力，熟练掌握各种教学方法与手段，并结合现代信息技术，开展教学活动与专题研究。

4. 教师应具备较强的学习能力和科研能力

在知识经济社会中，教师为适应信息时代的发展，应将更新知识体系作为一种责任，优化自身知识结构是对教师的新要求。教师要具备现代教育观念、掌握教学方法及对新知识的认识能力。作为会计专业教师，一方面要不断丰富学科领域的前瞻性知识；另一方面要善于理论筛选与结合实际，关注效率与公平之间的相互作用，使科研与教学具有丰富的科学内涵以及精深的专业知识，因此，合格的高校会计教师不仅要具有较强的学习能力，还要具有优秀的科研创新能力。

第三章　互联网引领会计教学改革新趋势

第一节　互联网时代的内涵与特点

一、互联网时代的含义

所谓时代，是指人类社会发展过程中的不同的历史阶段。虽然互联网时代的称谓已经家喻户晓，但是迄今为止关于“互联网时代”并没有一个权威性的定义。美国加州大学有“互联网之父”之称的曼纽尔·卡斯特尔教授曾经谈道：“网络的形式将成为贯穿一切事物的形式，正如工业组织的形式是工业社会内贯穿一切的形式一样。网络形式是一种社会形式，而非单单的技术形式，没有网络科技即无从存在。这就是我所说的网络社会。”①

从技术角度而言，互联网时代技术、软件推陈出新使人们从中获得更多的信息、数据，让人类审视这个世界的能力不断提升。美国奥莱利传媒首席执行官蒂姆·奥莱利认为：“在互联网时代人们可以即时传播、即时复制并可即时提取额外的意义方式，来进行我们的脑力活动，我们因而能以前所未有的方式，将计算机用于大众脑力活动。”② 人类社会经历了好几次技术革命，而互联网时代的到来宣告了一场新的科技革命。这场以信息技术为核心的新科技革命对人类带来的影响完全可以与火的发现、电的发明相比。互联网时代的主要元素就是信息，通过计算机和互联网，信息技术的发展不断加快，人们了解信息、传递信息的渠道增多、速度变快，信息的及时性、有效性和双向互动性也变得更强。技术的进步为人类社会政治、经济、文化等各方面都带来新的、深刻的变化。互联网不仅推动了物质生产的巨大发展，对于精神产品生产、文化生产及民众消费等也起到了巨大的推动作用，并催产了许多新的文化业态。技术的变革往往领先于社会的变革。目前，互联网技术已经成为人类发展的基础系统，互联网也已经成为人类社会的基础设施。

---

① 曼纽尔·卡斯特尔．走向网络社会的社会学 [J]. 都市文化研究，2010(1)：16-24.

② 蒂姆·奥莱利．未来地图 技术商业和我们的选择 [M]. 杨晨曦，戴茗玥，蔡敏瑜译．北京：电子工业出版社，2018.09.

从社会角度而言，人们通过互联网突破了熟悉的身边的公共空间，进入更为广泛的另一重空间，从而导致人与人之间关系的质量或者结构随之发生改变。具体体现在以下几个方面：一是人的个体存在方式发生变化。在互联网这个空间中每个人拥有自己的账号、IP，可以根据个人需要或喜好“现身”或“隐身”，可以在网络上拥有一个新的公共或私人的生活领域，人们的生活方式出现了崭新的形式。二是交往方式和人际关系发生改变。网络社群成为新的社会群体，人与人之间的关系更为多样化。虽然网络交往有可能淡化现实社会的人际交往，但是网络交往也扩展了人们的交往范围和空间。人们的交往可以跨越单位、地区和国界，这就使人们的视野和思维变得空前开阔，情感也变得更为丰富多彩。三是互联网改变了人与社会的关系。网民成为人们在社会上生存、发展的新身份。因为互联网的存在，他们具有更大的自由表达权。

从经济角度而言，自互联网踏进服务公众的现代市场之日起，它积聚财富、推动经济的能量日益显现。诺贝尔经济学奖得主罗伯特·席勒认为，“互联网肯定是一个革命，它的重要性至少等同于工业革命，或者更为重要”。[①] 信息网络化与经济全球化相互交织，推动着全球产业分工深化和经济结构调整，重塑着全球经济竞争格局。互联网经济已经成为重要的经济形态，不但电子商务和IT产业获得了巨大发展，而且网络技术对改造传统产业、生成新的产业形态也具有积极作用。目前，无论在经济发达国家还是发展中国家，通过网络延伸的产品已经在各行业中占据了重要地位，成为一些国家调整社会产业结构、推动经济发展的主要力量。互联网所代表的现代信息技术革命带来了交换和市场体系的又一次革命。网络经济就是这场革命的结果。互联网为交易的频率和速度大大提升、社会财富的迅速聚集、提高经济创造力的社会全员参与提供了最大可能。与此同时，信息技术的发展也将会推动与信息相关产业的进步与发展，如生物技术和电子技术等。

从政治角度而言，互联网的互联互通和自由互动极大地改变了人们参与社会事务的途径和方式，网络民主政治成为人类社会民主政治的重要表现形式。互联网信息的即时互动性、民众直接参与性给予了民众更多的话语权，丰富和补充了现实社会中间接式民主所具有的不足，互联网对各国政党活动的形式、内容、社会动员方式，社会影响力乃至监督体系也都产生了极大的影响。各国的电子政务在促进政务公开、提高行政效率、改善政府效能、扩大民主参与等方面的作用日益显现。伴随这样一个进程，“网络民主”不仅将对现实民主政治产生重大影响，还有可能会朝着现实民主形式方向开始实质性突破。各级决策者与社会公众能够建立起多维的联系渠道，减少信息衰减，迅速、直接、真实地掌握、了解国家范围内的政治、经济、社会真实情况，大大增强行政过程的透明性、互动性，从而增加行政过程的民主化、科学化程度。可以

① 罗伯特·席勒.非理性繁荣与金融危机[M].何正云，束宇译.北京：中信出版社，2014.01.

说，互联网已逐渐将知情权、参与权、表达权、监督权交到了人们的手中，每个人都因互联网的存在而可以以更有力的方式参与到世界性的事物中去。

从文化角度而言，互联网将人类的文化传播带进了一个崭新的时代。在这个时代中，网络文化成为现代文化中崭新的文化形态。互联网加剧了各种思想文化的相互碰撞，成为信息传播和知识扩散的新载体，催产了网络文化这一新的文化形态。网络文化的独特性、丰富性、便捷性、广域性、交互性、多媒体性是其他任何文化形式都难以比拟的。互联网已经成为重要的文化生产、消费、服务和交流场所。互联网改变了传统文化、信息的传播模式，为各国政府发展公益性文化事业、提供公共文化服务创造了新的空间，同时为世界文化的交融、交流提供了更多的便利。著名的《大不列颠百科全书》① 也早已在20世纪90年代末全部数字化上网，供人们免费下载、查询、使用。

从信息传播的角度而言，互联网对传统的信息采集、信息加工和信息分析及信息公布的方式形成很强的冲击。互联网参与信息的采集、取得、发布全过程，而且将信息传播模式由过去的“先发生，后传播”发展为“边发生，边传播”。美国著名的因特网杂志“WIRED”无不感慨地将这个信息时代指称为“互联网时代”。互联网时代，人们在电子计算机和现代通信技术相互结合的基础上，构建了高速、综合、广域型数字化电信网络，它超越一定的时空限制，将客观世界、社会世界和主观世界有机地结合起来，弥合了现实和虚拟的界限，并以直接嵌入的方式深入政治、经济、社会、文化、技术等各个领域，改变了人们的生产、生活、生存方式。更为重要的是，在互联网时代，信息也已成为各国重要的执政资源。信息的海量、开放、多元及网络化互动传播，信息消费的平民化、大众化，打破了信息垄断，改变了信息单向传播和单一话语权的局面，给各国执政党借助网络开发和利用信息资源来改进执政方式、提高执政效率提供了难得的机遇。当然，在数据化的河流汇集成浩瀚海洋的新时代，更多的数据、信息、技术如果不能被人类有效地掌握和驾驭，那么互联网时代也许就会如狄更斯在《双城记》② 中曾写到的那样，“这是最好的时代，这是最坏的时代”。

二、互联网时代的内涵

（一）互联网渠道

互联网创造了一个新的营销及供应的渠道，有了这个渠道，理论上任何行业的任何商品都可以在网上实现交易。渠道是互联网交易的重要组成部分，无论是B2B还是B2C。

① 狄德罗 . 大不列颠百科全书 [M]. 北京：中国大百科全书出版社， 1985.

② 查尔斯 · 狄更斯 . 双城记 [M]. 孙法理译 . 南京：译林出版社， 2012.03.

一个完整的互联网渠道模式应该具有以下五大功能。

一是订货功能。互联网为消费者提供相关的产品信息，同时将消费者的需求提供给厂商，厂商针对消费者的需求提供相应的产品。消费者看中一件产品，在充分了解产品的信息之后，会将其加入购物车中，厂商负责提供该产品。

二是结算功能。消费者在将产品加入购物车中，确认购买信息后，需要对产品进行支付。这时就需要厂家或卖家有多种有保证的支付方式，如网银、货到付款等方式。

三是配货功能。网上购物，除了无形产品，如音乐、电子书、软件等在付过款后可以立马到我们的手中，还有有形的商品，如生活用品、书、衣物等，这需要厂商有专门的配货机构为消费者配货。

四是互动功能。消费者可以随时在网上选购产品，然后与厂商进行沟通，并可以查看其他消费者的点评信息，以做出购物决策的参考。

五是评价功能。用户在体验过企业的产品或服务之后，可以对其进行评分。良好的口碑传播可以促进用户对企业产品和服务的消费。

（二）互联网平台

互联网逐步发展到现在，互联网服务变得更为重要。市场中肯定有大宗商品和小众商品，力量雄厚的互联网公司懒得从事小众商品的互联网升级，但是这个市场并不小，其中包括千千万万的卖家，这些卖家也需要适应互联网时代的节奏，他们需要一个平台，于是为众多小商品卖家服务的平台提供商出现了。

例如，国美商城、京东商城等电子商务平台也是利用互联网的方法，做成了一个线上、线下相结合的B2C平台。在这个互联网时代，平台的力量是惊人的。比如，国内的搜索引擎百度、国外的搜索引擎谷歌，其实就是一个知识平台的概念。百度这个互联网平台融合了许多知识和智慧，用户只需要搜索就能了解到全世界各个区域、各个方面的事情，它属于一个知识的平台。马云的淘宝网也是采用平台模式，就是让许多商家都把产品放到网站上去卖，需要产品的人在浏览网站的时候，看到需要的产品就能够达成交易，这是一个买卖平台。它们的本质都是为买卖双方提供可靠的技术支持和优质的服务，接着依靠独特运营模式获得利润。

互联网与传统行业结合之路，实力强大的公司可以考虑直接建立，实力不足或者不看好的可以先有一个布局，参与进自己行业相关平台中，而不至于被行业完全抛弃，甚至有可能依托平台发展而实现企业的发展转型。互联网公司提供技术和平台服务，传统企业依托平台得到发展，这样的模式可能是许多企业适应互联网时代的选择之一。有足够实力的公司也能够选择两者并驾齐驱，在打造自有互联网生态的同时，不丢弃对强大平台的重视。这是一种合理规避风险的手段。

（三）物联网

物联网也可以称作“万物互联”。虽然智能硬件现在层出不穷，物联网也有了长足进步，但“万物互联”的要求还远远没有达到，其中还有巨大的潜力可以挖掘。这是未来的互联网形态。当前，物联网设备已经具有了感应器和控制器的功能，甚至还有智能计算处理的配置。物联网通过大数据、云计算等新兴技术将海量传感器所收集的信息加以整理和分析，提取出具有实际价值的数据，从而为行业发展带来可靠信息支持，也有助于发现新的市场营销策略或者服务模式等。

三、互联网时代的特点

时代的特点是指与特定时代相适应的国际政治经济关系的基本状态以及由世界的基本矛盾所决定和反映的基本特点。由于划分的依据不同，人们对时代以及时代特点的认识也有所区别。美国学者曼纽尔·卡斯特在《网络社会的崛起》① 中认为，网络社会“适应性、开放性、全面性、复杂性与网络化是它的明确特性”。我们从网络发展的现实状况和未来趋势看，认为与传统社会相比，互联网时代呈现出一些新特点。

（一）数字化

数字信号是一个技术特征，运用数字信号大大提升了计算机的存储、传导能力。互联网开启了数字化的时代，令很多过去的天方夜谭式的创意变成现实。互联网最原始的信息传递功能已逐渐被数字化取代，并以网络为媒介维系人与人、人与群体、人与社会的关系，而且这种作用会变得越来越重要。《数字化生存》② 的作者尼古拉斯·尼葛洛庞蒂是这样描述互联网给这个世界带来的变化的：“一个巨大的变化就是它已经是一个联系的世界。这种联系不仅是每一件事都与每一件其他事联系起来，也是移动的联系，而不是静止联系，不是游离的行为。因此，这种联系才是巨大的变化。”

（二）信息化

信息化是当今世界经济和社会发展的大趋势，信息化程度标志着一个国家现代化水平和综合国力的高低。在互联网时代，信息已经变成一个重要的社会资源，是个人乃至国家、社会发展所依赖的综合性要素、无形资产和社会财富，可以说，对信息和信息技术的掌控能力已成为政党能力、国家实力的重要组成部分。互联网因其信息传递的形式和结构的改变，让过去的信息不对称程度降低，连接节点的可替代性得到提高。

---

① 曼纽尔·卡斯特．网络社会的崛起 [M]. 夏铸九，王志弘译．北京：社会科学文献出版社，2001.06.

② 尼古拉斯·尼葛洛庞蒂．数字化生存 [M]. 胡泳，范海燕译．海口：海南出版社，1997.02.

（三）全球化

全球化是一种人类社会发展的现象过程。目前，全球化有诸多定义，通常意义上的全球化是指全球联系不断增强，人类生活在全球规模的基础上发展及全球意识的崛起，国与国之间在政治、经济贸易上互相依存。从根本上说，全球化是以社会生产力发展为动力的，是人类社会逐步超越各种障碍和制约因素，在各种领域加强互动、交流，逐步取得共识，遵守公共原则，采取共同行动的趋势过程和价值选择。互联网作为全球化的技术载体，以全球为疆域，使人们能够在全球互联网中联系任何一台想联系的计算机，一起工作、交流、合作，把世界变成真正意义的“地球村”。正如托马斯。弗里德曼所说：“互联网形成了一个平台，使现在个人能够以个人的形式采取全球行动。”以互联网为代表的信息高速公路正创造着一个新的全球性社会结构。

（四）多元性

互联网的信息化、全球化已打破原有的社会结构、经济结构、关系结构、地缘结构、文化结构，继而影响权力、规则、关系的转变。同时，互联网这一大平台使各个国家、各个民族、各种信仰、各种社会群体交织在一起，东方与西方、传统与现代、理想与现实，互联网几乎打破了所有的固有边界，让人们能够更为自主地选择、参与、发展、冲突、交流进而尊重、容纳。许多学者认为多元化是互联网社会的最重要特征之一，也是科学、社会、经济等发展的关键性推动力量。

（五）开放性

互联网是开放的，任何人、任何时间、任何地点都可以进入这个开放空间，享有更多的自由与资源。尤其是进入万物互联的5G时代之后，人们拥有的不仅是更高速率、更大带宽、更强能力的技术，还是一个多业务多技术融合的网络，更是面向业务应用和用户体验的智能网络，最终打造以用户为中心的信息生态系统。传播一改过去的方式呈现放射状、全开放的状态，信息的广度、速度、深度、自由度都发生了质的革命。互联网的开放性进一步拓宽了普通人获取信息的通道，为人们的沟通、信息的交流、思想的碰撞提供了更多的便利。当然，鱼龙混杂、泥沙俱下也成为互联网开放性的附属物，为管理者带来了新的挑战。

（六）交互性

随着互联网的出现，人与人之间的关系发生了新的变化，在广阔的世界里，与更多各式各样的人相连，彼此沟通、交流、影响，进而改变想法或影响行为。大众化的交流让任何相互联系的群体或个人与在任何地方的任何其他人群交流，成为有史以来最社会化的媒介，也第一次使距离和成本无关。人们在分享、互动中重塑自我，重新获得认同，同时被重塑的还有新生代的精神世界和情感世界。

（七）去中心化

当人们键入网址 http 之后的 www 或许有许多人并不知道它的含义，它是万维网发明人、互联网之父蒂姆·伯纳斯·李命名的“World Wide Web”的缩写。放弃专利申请的他对整个世界说“献给每一个人”。它的诞生使计算机、网络不再是研究工作者的专宠，普通人也可以共享共用。在这样的世界里，互联网穿透了社会的重重岩层，使所有人、各层级彼此面对。过去处于话语权中心地位的组织因互联网而被解构，社会结构开始由过去的中心化向扁平化转型。

（八）创造性

克里斯·安德森认为互联网是“将最有力的工具置于普通人手中。它解放了人类的创造力，让人们的想法走向全球的受众，这是以前任何科技都无法做到的”。[①] 互联网为人们提供了各种各样的平台，其中经济平台被专业人士认为是未来十年经济发展的主旋律。百度、阿里巴巴、腾讯、京东等已成为互联网时代国人耳熟能详的创业新秀。可以预言，信息技术、数据经济将会极大地激发人类的创造性。

（九）娱乐化

互联网的娱乐化功能不可小觑，网上追剧、追星、看小说、打游戏、刷淘宝、看街拍、发“鸡汤”已经成为许多人的时间填充剂。媒体社会学家尼尔·波兹曼在《娱乐至死》[②] 中说：“人们感到痛苦的不是他们用笑声代替了思考，而是他们不知道自己为什么笑以及为什么不再思考。”或许我们真的需要培养一种能力，就是将娱乐或游戏变为生活的“调味品”，而不是生活本身，用这一“快乐引擎”助力自身的成长。

互联网社会的这些特性使其与现实社会有着千丝万缕的联系。正如尼葛洛庞帝在《数字化生存》[③] 一书中指出的“网络的真正价值正在越来越和信息无关，而和社区相关”。互联网是一股势不可当的变革力量，它已经改变了每个人的生活，而且即将继续为这个世界带来更多的变化。

---

① 克里斯·安德森．创客 新工业革命 [M]. 萧潇译．北京：中信出版社，2015.06

② 尼尔·波兹曼．娱乐至死 [M]. 章艳译．北京：中信出版社，2015.03.

③ 尼古拉斯·尼葛洛庞蒂．数字化生存 [M]. 胡泳，范海燕译．海口：海南出版社，1997.02.

第二节　互联网发展概况与趋势

一、互联网发展概况

（一）互联网普及率超过六成，移动互联网使用持续深化

截至 2019 年 6 月，我国网民规模达 8.54 亿，较 2018 年年底增长 2598 万，互联网普及率达 61.2%，较 2018 年年底提升 1.6 个百分点；我国手机网民规模达 8.47 亿，较 2018 年年底增长 2984 万，网民使用手机上网的比例达 99.1%，较 2018 年年底提升 0.5 个百分点。与五年前相比，移动宽带平均下载速率提升约 6 倍，手机上网流量资费水平降幅超 90%。“提速降费”推动移动互联网流量大幅增长，用户月均使用移动流量达 7.2GB，为全球平均水平的 1.2 倍，移动互联网接入流量消费同比增长 107.3%。

（二）下沉市场释放消费动能，跨境电商等领域持续发展

截至 2019 年 6 月，我国网络购物用户规模达 6.39 亿，较 2018 年年底增长 2871 万，占网民整体的 74.8%。网络购物市场保持较快发展，下沉市场、跨境电商、模式创新为网络购物市场提供了新的增长动能：在地域方面，以中小城市及农村地区为代表的下沉市场拓展了网络消费增长空间，电商平台加速渠道下沉；在业态方面，跨境电商零售进口额持续增长，利好政策进一步推动行业发展；在模式方面，直播带货、工厂电商、社区零售等新模式蓬勃发展，成为网络消费增长新亮点。

（三）网络视频运营更加专业，娱乐内容生态逐步构建

截至 2019 年 6 月，我国网络视频用户规模达 7.59 亿，较 2018 年年底增长 3391 万，占网民整体的 88.8%。各大视频平台进一步细分内容品类，并对其进行专业化生产和运营，行业的娱乐内容生态逐渐形成；各平台以电视剧、电影、综艺、动漫等核心产品类型为基础，不断向游戏、电竞、音乐等新兴产品类型拓展，以知识产权（IP）为中心，通过整合平台内外资源实现联动，形成视频内容与音乐、文学、游戏等领域协同的娱乐内容生态。

（四）在线教育应用稳中有进，弥补乡村教育短板

截至 2019 年 6 月，我国在线教育用户规模达 2.32 亿，较 2018 年年底增长 3122 万，占网民整体的 27.2%。随着在线教育的发展，部分乡村地区视频会议室、直播录像室、多媒体教室等硬件设施不断完善，名校名师课堂下乡、家长课堂等形式逐渐普及，为

乡村教育发展提供了新的解决方案。通过互联网手段弥补乡村教育短板，为偏远地区青少年通过教育改变命运提供了可能，也为我国各地区教育均衡发展提供了条件。

（五）在线政务普及率近六成，服务水平持续向好

截至 2019 年 6 月，我国在线政务服务用户规模达 5.09 亿，占网民整体的 59.6%。在政务公开方面，2019 年上半年，各级政府着力提升政务公开质量，深化重点领域信息公开；在政务新媒体发展方面，我国 297 个地级行政区政府已开通了“两微一端”等新媒体传播渠道，总体覆盖率达 88.9%；在一体化在线政务服务平台建设方面，各级政府加快办事大厅线上线下融合发展，“一网通办”“一站对外”等逐步实现；在新技术应用方面，各级政府以数据开放为支撑、新技术应用为手段，服务模式不断创新；在县级融媒体发展方面，各级政府坚持移动化、智能化、服务化的建设原则，积极开展县级融媒体中心建设工作，成效初显。

二、互联网发展的未来趋势

未来互联网主要的发展方向仍然是对传统行业进行模式改进和管理模式改变，信息化正是其发展的重要内容。其主旨目的是达到产业平衡和资源平衡。其主旨内涵可分为以下几点：首先，价格不再是左右产业发展的主要因素；其次，买家卖家之间的信息不对称问题已经得到解决；最后，不再仅以技术为推动力促进新的变革。那么，在互联网时代背景下，相关产业前进的方向在哪里呢？

（一）连接与聚合成为互联网时代的主旋律

互联网的本质是连接，其价值也在于连接，从互联网的发展来看，连接是其商业化的主要工具与载体，而通过连接产生的强大聚合能力是其手段与目标。无论是门户、电商还是搜索、社交，无不体现了互联网的连接，而电商、社交及搜索的商业化运用体现了连接背后的聚合能力。

从消费互联网到移动互联网，互联网的连接能力越来越强，时空维度也不断拓展，这种拓展促进了互联网云计算及大数据的应用，开辟了物联网的新领地。

未来的连接仍在继续，连接一切将成为互联网的主旋律。美国最大的社交网站——脸书、中国的腾讯都将以连接为使命。从商业价值角度分析，连接本身即可产生经济效益，通过连接可拆除传统产业的篱笆与壁垒，促进融合与协作，打破信息不对称。同时，通过连接产生的大数据将成为极为重要的资产。

（二）产业互联网化、金融化成为大趋势

在移动互联网强大的连接能力下，任何产业都能够和互联网产生关联。基于多种终端的产业互联网能够延伸到各个经济领域，甚至微市场。移动互联网全面覆盖了整

个经济环境，并为其中的市场提供了发展机遇，在资源均衡、竞争平等的产业互联网时代，提供个性化服务的重度垂直模式将具有商业机会，行业垂直、地域垂直及人群垂直都可以在各自领地获得生存与发展机会。由此可见，产业互联网时代就是一切产业皆互联网的时代。

在产业互联网中，线下需要有完善的物流体系，还需要能够保障交易顺利进行的金融资金方面的支撑。金融服务支持包括网络支付、互联网金融服务等。离开了金融，产业互联网就如同缺少了强大的物流体系支持一样难以发展。因此，一切产业皆金融的时代已经来临。

（三）个性化、定制化需求时代来临

消费互联网已激发了用户的各项消费需求，消费经济已从短缺步入过剩时代，价格战与补贴或免费不断上演。在过剩或过度消费时代，那种生产标准化产品的时代即将终结，在满足了基本的需求之后，人类的需求将逐渐向个性化方向发展。定制化则是个性化的实现手段。定制化本身需要用户参与，以用户体验为中心，为用户提供符合价值需求的产品。从以企业为中心的标准化生产时代到以用户为中心的产业互联网时代，互联网逐渐向尊重人性的方向发展，实现人性的回归，纵观成功的互联网企业与科技公司，无不以洞悉人性为发展理念。在这方面，苹果就是典型的代表，而小米更是将用户参与发挥到了极致。

（四）O2O 将成为服务互联网的主要模式

产业互联网可以对产业链的研发和生产过程进行重塑，这就催产了大量的商机。在交易过程中，产业互联网的交易模式由线下转移到线上以及线上线下一体化，代表模式有 B2B 和 O2O。电子商务平台的兴起削弱了长期困扰市场的信息不对称等问题，降低了买卖双方大量的时间与经济成本。在这个过程中，壁垒较高的行业可以通过建立垂直电子商务平台实现市场的细分。

在互联网或产业互联网时代，无论是服务互联网或原来建立在 PC 之上的消费互联网，还是互联网传统行业，一个不容争议的发展趋势是线上与线下的高度融合。另外，O2O 也将成为主要的发展趋势。离开了线下实体，离开了传统产业，互联网将会与金融一样出现空壳化、虚报化，犹如空中楼阁和海市蜃楼。因此，从某种程度上说，O2O 将成为新型电商。

（五）智慧工业时代

随着社会的发展，个性化需求越来越多，尤其在互联网技术的支撑下，这种需求将成为现实。实际上，工业 4.0 就是个性化定制。

产业互联网不仅是在继续改造和提升作为第三产业的互联网，还不断向工业领域延伸。互联网硬件的软硬体化将造就新的工业体系，人工智能、智能机器人、无人机、无人汽车、车联网、物联网、大数据、云计算、可穿戴设备等智慧产业将成为产业互联网的重要领域，互联网已经不再局限于消费领域，对工业化改造的作用也越发凸显。纵观世界，在产业互联网来临之际，中国已经走在了世界前列。在工业化时代落后的中国已经在新经济的浪潮中与欧美等发达的国家站在了同一条起跑线上，而且在互联网经济中占得了先机。

面对产业互联网，在中国还处于消费互联网时代时，传统的工业强国——德国就已经提出了工业 4.0 的行动计划。在互联网战略的指引下，我国的“中国制造 2025”规划将互联网信息化与工业化深度融合，推动“中国制造”走向“中国智造”。这个规划被业内称为“中国工业版 4.0”。

面对产业互联网的浪潮，中国不能错过升级换代的机会。中国传统行业门类齐全，拥有世界上最为齐全的工业体系，为当今世界第一制造大国。在互联网时代，中国已经拥有了雄厚的产业基础，若能够顺应潮流，利用互联网则会产生更加巨大的发展能量。

2015 年之前，中华人民共和国工业和信息化部就提出将支撑 100 家以上规模的工业、企业积极探索智能工厂、智能设备和智能服务的新模式、新业态；支撑 1000 家工业及生产性服务企业的高带宽专线服务，新增 M2M（智能机器人）终端 1000 万个，促进工业互联网发展，并将在石化、钢铁、有色、建材等领域开展智能工厂、数字矿山、物联网发展试点示范。据 GE 测算，应用工业互联网后，企业的效率会提高大约 20%，成本可以下降 20%，节能减排可以下降 10% 左右。尚未完全完成工业化的中国却拥有强大的产业互联网发展基础与条件，这些都为中国实现跳跃式、超越式发展创造了机会。

第三节　国内外信息技术教学发展史

一、信息技术教学

信息技术特指与计算机、网络和通信相关的技术。信息技术教学不是单纯的技术教学，也不是以信息技术研究和开发为目标的教学。信息技术教学的内涵由信息技术课程和信息技术与其他学科的整合两大部分组成。信息技术教学是素质教育的重要组成部分，旨在培养学生的创新精神和实践能力，促进人的发展。

信息技术教学为学习者提供资源（这里的资源指在学习过程中可被学习者利用的与信息技术有关的一切要素）和环境，具有与其他学科整合的特性，是学习者全面持续发展的可靠保障，是教学走向信息化、产业化、民主化、经济化的支持性技术基础。

二、互联网对教育教学的影响

互联网诞生以来，我们的生活方式和价值观念都被深深地改变着，教育手段的每一次飞跃都与科技的进步密不可分。人类的教育手段伴随着科技的发展而不断改进，反过来，教育手段的改进进一步促进了教育的发展，也间接地促进了科技的进步和飞跃。教育手段作为教育的一项重要的物质基础，它的每一次发展都为教育的发展提供了一个更为广阔的平台。

当前国内外的研究表明，学习者的学习方式将会随着科技的发展而转变，总的趋势是去寻找最方便于接受知识的方式来获取相对最优质的教育。学习者不会受到传统方式的束缚，一旦知识的传播方式被科技的发展超越，原有的传播方式就会被学习者自动淘汰。在21世纪，电子科技、交互式多媒体技术已经得到了跨越式的发展，从家庭到学校，都拥有了针对学习者个人的独立计算机与互联网移动设备。过去学校简单的文字板书式教育已经被个人电脑的绘图、文本、影像等功能超越，其被淘汰是一种大潮流下的固定趋势，任何力量都阻止不了学习者主动去寻求这样的先进方式来接受知识。学校不仅无法违背这样的趋势，还应主动适应这样的趋势。因为在这个过程中，学校的界限将被新的技术所打破，学校不再是固定的大楼或者固定的时间的代名词，虚拟的课堂、灵活的课时，一切都将以学习的需求和条件来制定，这将真正实现“以人为本”，实现教学效果的最大化。

将互联网技术形容为一场革命是不为过的，因为互联网时代将会实现教育内容和教育方式的重大革新。这些革新主要包括以下几个方面。

首先，文字阅读方式的革新。在互联网时代，虽然文字仍旧是知识的主要载体，但是阅读文字的方式将会大有不同。旧有的纸质印刷书籍将会被取代，电子阅读将会大行其道。网页、文本文档、视频、幻灯片等，这些虚拟的载体会淘汰旧有的纸质载体，多媒体形式、云存储将会取代书包，学生的负担将会最大限度地减轻，真正实现“减负”。

其次，教学的互动方式将会改变。过去的教学强调教学者的主体地位，学生的互动十分有限。在网络时代，教育的内容在被吸收的同时，教师要和学生在媒体上进行互动。这种互动是由网络媒体的传播方式决定的，而不是由教学者决定的。交流的主体方式也会改变，鼠标、触屏直输、语音等多元化的输入方式将会大大方便师生的交流互动。

最后，作为计算机的初始性能，计算的功能优势将会进一步放大。教学的效果和内容都由原来的教案式转变为可量化的标准，教学者可以在网络中通过最新的量化报告了解时代背景下的知识需求，学习者也能通过量化标准对自己的学习质量进行量化分析，并在网络中和他人交流，寻找差距。

网络教育带来的大变革体现在由无个性的教育转向强调个性化的教育。传统的授课方式中教育者是少数，学习者是多数，所以要以教育者为主，对学习者实行千篇一律的教育方式和教育内容，所有人要以同样的方式来接受知识，这本身是和人的多元化和个性化发展相冲突的。尤其在当今社会，人的发展越来越强调个性和特质，传统的一元化教育理念将无法满足当前教育的大战略，无论是对国家还是个人，一元化教育都难以达到预期目标。而网络教育实施的教育多元化，教学者和学习者是一对一的，更是多元的。针对每位学习者，不同的教育计划都会发挥其极大的优势和潜力，做到让学习者在学习中真正得到长足的进步。

信息化将导致教育彻底摒弃“仓库理论”，人们不再看重“博闻强识”，计算机和计算机网络就是我们的记忆。人们已不能满足记忆某些知识，更需要应用知识创造性地解决问题。将受到推崇的能力是善于探索未知、创造发明和开创新局面，比起记忆能力和计算能力来，这种能力也是未来人才的关键素质。

现代化教学理念要求教师从高高在上的知识的传播者过渡为教育活动的运行者和传播者，即以学生为主体，对学习活动整体的步调进行把握和规劝，让学生主导学习的大方向，真正将学生的自我学习能力以及独立获取信息和知识的能力作为重点的教学目标。过去，独立学习能力的培养方法只能凭借最基础的教育工具——字典和图书馆。今后，互联网这个工具将成为学生独立学习必不可少的一种工具，学生要通过互联网学习。

三、国内外信息技术在教学中的运用

（一）国内信息技术在教学中的运用

信息技术在教学中的作用多为积极的，它不仅丰富了教学内容、教学手段，实现了资源的整合，还在知识点的解读上突破了重难点。同时，信息技术在教学中的作用改变了传统课堂中教师课上“满堂灌”、学生课下“死记硬背”的教学方式，丰富了课堂教学内容，转变了师生角色，实现了资源的整合，优化了教学结构，将抽象的知识点具体化。目前，国内信息技术与教学结合的典型模式为微课。

在教育领域，教师的工作非常繁忙，其很难抽出大量的时间去关注每个学生的学习情况，因此帮助学生查漏补缺、攻克课程重难点成为教师教学过程中的一大难题。在常规教学中，教师只能保证大部分学生的学习进度，不能因为某个学生而影响教学进度，微课程的出现恰恰满足了教师的这种需要。它可以代替教师，让学生进行相关内容的学习，不仅帮助教师节省了大量的时间和精力，还可以使学生的学习更高效。

微课发端于微博。2009 年，微博以其互动性和参与性强、信息传播速度快、目标明确的特点，在我国迅速掀起了一场轰轰烈烈的“微”热潮，拉开了“微”时代的序幕。于是，微课应运而生。

面对新课程标准和教学实践的要求，教师的工作已经不是简单地把书本上的知识内容教给学生,而是要在教的过程中让学生体会到学习的乐趣,激发学生学习的积极性，其所采用的教学方式、方法及手段都是为了达到最后的目的——教会学生学习。面对这种情况，如何才能吸引学生注意力，如何才能将高深的理论变简单，将简单的问题变有趣？能不能利用零碎的时间短期内完成一次学习？能不能让枯燥的知识变得好玩和有趣？在这种背景下，微课诞生了。

微课创始人胡铁生提出，如果换一种思维方式，只将教学重点、难点、考点、疑点等精彩片段录制下来提供给教师，借鉴意义和交流价值更大，也方便学生随时随地点播，能重复使用，利用率高。微课的出现，打破了传统的教学方式，满足了学生对不同学科知识点的个性化学习。按需选择学习，既可查缺补漏，又能巩固知识，是常规课堂学习的一种重要补充和拓展资源。这一形式在学校一经宣传，迅速成为校园的时尚，深受教师欢迎。

“微课”的核心组成内容是课堂教学视频（课例片段），同时包含与该教学主题相关的教学设计、素材课件、教学反思、练习测试及学生反馈、教师点评等辅助性教学资源，它们以一定的组织关系和呈现方式共同“营造”了一个半结构化、主题式的资源单元应用“小环境”。因此，“微课”既有别于传统单一资源类型的教学课例、教学课件、教学设计、教学反思等教学资源，又是在其基础上继承和发展起来的一种新型教学资源。

微课创始人胡铁生在 2011 年、2012 年、2013 年先后对微课的定义进行了完善。“微课”是指为使学习者自主学习获得最佳效果，经过精心的信息化教学设计，以流媒体形式展示的围绕某个知识点或教学环节开展的简短、完整的教学活动。后又经过完善将定义改为“微课”是以微型教学视频为载体，针对某个学科知识点（如重点、难点、疑点、考点等）或教学环节（如学习活动、主题、实验、任务等）而设计开发的一种情境化、支持多种学习方式的新型在线网络视频课程。

2012 年 9 月，教育部教育管理信息中心主办的第四届全国中小学“教学中的互联网应用”优秀教学案例评选活动暨第一届中国微课大赛（以下简称“大赛”），标志着国内研究者和一线教师对微课进行了探索、研究和实践。2013 年，由华南师范大学和凤凰卫视合作的“凤凰微课”正式上线。首届全国高校微课大赛顺利举行，参与比赛的高校超过 1600 所，参赛选手 12000 多人。这些事件标志着一种新型学习资源——

微课，正受到国内教育界的广泛关注。有专家预测微课将成为近几年最有前景的教育技术之一。

目前，国内微课的主要形式有录频形式、PPT 制作转化为视频格式，以及其他的一些实时录制的教学活动片段，资源的设计与开发处于探索阶段。黎加厚就各个学校上交的微课程作品，提出了微课制作方面的 15 条建议：①注意教育的对象；②一个微课程只讲一个知识点；③时间控制在 10 分钟以内；④教学步骤完整性；⑤展示性信息；⑥微课设计的整体性；⑦恰当地提问；⑧结束总结；⑨用字幕做补充；⑩学习单指导微课的学习；⑪学习单将微课与学习内容联系起来；⑫清楚地告知学习方式、评价方式；⑬让学生了解主讲老师的信息，激起对老师的好感；⑭借鉴可汗学院的教学方法、理念、策略；⑮学习其他领域的设计经验。在微课的应用方面，他提出了微课应用的“四步五环”：①课前四步，即导学案的设计、教学视频的录制、学生的自主学习、个别辅导计划的制订；②课中五环，即探究合作、释疑拓展、巩固练习、自主纠错、总结反思。

张一春对微课的设计提出了 5 条策略：①精心的教学设计。要有较为完善的课程组织结构，并非从一段较长的视频课中截取一段。②特色的教学内容。内容最好精彩地呈现，突出该学科的特点。③丰富的多媒体技术。尽量借助多媒体技术展示课程内容。④精致的拍摄制作技术。尽可能不要有口误、表达不清、拖泥带水的现象。⑤把握开场2分钟，视频开头要能吸引听众。国内面向技能型微课的比较典型的网站有几分钟网、优酷等。几分钟网是面向大众的微课资源，涉及生活（如何扎头发、做菜等）、摄影（摄影基本技能）、美术（简笔画、山水画等）等方便而且实用的技能，在很短的时间内呈现并讲解清楚。优酷等视频资源网站多是书法写作、照相摄影、山水画、乐器使用、健身体操等短小的用于技能呈现的微视频资源。当然，也有与信息技术技能课相关的微型资源，如一些面向大众的基础技能操作视频，这些视频大都是对某一些软件的操作，一般都在 10 分钟以内，缺点是这些技能型微型资源面向的是大众或成人，缺少对具体学习者的定位分析。总体来看，技能型微课一般操作性强，旨在短时间内快速地帮助学习者掌握实际的操作技能，从而达到解决问题的目的。

移动课堂模式在我国已经发展过一段时间，其中的不足也暴露出来，研究发现，目前的微课在设计、开发和应用方面主要存在以下问题。

1. 对微课的概念和定义缺乏明确、统一的认识

调查发现，人们对微课的认识尚未明确统一，众说纷纭。从名称上来说，有人称其为“微课”，也有不少人称其为“微课程”，更有人认为二者相同。从概念上来说，不同的人有不同的理解。张一春认为微课是一种教学活动；胡铁生认为微课是一种教与学活动的各种教学资源的有机组合；焦建利认为微课只是一种教学资源，不宜用课程这么大的概念去定义；苏小兵等认为微课是一种新型的课程资源，是由目标、内容、教学活动、交互、多媒体五大要素构成。微课究竟是什么？至今仍然没有人能够提出令大家普遍接受的观点。对微课缺乏正确的认识在一定程度上影响了微课的健康快速发展。

2. 开发微课的目的不明确

对佛山市 100 名中小学骨干教师的问卷调查发现，有 36% 的中小学教师曾经制作过微课，其中比赛获奖者也不少。然而，进一步调查发现，没有人将制作的微课应用于实际教学，而是全部用于微课比赛，这一结果出人意料，令人吃惊。这从侧面反映出目前微课只是停留在开发和比赛的层面，而实际应用于教学的非常少，这也是目前微课发展中存在的非常严峻的问题。

对教师的访谈进一步发现，造成这种现象的原因主要是教师制作微课的目的仅是为了参加比赛和职称晋升，而不是教学应用。

3. 微课应用的目标对象不明确

从大赛网站的调查中可以发现，大多数教师制作的微课形式单一。从教学方式来看，适于教师教学的讲授型微课比例高达到 76%，而适于学生自主学习的学习型微课比例只占 24%。这表明大多数教师对微课应用的目标对象不明确，制作微课只是为了辅助教师开展教学而不是为了学生的自主学习。

4. 教师掌握的技术有限，开发方式单一

网站调查发现，微课的开发以课堂实拍和 PPT 录屏两种技术方式为主，其中课堂实拍占 31.7%，PPT 录屏占 35%。课堂实拍 +PPT 录屏占 21.7%，三者合计达到 88.4%。这表明当前教师掌握的微课开发技术有限，仍然局限于某一两种开发技术。究其原因，一方面是因为教师仍然习惯于采用传统的课堂录像，另一方面是大多数一线教师还没有掌握微课制作的各种新技术和新方法。

5. 微课开发缺乏系统性和完整性

由于目前教师制作微课的目的大多只是比赛，所以开发的微课作品数量非常有限，并且大多数微课作品只介绍一个知识点，严重缺乏系统性和完整性，很难对学科教学产生真正的促进作用。这是目前微课很少应用于实际教学的另一个重要原因。

6. 微课开发无序和低效

在对教师的访谈中，我们发现目前微课开发以教师单打独斗为主，学科教师之间没有形成开发团队，学校与学校之间、地区与地区之间没有形成共建共享机制。微课开发处于无序、低效的自然发展状态，教师个人闭门造车、各自为政、低水平重复建设等现象严重，制约着微课的开发、应用与发展。

7. 缺乏科学有效的教学应用模式

一项调查发现，应用于传统教学的微课高达 95%，应用于翻转课堂教学的微课只有 5%，而应用于移动学习、教研活动的微课均为零。而针对佛山市 100 名教师的调查结果表明：微课应用于教学的比例为零。进一步的访谈发现，教师普遍对如何将制作的微课应用于实际教学感到困惑。尽管教师制作了微课，但依然采用传统的教学模式开展教学，使微课难有用武之地。究其原因，缺乏科学、有效的应用模式是影响微课教学应用的重要因素。

8. 缺乏有效的微课开发培训模式

在对教师的访谈中，我们发现有不少教师曾参加过省内外各类微课开发培训或讲座，但普遍反映收效不大。主要存在的问题是培训重理论轻实践，重设计轻制作、应用，不少流于表面，仅停留在概念介绍、设计原则介绍以及简单的制作上，缺乏有效的实战训练、全程的绩效支持、后续的教学应用和跟踪辅导，培训收效甚微。

（二）国外信息技术在教学中的运用

1. 各国信息技术教学发展概况

（1）美国：NETP 美国教育技术规划

（NETP）是美国教育技术最重要的纲领性、政策性文件。其中，《重新思考技术在教育中的角色：2017 年国家教育技术规划更新》旨在为相关教育研究人员或教育机构树立一个技术变革学习的愿景，共包括 5 部分内容。

第一，在学习方面，为学习赋能。美国教育技术计划提出，学生的学习内容要迎合 21 世纪所需的相关专业知识与能力，重点关注如何利用技术让已有的最有效的学习原则发出强大的力量，改变学生原有的学习体验，增加基于项目的探究式学习、混合式学习等新型学习体验，而最终目的在于，利用技术提供更为公平和易于获取的学习。

第二，在教学方面，运用技术实施教学。美国教育技术计划提出，技术支持下的学习，教师的角色发生了很大转变，教师可与校园之外的教师们远程协作，并利用技术设计出高参与度的学习体验，也可应用新的学习技术来指导评价。除了成为学生学习的指导者、促进者和激励者，教师还可以成为与学生教学相长的学习伙伴。要实现上述变革，教师必须具备能充分利用多样化技术的知识和技能。在这种新形势下，美国教育技术计划对师范生教育进行了反思，提出应加强应用技术学习的新要求。

第三，在领导力方面，为创新和改变创造文化和氛围。美国教育技术计划阐述了为未来准备的四大重点领域，并将合作的领导力置于首位，强调教育领导在教学变革中的引领作用。为此，教育领导需要建立一个如何利用技术最大化满足所有学生需求的共享愿景，实现系统性的教学重构，并要将这份愿景转化为行动计划。同时指出，该计划的落实实施才是成功变革教学的关键。

第四，在评价方面，测量是为了改善学习。美国教育技术计划认为，技术支持下的评价具有节约教师时间、减少纸张使用等优势，但更重要的是，技术能够改变评价方式。具体表现在，它使得测验评估题型更加多样化；能够对复杂能力进行测量；能够提供实时的反馈；能够深入学习过程，支持形成性评价的生成；允许持续性评价发生等。同时，计划提出了未来技术化的评价情境，包括开发学习仪表板、汇总来自各平台工具上的信息数据、将学习信息可视化等，并强调利用评价数据改善教与学。

第五，在基础设施方面，开放获取且有效使用。美国教育技术计划认为，技术支持下的学习、教学和评价的发生都需要一个强大的基础设施。其关键要素是高速网络连接以及随时随地可获取到的设备。除此之外，还包括数字化学习内容、其他资源，以及建立相关的教师专业能力发展培训项目等。

（2）英国：“下一代学习运动”

英国的“下一代学习运动”主要是针对父母或法定监护人用人单位和学习者提出的，以增强他们将技术运用于教育的意识，促进他们更加关注技术，从而让学生、家长和雇主了解在学习中应用信息技术的益处，促使技术为所有学习者带来最好的学习体验和效果，让他们对教育和培训的提供者提出更高的要求，最终使每个人都能从技术中获得最大的好处，改善学习、提升技能、优化知识，最大限度地发挥他们的潜能，达到更高的成就。

下一代学习运动主要关注三个方面：父母或法律监护人更多地参与，在中小学和大学里有效地使用技术促进学习以及确保学生安全上网。“下一代学习运动”主要从以下六个方面来提高教育质量：第一，完善学校。制定一项运用技术提高学习者学习效率的策略，并遵循这项规定。第二，可持续发展计划。平衡关于技术的经济、社会和环境各方面以促进学习。第三，获得最佳价值。以正确的支持和适当的价格获得安全可靠符合目的的技术。第四，保护学习者上网。保护、教育和增强所有人以实现安全上网。第五，激励家长参与。确保家长能够访问和使用技术，对子女学习产生积极影响。第六，促进学习个性化。支持学习者高效、鉴别地使用技术以满足个人需求。

（3）瑞典：瑞典网络大学

正如瑞典的厄斯特罗斯指出的那样：迄今为止，这是瑞典最大的以信息技术为依托的教育项目，并将使瑞典在这一领域保持领先地位。瑞典政府充分利用已有的发达信息通信技术和网络基础设施，以高等教育为突破口，大力发展教育信息化，努力推进高等教育信息化发展的科学化、规范化。同时，大力开展网络高等教育，改变高等教育的传统教育模式，打破时空限制，为更多的人，尤其是居住在瑞典偏远地区人们以及渴望接受高等教育的在职人员提供接受高等教育的机会。瑞典政府希望通过网络大学的开办使50%的年轻人在25岁之前开始接受高等教育。瑞典政府为网络大学的开办提供了充裕的财力支持。该提案在议会获得通过时就获得了2000万美元的专项拨款。

瑞典政府还决定在今后三年内再增加3000万克朗的投资，用于网络大学的课程开发工作。尽管网上课程花费较大，但瑞典政府将承担这项“额外”开支。

瑞典的网络大学实行灵活多样的课程编制和教授制度。瑞典政府规定，网络大学的课程由参加网络大学的各普通高校提供，实行各校申请加入的原则。同时，网络大学的学生可以自由选择参与大学和研究机构开设的课程。

为了加强对网络大学的管理，瑞典政府撤销了“全国远程教育委员会”，专门成立了“全国网络大学委员会”，负责对网络大学的管理。该委员会将从某种程度上充当网络大学发展的网络终端，它将负责对申请进入网络大学的高等学校进行注册，组织相关的学习、辅导、培训工作，以保证网络大学健康、顺利发展。

从目前的情况看，许多瑞典人对申请加入网络大学学习有很高的热情，同时瑞典高等学校对网络大学持一种乐观态度。瑞典一所大学的校长表示，全国约有30万人对网络大学的课程感兴趣。因此，他认为瑞典网络大学的发展前景是美好的，同时网络大学的发展将进一步推动瑞典教育信息化的快速发展。

（4）新加坡：Master plan 4

在新加坡，Master Plan（信息通信技术总体规划）为校园信息通信技术的应用及学生学习提供了蓝图，也是教育信息化绩效评价的重要参考，Master Plan研制过程主要经历成立督导委员会、设立督导委员会下属委员会、总结前期发展经验等九个阶段。

目前，新加坡已经研制了Master Plan 4。Master Plan 4从自主学习和合作学习走向全课程，其中ICT在知识获得、21世纪能力形成、数字公民责任意识的培养中有着重要作用。Master Plan 4关注学习并契合教育部以学生为中心和价值导向的教育观，具体包括一个愿景、一个目标、两个助力者、四条路径。一个愿景：培养“为未来做准备且有责任感的数字化学习者”。一个目标：“用技术来促进每个人的高质量学习”。两个助力者：一个是作为学习体验与环境设计师的教师；另一个是作为文化建设者的学校领导。四条路径：①深化ICT与课程、评估、教学法的整合；②利用ICT促进教师持续的专业学习；③培育创新文化和反思性实践；④构建联通的ICT学习生态系统。

（5）法国：“数字化校园”

2015年，法国正式确立了“数字化校园”战略规划，该战略是法国有史以来最大的教育数字化计划，旨在有效利用数字技术培养学生21世纪数字素养技能。

该战略定义了实现信息技术变革教与学实践的四大支柱：培训、设备、资源和创新。同时，据此提出了一系列配套项目，具体包括：①国家优先考虑教师培训；

②为教师和学生提供设备和资源；③鼓励为数字一代开发数字教育创新和技术孵化项目。

2. 国外移动课堂发展概况

目前，网络教学模式得到了国外广大学者的认可，其优点主要体现在高度互动性、资源共享性、服务及时性、教学方式多元性、社会资源节约性等方面。目前，国外最具影响力的网络教学是 MOOC（大规模网络开放课程）。作为一种“教学并重”的新型教学模式，MOOC 的特点在于大规模学生交互参与和基于网络的开放式资源获取。与传统网络课程不同的是，MOOC 除了提供视频资源、文本材料和在线答疑，还为学习者提供各种用户交互性社区，建立交互参与机制。学习者只需一台与互联网连接的计算机，就可以随时随地学习世界各地的名校课堂，与在线的数万名同学一起互动交流。

近年来，随着 Internet 的快速发展，网络教育资源如雨后春笋般应运而生。美国麻省理工学院率先开展了在世界教育领域引起广泛关注的开放式课件运动。在麻省理工学院带动下，诸多大学开始向世界公开其开放课程。英国开放大学、荷兰开放大学等也都积极参与这个运动。开放教育的理念逐步深入人心，开放教育资源共享的运行机制日臻完善。近几年兴起的（MOOC）像传统大学一样，有一套自己的学习和管理系统，同时这些开放课程都是免费的。目前，MOOC 在大学中受到广泛关注。

随着网络技术的发展和应用，通过网络技术建立一个基于 Web 的，能支持和管理教学过程、提供共享学习资源和各种学习工具的虚拟学习环境成为趋势。目前国外比较流行的教学平台有 WebCT、Blackboard、eCollege、Learning Space、Moodle、Sakai 等。这些教学平台为教学及管理提供了支撑和服务。

国外的网络课程形式主要有可汗学院和 TED，它们不断发展，现已经风靡全球。可汗学院（Khan Academy）是由孟加拉裔美国人萨尔曼·可汗（Salman Khan）创立的一家非营利性的教育组织，主旨是利用网络影片向世界各地的人们提供免费的高品质教育。可汗学院正在为加快各年龄学生的学习速度而努力着。萨尔曼·可汗拥有麻省理工学院的硕士学位和哈佛大学的 MBA 学位。刚开始时，他为了帮助住在远处的亲人进行日常学习，尝试着把自己的教学影片放上网络，主要是在 YouTube 网站。由于广受好评，这些课程慢慢地被越来越多的人所熟知，并迅速地向周围蔓延，让学生在家里就可以学到学校里讲授的知识，甚至正在“翻转课堂”，成为“颠倒的课堂”。有些教育学家认为这种教育模式正在打开“未来教育”的曙光。

可汗学院取得的成功给当前的教育体制带来了很大的挑战。现在，虽然存在着许多大学的网络课程，但仅是把教授上课的过程拍摄下来，强调的是教师的“教”，忽视了学生的“学”。可汗课程则突出了学生的“学习”过程，课程设计“以学习者为中心”，充分体现出学生的主体地位，教师从单一的知识传授者角色向学生学习的帮助者和学习资源的提供者转变，符合现代学生的学习特点。

TED 是一个致力传播创意的非营利组织，TED 指 Technology，Entertainment，Design 在英语中的缩写，即技术，娱乐、设计。每年 3 月，TED 大会在北美召集众多科学、设计、文学、音乐等领域的杰出人物，分享他们关于技术、社会、人文、艺术的思考和探索。TED 诞生于 1984 年，其发起人是理查德·索·乌曼。TED Talks 的视频云集了曾踏上过 TED 讲坛且举世闻名的思想家、艺术家和科技专家，他们都可以在网上发布演讲视频，而这些演讲令 TED 从以往 1000 人的俱乐部变成了一个每天 10 万人流量的社区。为了继续扩大网站的影响力，TED 还加入了社交网络的功能，以连接一切“有志改变世界的人”。

第四节　互联网时代教育改革的动因与原则

一、互联网时代教育改革的动因

（一）教育需求和问题是变革的根本动因

任何社会变革都是在一定的社会需求和社会问题的利益驱动下开始的，教学方式变革也不例外。如何理解互联网时代教学方式变革的发生存在两种分析思路。第一，任何特定的历史时期都会对当时的教育提出发展目标，教育需求是在一定的社会环境下发生的，二者相交即形成教育发展期望；互联网对当前社会各领域产生了极为深刻的影响，给传统教育带来了巨大挑战。传统教育如果此时不进行变革和创新，那么它一定会阻碍社会的发展。一旦人们意识到社会新的需求后，就会千方百计地寻找变革的路径。第二，对当前教育状态的不满而寻求教育变革与创新。当前，我国教育发展面临诸多“瓶颈”，亟待新方法来破解教育难题，其中一个重要的思路就是利用互联网带来的机遇，让教育站在互联网的风口上促进教育变革与创新。教育需求是教育教学方式进行变革的逻辑起点和落脚点，互联网时代，我国教学方式变革的发生是以解决我国长期面临的教育难题为根本出发点的。

（二）新兴信息技术是变革的强大动力

信息技术影响教育变革的路径分为两条：一是信息技术直接应用于教育，产生教育变革；二是信息社会的变化影响教育，最终产生教育变革。互联网时代，教育领域以云计算、物联网、移动互联网、大数据等为代表的新兴信息技术正飞速发展且应用不断广泛深入，这极大地促进了互联网时代教学方式的变革。原始社会知识的传递与学习主要是通过人与人之间的口耳相传；古代社会由于造纸术的发明，极大地促进了人类文明的发展和人类知识的传播，人们的学习主要通过读写进行；近代社会由于广播、电视、电话的出现，远程同步交流与学习成为可能，学习不只要通过读写来完成，视听也成了学生学习的重要通道；现代社会由于互联网技术以及各种高精尖教学辅助设备的出现，知识不再是静态地停留在书本上，而是在各种媒体中快速流动，“知识”不再是个名词而成了动词——“知识流”，人们的学习方式不再局限于读、写、视、听、算，探究成了大众倡导的学习方式，技术使学习智能化、智慧化、虚拟化。比如，学习生态是由不同学习主体共同构建的，在学习生态中学习主体基于兴趣、爱好、知识背景、专业等的不同形成不同的学习社区，这些学习社区在网络上是以虚拟社区的形式存在的。技术改变了学习的参与方式、对学习资源的拥有关系，也改变了教育主体之间关系。在互联网时代，教育关系重构是教育变革需要研究的重要问题，同时对教师的专业发展提出了新要求。

（三）学生个性发展需要是变革的内在动力

在传统的教学中，教师以相同的教学方式对待每一位学生，以相同的进度教授每一位学生相同的内容，同一个班的学生学习相同的科目，然后接受相同的考试测验，从而甄别出学生的优劣。这种传统的教学方式符合工业时代对标准化人才培养的需求，其特点是在特定的时间内学习掌握特定的学习内容，并以相同的标准去衡量所有人。但在这种教学方式中，学生的个性被扼杀，兴趣爱好被剥夺，思想发展受到压制。承认学生个体差异，尊重学生个性发展，实行差异化教学，注重因材施教是互联网时代教学方式变革和教学效率提升的要求。在互联网时代，教师有条件依靠各种手段和媒介为学生提供丰富的学习资源，创设良好的教学环境，让学生能够自主地选择自己需要的学习内容，感受到学习的快乐，满足他们的兴趣爱好，从而促进他们个性的发展和培养创新、创造的能力。另外，教学支持手段的增多以及学习资源的极大丰富且不受时间、空间和地域的限制，这些也为满足教学中学生个性化需求提供了坚实的物质基础。

（四）教学媒体的多样变迁是变革的现实基础

在传统的教学中，教材作为学生学习的主要资源和直接作用对象，是课程的物质载体和学生学习与教师教授之间的连接介质，然而面对个性多样的学生时，千篇一律的教材存在着明显缺陷，无法满足教学多样化需要和学习个性化需求。在互联网时代，教学媒体日益朝着智能化、智慧化方向发展，使其功能和作用不断增强和扩大。现代教学媒体不仅是传播教学信息的媒介或辅助手段，还成为人们的认知工具和学习资源，改变着教学环境的组成元素、教学资源的形态和教学要素之间的互动方式，使教育呈现出较强的信息化特征：教育手段趋于多媒体化、教学资源趋于数字化、教学方式趋于多元互补。可见，为了让富有个性的学生在教师的引导下发挥他们最大潜能，积极进行探索和创造，教师必须摒弃“照本宣科”式的教学方式，同时根据学生的学习状况，运用教学智慧选择适宜的教学媒体，营造温馨和谐的教学环境，以多样化的教学方式来开展教学，如此才能达到最佳的教学效果。

二、互联网时代的教育改革

在大数据、云计算、移动互联等技术优势的基础上，再加上“免费使用”的互联网思维，互联网犹如一场海啸，席卷了整个教育领域，掀起了一场改革的浪潮。互联网教育模式下的人机交互、人工智能等，不仅革新了教育技术，对原有的教育体制、教育观念、教学方式、人才培养也是一次深层次的影响。中国互联网教育自 2012 年起开始飞速发展，风靡整个教育领域，并在持续发酵中。互联网教育的本质是为有效实施教学和学习活动，师生在网络和技术的支持下，在师生分离状态下实行的一种新型教育形式。MOOC、智慧教育、翻转课堂等模式都是其中的一部分。

大型开放式在线网络课程平台——MOOC 就是互联网教育的产物，其优势在于学习者数量无上限、学习时间无要求、学习地点无限制，再加上免费性、开放性、互动性及颁发课程证书等特点，成功覆盖了全球范围内的每个角落，吸引了数以百万的学习者，成为互联网与教育深度融合的一个有利标志。世界顶尖的学校、教学名师、精品课程全部聚集在 MOOC 中，只要轻点鼠标，三步就可以实现免费学习：登录一个 MOOC 网站、注册、选择你喜欢的课程。与传统的在线课程不同，MOOC 课程的授课时长一般为十分钟，甚至更少，并在课程中穿插一些小问题，只有答对问题才能继续听课。修完课程后，学生会获得相应的学分，甚至可以获得该课程开课学校授予的课程证书，这对学生来讲，无疑是一个很大的吸引力。可以说，MOOC 为在线教育创建了新规则，变革了原有的教学结构和模式，创新了教学方式，冲击了高等教育的百年历史，倒逼其实现转型。

教育信息化推动互联网教育的另一产物是智慧教育它是指将现代信息技术与教育深度融合，促进教育改革与发展。智慧教育，凭借网络成本低、快捷方便及数字化传播的优势来改变教育，为学习者提供特定的个性化服务。智慧教育的核心为“智能”，所以智慧教育学习环境的搭建是重点。黄荣怀指出：“要以智慧学习环境重塑校园学习生态。”① 智慧学习环境是一种能感知学习情境、识别学习者特征、提供合适的学习资源与便利的互动工具，能自动记录学习过程和评测学习成果，以促进学习者有效学习的活动空间。智慧教育的技术特点是数字化、网络化、智能化和多媒体化，基本

① 黄荣怀 . 智慧教育促进教育系统变革 [J]. 中国教育网络，2019（9）：74-75.

特征是开放、共享、交互及协作。其本质是以教育信息化促进教育现代化，以信息技术革新传统教育模式。

由此可见，在互联网时代背景下，教育凭借信息化及移动互联网技术的力量扶摇直上，实现教育的数字化、多媒体化、网络化和智能化，成功脱去陈旧的外衣，绽放出新的光彩。

三、互联网时代教育改革的原则

（一）开放性原则

互联网让教育从封闭走向开放。首先，互联网打破了学习的时空界限，让课堂从封闭走向开放。当前，人们对知识的获取不再局限于学校教育阶段，非正式学习变得越发重要。其次，为了使学习者获得学习能力和实现在不断变化发展的社会中全力发展的目标，学校课堂必须从课内延伸到课外，充分利用信息资源和信息技术，拓展教学空间和丰富教学形式，采用线上交流与线下沟通补充、课内相互探讨与课外研习自修的混合学习组织形式来实现跨时空教学和课堂教学功能的拓展。在互联网时代，人人都能创造知识，人人都能共享知识，知识信息日益朝着开放共享的方向发展。知识是人类共同的财富，免费、开放地获取教育机会是人类的一项基本权利。开放与共享教育资源有利于普通民众便捷、免费地获取丰富优质的教学资源，有助于教育公平的实现和教育质量的提升。互联网时代的教学方式变革要秉承开放共享的理念，为促进教育公平和教育质量的提升多做努力。当前，在世界范围掀起的慕课热潮就是实践开放共享理念的典范。最后，在互联网时代，学科之间要深度融合。传统的单科或分科教学方式已背离了学科发展的方向，要实现学科整合，实行综合教学，必须坚持开放原则，注重知识间、学科间的横向联系，在尊重学科知识内在逻辑规律的基础上构建拓展性和脉络化的学科知识谱系。

（二）自主学习原则

互联网时代，知识信息更迭速度快，学习资源得到极大丰富且日益走向开放与共享，教师的“先知”权威已不复存在，传统的以传授知识为目的的教学方式已不能适应时代的呼唤时代的发展，学会学习比掌握知识更重要。因此，互联网时代教学方式变革的核心是教会学生学习方法，培养学生的自主学习能力。

培养学生的自主学习能力要做到以下三点：第一，构建有助于学生发展的教学环境。健康的心理环境和温馨和谐的学习氛围对学生开展自主学习至关重要。教师要创造富有激励性的学习环境，为学生提供尽可能多的学习支持，加大对学生的引领和指导，使教学过程成为共同探究、多元互动和深度思考的过程。第二，贯彻“教学合一、教学并重”的理念。“教”因“学”而益深，“学”因“教”而日进。师生之间应该建立相互尊重、共同成长、相互促进的关系，如此才能真正促进自身的发展。在传统的教学方式中，教师拥有绝对的权威和话语权，无须主动调整和改变自身教学方式来回应学生的需求，因而导致学生被动学习，缺乏学习兴趣。在互联网时代，教师应该将自身一部分主体行为权力主动地让渡给学生，让教学话语权从独享走向共享，削减讲的部分，增加学生主动学的部分，使课堂向“学堂”转变。第三，注重学生自身的研习自修。在互联网时代，人们的学习不再局限于学校教育阶段，教育的重点在于学习者学历培养和养成教育。学习者只有不断提升自身研究性学习和探究性学习的能力，逐步掌握分析问题和解决问题的方法，促进自身知识的迁移和能力的发展，才能应对不断发展变化的社会挑战。

（三）发展性原则

一切为了学生的发展是互联网时代教学方式变革的根本目的。学生的发展既包括全体产生的共同发展，又包括每个学生个体情感、价值观、个性、兴趣爱好、技能等的全面发展。

教学过程是学生认知与情感、态度、价值观交互发展的过程，也是整体生命成长的一部分，因此学生的发展要看成学生整体生命活动。具体来说，不但要关注学生外在能力的培养，而且要重视学生良好情感、态度、价值观的养成。互联网时代教学方式变革的着眼点不能仅放在学生知识技能的培养上，遮蔽学生个性，抑制学生情感发展，而应该更加注重学生个体的身心健康，关注学生的个性成长，注重学生的价值养成，并不失时机地给予关心照顾，使学生学有所得、学有所长。另外，还要利用互联网时代学习资源的丰富性，努力挖掘学习资源中的隐性教育影响，使之成为学生发展的物质和精神食粮。

（四）融入信息化元素

信息化技术助力课堂教学，为教学提供开发性、多元化教学环境以及支持性学习条件。

1. 创设开放与多元化的教学环境

现代技术飞速发展，课堂教学能够运用的技术条件丰富多彩，课堂不再局限某一个特定的学校或教室，课堂界限逐渐消失，教学将延伸到校外，并且在网络虚拟世界中学习以及与虚拟世界中的人合作学习变得越来越重要。通过课程与信息技术整合，为学生创设开放与多元化的教学环境，可以助力师生共同探究、协作发展的新型教与学方式的转变。

2. 创建开放与共享的教育资源

教育资源是教育教学实施的基础，其有效性是教学有效性的决定性因素。传统教学之所以被人诟病的一个重要原因就是教师开展教学主要是基于教材进行的，教材成了教学的主要教学资源。然而，教材知识总是滞后于社会的发展，这就导致学生所学知识脱离了自己的生活，学无所用。在当前的互联网时代，新兴信息技术的飞速发展使教学方式多元化和学习资源多样化，教育生态彻底从封闭走向开放。人人创造知识、人人共享知识，丰富了学习资源的数量和种类，拓宽了人们的学习途径、学习视野和学习方式，使学习更加自由、更加自主。

3. 促进课堂交流的深度互动

课堂是师生在教学过程中去审美、认知、交往和综合发展的互动过程，课堂教学离不开互动性。信息化背景下的教学不再是单项信息叠加式知识传授，而是基于教学要素（教师、学生、资源、媒体）的信息交换与分享。教师要鼓励学生开展学习成果的分享和经验的交流，引起学生思维观点的碰撞，点燃学生智慧的火花。同时，教师要为学生提供畅通的信息交流通道和机会，使学生能在多层面进行信息交换，多视角进行观念沟通，养成深入思考的学习习惯。

第五节　互联网时代会计教学改革的发展趋势

一、互联网时代教育的改革趋势

互联网技术对全球教育信息化产生了整体的推动，国内的教育、培训行业也紧随信息化的步伐，不断进行教育变革。我们可以对未来互联网教育做出展望，在互联网作用下，未来教育会发生哪些变革？

（一）多样化教学模式

互联网教育重新解构了传统的学习模式和教育体制，制定了一套新的教与学的互动模式。与传统的教师课堂讲授方式不同，根据网络辅助教学和互联网教育的发展趋势，为满足学生的需要，学习模式必须多样化，如体验式学习、协作式学习及混合学习等。其中，最具特点的是 4A（anytime、anywhere、anyway、anybody）学习模式，即互联网教育可以让学习者在任何时间、在任何地点、以任何方式、从任何人那里学习。这种模式颠覆了传统的教与学的课堂过程与规律，改变了人类几千年以来以教师为中心的授课模式。有分析人士指出：基于教育即服务的理念，互联网教育未来将会以标准算法、系统模型、数据挖掘、知识库等基础，为学生提供个性化、定制化学习服务。比如，O2O 模式、线上教育线下教育相融合等，这样的教学模式使学生对教师授课的依赖性明显减弱，教师的授课形式将会被部分技术取代。

（二）以学习者为中心的教育

互联网教育改变了传统的“以教师为中心”的授课形式，促使其转向“以学习者为中心”，为学生提供全方位、个性化、持续的学习服务，而不是被动地接受课程教师面向全班学生统一进度的灌输，教学资源、教学过程、学习评价等越来越以学生为中心，教师的作用也由教学主导变成了学生学习的辅助者、服务者，同时以学习者为中心的教学将从课程教学过程本身延伸到课程结业后的就业服务和终身学习需求的满足，促使个性化学习出现。互联网教育通过收集大量数据可以全面跟踪和掌握学生特点、学习行为、学习过程，进行有针对性的教学，更准确地评价学生，提高学生的学习质量和学习效率。这才会出现真正的“因材施教”，大大提升人才的培养质量和成才率。

（三）教育娱乐化

互联网教育需要解决学生的快乐学习问题。目前，很多学者都在研究游戏学习法，即让学生用玩游戏的心态在互联网上学习知识，学习不一定要严肃，如果玩网游戏就是一种学习，需要不断地挑战和刺激，那么学习过程还会那么枯燥吗？答案是互联网教育为学习者提供了学习趣味化的机会。

（四）免费教育平台的搭建

互联网教育可以跨越校园、地区、国家甚至覆盖世界的每个角落，课程学习将是面向全球范围内的注册学生提供教学资源与教学过程相融合、师生和生生之间交流互动的全面教学服务。所以，优质教育资源平等共享显得尤为重要。互联网教育的未来不是将传统课件搬上网络，而是打造一个汇聚更多优质课程的免费社区平台，让学生在强烈的学习氛围、强制化的学习状态、真实有效的互动中实现自我增值。

（五）移动学习携带社交网络

移动学习并不是将在线教育的 PC 应用程序简单地以浏览器的方式在移动设备上展现，而是要根据教学内容和学习对象，面向智能终端的中小屏幕和学生的碎片时间学习特性进行教学设计，为学习者提供传统互联网所不具备的移动互联网创新教学功能。

（六）互联网教育实现社会认证

目前，大多数人上大学、参加培训的一个重要目的就是希望得到相应的学历学位证书，以此获得社会的认可。在互联网教育模式下，人们自然希望学习完某门网络课程后，也会被授予证书，也能获得相应的社会认可。MOOC 等互联网教育模式使其不再是希望，而是变成了现实，未来可能有更多与互联网学习内容相匹配证书得到社会的认证。

（七）教育的大数据应用

随着网络辅助教学的应用与普及，教学过程中教师和学生的教学行为、教学过程和学习成果的大量数据被网络教学系统记录下来，通过对教育大数据的综合分析，有助于改善和提高教学质量。在未来几年，教育大数据应用将会给课程教学和教学管理创造更多的价值。

二、互联网时代会计行业的发展趋势

（一）网络互联为会计的行业发展提质增效

1. 信息传导实时呈现

借助专业的财务软件以及网上财务管理中心平台，企业的每一项资金流向都将呈现出实时动态的反映，实现全景监控，会计核算的范畴也进一步扩大了，企业的资金流动和运营流程将更加呈现出公开透明的趋势。对于企业的管理者来说，可以借助远程监控系统对所有子公司或部门的资金流向和财务发生进行统一管理，并实时生成与业务发生匹配的协同报表，实现动态会计核算和在线财务管理，以供相关部门监管审查，实现会计业务一体化处理。借助互联网，分布于不同地域的企业部门之间还可以互联互通，集中对财务数据进行各种模式的加工处理，满足管理者的需求。

2. 信息呈现全面快捷

现如今，企业通过规模扩张、多元化发展、兼并重组等多种方式已普遍走向集团化发展之路，企业跨地区、跨国经营是很普遍的现象，在这种状况下，对整个企业的财务掌控和管理几乎完全要依靠互联网和专业财务平台。在网络环境的财务管理模式下，财务信息的收集和加工处理程序更加简易化、集成化，其外延也会从单纯的计算报表扩充到跟踪定位、风险控制、单证交换、资本增值等方面。借助网络会计技术的应用发展，企业管理从制度控制向程序控制转变过渡。通过网络财务管理中心，管理者可以实现按需索引数据，跟踪完整的数据流，满足个性化的管理需求。此外，云存储和云硬盘可以辅助企业建立数据库，集中储存公司各个时期的各种财务指标，并将之与其他同行业企业的有关财务指标进行实时分析比较，从而为决策者提供更好的参考与服务。

3. 信息共享便利

依托互联网技术，企业内部的会计信息处理加工和报表呈现的透明度进一步增强，针对不同的财务需求，相关部门可以借助网络直接采集大量的财会数据，也可以更便捷地获取企业外围信息，信息的集成功能和整体管控性增强，财务运作更加优化。尤其现在软件管理越来越先进，防火墙技术进一步增强，信息的安全性得到进一步保障，通过网络安全授权，管理者可以直接获取相关信息，立体、实时的网络信息资源共享可以更加便捷地实现。信息的采集、传导、加工也将更加畅通，通过管理中心和平台可以做到点控，提高财务运作效率，为决策者提供更加可靠的财务详报。

（二）网络互联为会计人员的转型带来新机遇

在互联网和大数据相互融合的影响下，财务工作的范畴已经从传统的金融核算、财务报表进入战略规划、前景预测、流程设计、预算管理、风险控制和绩效管理等较为现代化的管理体系中，身处其中的财会从业人员面临着转型发展，传统的核对内容将被专业化的管理工作所取代。

首先，会计人员的工作内容面临着从低阶的数据采集到高阶的数据加工的转型。以预决算为例，在传统模式下，因为存储数据、统计分析工具、从业人员技能素养的限制，企业的预决算大都基于一些内部数据和历史数据，即便如此，也面临着数据碎片化、过时化的缺陷。互联网的出现和发展，为职业会计人的转型带来契机，他们工作的重点将从数据收集者向数据加工者转变，行业信息的收集异常简便，依托专业软件可以对信息进行各种层面的加工，且流程更透明快捷，财务核算更规范有序、财务监督更科学准确。

其次，会计人员的身份面临着从操作者向管理者的转变。在移动互联网、云计算、大数据等信息技术的影响下，会计从业人员要逐渐向管理者转变，需要协同其他部门进行多方接口，开发多方账户，将现金流动预测、银行核算对账、资本核算控制、财务管理运营等纳入进来，着手建立电算化会计数据搜集运算数据库，并与其他行业进行对接以及数据交换，使财务信息更可靠准确。财务管理更加合理、财务数据反馈更加有序、及时、有效，进一步满足了商品交易的需求和企业内部管理控制与决策的需求。在网络大数据时代，管理者以及客户对信息核算处理、交换加工、传输传递的需求越来越高，传统的财务报告已经远远不能满足商业发展的需求，人为操作错误率高、信息内容相对滞后等弊端越来越明显。因此，现阶段要求职业会计人从简单的数据操作者进一步向管理者转变，实时呈送自动化、无纸化、实时化的报告系统。借助计算机和云技术强大的数据库系统，以及专业的研发公司开发的会计软件，可以使财务信息的载体由传统的数据传输计算转化为对符号的加工，在最短的时间内完成上传、计算、归类和组合，随时生成能够满足特定财务需要的会计报告。可以说，网络计算已经从根本上改变了会计报告的传输形式。借助网络，财务信息可以无阻碍传导，有效地减少了人工消耗以及传递成本。此外，从对财务会计报告中的指标体系、资产负债表、利润表、现金流量表及相关附表的内容看，利用专业的软件，可以做到会计报告及时生成：对于审计人员来说，可以将审计的时间从原来的年度审核变为月度甚至更短；除去国家统一标准，公司管理部门的审计内容可以从原来的按照统一标准产生的信息过渡到特定要求定制的报告模式，有利于及时发现纰漏。此外，还可以通过对历史和已发生财务的内容所做的分析，对未来的经济状况进行预计。由此，会计工作将变得更加多元。

（三）互联网为会计职能的转变创造新环境

现如今，会计的职能越来越从“数据的收集处理和造表提供”向“数据的对比应用和决策辅助”转变，从“事后操算”向“事前的预测评估”转变，这样的发展趋势有利于更好地挖掘会计行业的职业内涵。

1. 发挥会计预测分析和监督监管功能，实现全程无纸化交易

新型的会计职能可以对企业的一系列生产经营活动或预算决算的执行过程与结果进行跟踪记录，利用软件和数据平台定期编制会计报表和数据指标。如此，管理者可以据此考核运营目标或生产计划的推行情况，为下一步的综合平衡提供可靠有效的资料信息。还可以依托专业的、市场化的软件应用，降低参与人数、减少计算误差，缩短时耗。

此外，借助互联网可以让内部信息数据更安全有序地流动，分类、连续地记录各项财务业务发生而引起的各会计要素的增减变动情况和结果，为经济管理者提供各种类型的会计指标。也可以进行异地远程结算，及时传输传送报表，还可以合理使用表格和图表，以视频或幻灯片的方式演示出来，可视性更强。另外，建立在网络环境基础上的会计信息系统也是电子商务的重要组成部分，它能够帮助企业通过融合财务、管理、成本、税务等多部门间的合作合并，减少对会计职业本身的专业化需求。在电子商务模式下，会计信息容量增强，更容易实现财务与商业之间的协同远程报表、财务披露、查账。

2. 将会计工作的重心转移到协调管理中，进一步满足决策者需求

行业间互联改变了原有的经营模式和工作运营环境，资本流动频繁，商业发生不再受时间、空间限制，这种发展趋势对传统会计行业来说是冲击，但也可以为转型带来新的契机。会计从业者和职业会计人要把握发展机遇，及时学习与调整，进一步与行业发展接轨，适应时下互联网下电子商务的发展进程，为企业发展和公司决策提供更好的服务。

三、互联网时代会计教学的发展趋势

（一）基于互联网模式整合会计教学资源

在互联网时代背景下，传统的教学资源必须进行相应的整合优化，这对会计专业的实践教学具有非常重要的意义。由于会计专业有一定的关于企业的保密信息，所以大多数企业不愿意招聘相应的实习生，而是喜欢招用有一定实践技能的人员。这就要求高等院校通过仿真的企业模拟实训平台来提高学生处理业务的能力以及实际操作的能力。

（二）互联网背景下教师采用“慕课”“微课”等新的教学方式

网络新媒体改变了传统的教育模式，使传统的教育模式向多元化的方向发展。对于高等院校的会计教师而言，不仅要有相应的互联网思维，还要有利用互联网技术的能力。教育改革强调的是创新，尤其在互联网这样的时代背景下，高等院校的会计教师要不断创新，不断尝试新鲜的教学方式，如“慕课”“微课”等，使教学方式多样化。

（三）构建互联网时代情景模拟实验教学模型

互联网时代可以创造无数的不可能，所以现在已经不再是传统会计“填鸭式”学习考试的天下，而是利用互联网会计改变传统时代的天下。高等院校应当建立一个开放式的模拟平台，将会计环境纳入整个企业环境中去运行和教学，建立仿真企业模拟实训室，从企业的建立到运营的环境中去实践教学，让会计课堂不再是单一的书本和实践分离，充分利用仿真的企业模拟实训室达到与企业的真正接轨。

第四章　互联网时代会计教学改革的新出路

第一节　互联网时代会计教学改革的影响因素

一、互联网时代会计专业课程体系设置的影响

近年来，互联网的概念越来越被人们理解和接受，其对各行各业都产生了巨大的影响，会计行业也不可避免地受到网络信息化的影响，不断得到发展。但是由于我国会计行业自身就存在着一些问题和不足，在互联网背景下出现了很多新的挑战，挑战与机遇并存，这就需要会计从业人员不断地学习新知识，改变观念，提高自己的整体素质，更好地适应互联网时代会计行业的发展。

通过对我国会计学专业课程体系现状研究的文献进行检索分析，以及通过对各个高校会计学专业培养方案及其课程体系和课程设置进行查阅统计，我们至少能发现以下几个问题。

（一）缺乏专门的会计学课程体系研究

经我们查阅发现，专门研究会计学课程体系的文献非常少，大多涉及该问题的研究也多是在专业培养模式、学科建设或质量工程建设等问题研究之中，顺带研究课程体系问题，这说明大多数相关领导、教育学者及教师不是太重视课程体系的专门研究。可能的原因，一是前面提到的，领导不熟悉具体教学课程体系而多关注培养目标、模式等导向性问题，教师关注具体课程教学研究也不关注整个课程体系的研究；二是相关研究者大多认为课程体系是和培养目标、培养模式有着密切联系的问题，从属于上述问题，并且课程体系是培养模式的直接实现方案——专业培养方案（或计划）的重要组成部分，不宜或不必单独研究。

其实这个认识是有偏差的。首先，课程体系是实现培养目标、贯彻培养模式导向的具体实施体系，它不是简单地从形式上去迎合培养目标，也不仅仅是按培养模式及课程设置模块去随意把各类课程拼凑在一起，课程体系应该是一个培养目标贯穿始终，

在培养模式的导向和模式化要求下，把各类课程联系在一起，形成一个前后衔接，基础课和专业课、理论课与实践课相互融合，必修课与选修课相互配合，课内学分要求与课外实践活动学分要求相互支持的一个有机体系，所以说一个好的课程体系是有生命力的体系。其次，课程体系一般随着培养方案的修订会相应进行修订，大多数高校是四年或三年一个周期进行这项工作，在专业教学方案修订的期间，四年或三年内一般是不会改变课程体系具体设置的。但社会环境在变，学生在变，最重要的是会计学的专业环境在不断变化，并且知识更新的速度越来越快，如果课程体系的具体内容在实施期间完全不变，其实是违反教学规律的。课程体系并不仅仅是一个实现培养目标、履行培养模式的机器，而应该是一个"有呼吸"的有机体，在大方向和主要核心内容不改变的情况下，在一个修订周期内应该根据环境变化的要求，吐故纳新，以适应形势的变化而培养更符合社会需要的会计人才。

所以，现在这种除了几所著名高校在课程体系建设上有自己独特和适合本校发展的体系外，其他高校基本是还在摸索，而且对课程体系普遍共性问题的研究也缺乏的情况下，对课程体系进行独立研究不是不必要或不适宜，而是非常必要和非常急迫的。即使课程体系研究成为大家广泛认可的一个独立研究方向，其研究不仅是必要的，而且是非常重要的。

（二）课程体系的优劣缺乏评价标准

课程体系研究作为一项重要的内容，已经形成了几种典型的体系，各个高校在建设课程体系上也根据自己的特点和条件做了很多努力，都形成了自己的风格，并且在培养合格会计人才上取得了不少有价值的经验，也或多或少取得了应有的效果。但也应该看到，这种特点和风格更多是表现在形式上和某些功能上，课程体系的实施效果或好或不好，缺乏一个合理的评价标准和机制，更缺少调研分析及实证检验的过程，做得好或不好，大部分评价基本靠感觉或几个大家认同的指标，如课程模块的结构形式是否合理，课程配置、衔接形式是否合理，具体课程的教学效果、就业率等。在课程体系的知识整体作用、各类课程相互支持和融合、理论实践课程融合方面，这些需要通过课程体系的实施重点关注的基础问题，倒是没有多少研究。只有专门开展课程体系研究，才能解决这些关键问题，使课程体系真正成为实现培养目标和完成培养模式的重要工具。

（三）课程体系的研究流于形式

仅有的一些专门进行课程体系研究的成果，大多也是就事论事，关注课程体系中课程模块的比重问题、实践课程模块的比例是否合理、专门对理论体系模块研究或专门关注实践课程体系结构，很少能意识到课程模块及其比例构成仅仅只是课程体系的形式，而课程模块之间的有机联系，以及课程体系实施后对学生知识结构及能力结构的影响才是课程体系研究的本质问题、关键问题。

二、会计专业教材建设的影响

会计专业人才培养目标具有多元化和动态性的特点，社会对职业人才的综合素质的要求不断提高，教育教学改革的实施对职教教材的标准也在日益提升。因此，教材的建设要能满足会计专业人才培养目标，但我国现阶段会计专业教材建设还略显不足。所以，在互联网时代，会计教材也要进一步创新。

（一）教师运用多媒体教学，将会计专业所学课程加以修改、整合，让学生得到这一专业的完整知识体系

会计教学中的每一门学科都自成体系，分得非常清楚并由不同的教师分别授课，学生把每一门学科学好都不容易，就更不能奢望将这些学科融会贯通形成一个体系了。多媒体技术表现力丰富，教学中常遇到仅能用语言和板书分析但难以揭示其本质的情况，而运用课件加实例讲解，这个问题就迎刃而解了。

传统的课堂教学要讲授完基础会计、财务会计、成本会计、审计学、管理会计、财务管理等科目大约需要500学时，还不能使学生学懂弄通，更没有办法让学生将这些知识有机结合起来。利用多媒体制作课件进行教学，采用精讲加实践的办法，用300学时，学生就能够掌握怎样对企业发生的经济业务进行账务处理，怎样处理得到的会计信息是真实的；怎样进行会计处理得到的会计信息是虚假的；什么是成本计算、怎样进行成本计算；审计什么、审计的目的是什么、怎样审计；财务管理要管理什么，怎样进行管理等，通过课件演示和实际动手操作，就能够将会计专业知识有机地联系起来，形成一个整体，达到事半功倍的效果。

（二）在用课件制作时尽量给学生提供一个“仿真”的环境

运用多媒体制作课件时，尽量将一个企业的全貌展现给学生，给学生提供一个“仿真”的学习环境。要让学生了解资金是怎样进入企业的，怎样在企业内部循环和周转，尤其是产品是怎样被制造完成的，企业由哪些部门组成，会计部门的具体作用是什么，会计主体之外的其他企业、银行、税务等与企业有什么关系。让学生找到做会计的感觉，这样就会使学生马上进入角色，顿时精神抖擞，激发学生浓厚的学习兴趣。

（三）加强专业教师的培养，使其适应课件加实践的教学模式

将会计学专业的全部专业课用课件去教学并取得良好的教学效果，并不是一件易事，首先，要求教师有过硬的专业理论知识和实践能力：将教材有机地整合，使专业知识系统化，并能用课件的形式体现出来，这需要下大力气加强对专业教师的系统培

养。其次，要求全部专业教师有机的配合，在理论和实践方面以老带新，在多媒体运用上以新帮老，集体教研、集体备课、发挥全体教师的智慧、并进行合理的分工，最终共同完成一个教学目标。最后，专业教师必须了解授课对象，并给学生制订明确的计划（如哪学期考会计从业人员上岗证、哪学期考助理会计师、哪学期考会计师），配合班主任最大限度地调动学生的积极性、主动性，使之与教师共同完成教学目标。

三、综合实践能力培养中存在的影响

（一）实践教学的内容和范围狭窄，实践教学方式与内容脱离实际

目前，高校开设的实践课程大多是基础会计、中级财务会计、成本会计等，而涉及财务管理、审计、税收等课程的实习项目很少。即便是针对操作层面，也多以虚拟的企业为主，其涵盖面及难度远低于现实企业，所以学生在校期间掌握会计的学科理论是重点，但获得丰富的操作经验或职业判断能力几乎是盲点。

目前高校会计实践教学仍以模拟为主，大致可分为单项模拟和综合模拟，单项模拟主要是在相关课程如基础会计、财务会计、成本会计学完之后进行模拟实训；综合模拟一般是在学生毕业前根据企业一个生产经营周期的基本业务以及前期的有关资料为基础，通过模拟企业会计实务处理的教学形式。近年来，随着会计新准则的颁布实施、现代信息技术在会计中的应用，会计实践内容也在不断发展变化，但由于渠道不畅、政策不力等多方面的原因，造成实践教学内容总是滞后于社会实践。

（二）会计实训项目单一，实践内容缺乏全面性

财会专业的实践教学是理论与实践相结合的重要环节。由于当前财会专业招生人数较多、实习经费短缺、固定的校外实习基地太少等原因，财会专业的实践教学环节往往得不到保证，导致学生的实践能力在学校内得不到锻炼与提高；而校外的大部分生产企业出于对商业机密的安全性，财会工作的阶段性、时间性，接纳学生实习能力的有限性等因素考虑，不愿意让实习生更多接触生产、经营和管理事务。即便是给学生安排工作，也只是做一些辅助工作，因而学生的实际操作能力得不到锻炼，实习收效不大。因此，上述因素致使财会学生实践技能欠缺，工作适应期长，经常发生用人单位不满意的情况。财会实训大多只能在财会模拟实验室完成，高校财会专业学生不仅体会不到财会部门与其他业务部门的联系，更体会不到财会工作的协作性，无法真正提高实践能力。如大多数高校会开设会计模拟综合实训课程，往往开设在第七学期，时间相对集中，这样会导致理论知识与实际操作脱节，起不到理论指导实践并运用于实践的作用，同时很多高校安排实践性教学课时偏少，实践性效果降低。实践教学以集中式的手工记账为主，而且仍在采用传统的教学方法，即先由教师讲解或演示再由学生实际操作，实践内容所涉及的凭证、账簿种类有限，业务范围狭窄。

（三）实践过程缺乏仿真性，财会岗位设置不够明确，实践环节缺乏技能性

财会模拟实验的层次较低。目前的财会模拟实验仅能完成从凭证填制、账簿登记、成本计算、报表编制的过程，而且缺乏复杂业务和对不确定环境的判断。这样就只能培养学生一定程度的账务处理能力，但在培养学生分析和解决实际问题的能力方面明显不足。

距离通过仿真财会实训达到“上岗即能工作”的培养目标，还有一定的距离。原因是仿真财会实训难以创设不同企业实际财会业务流程与企业经营管理相结合的工作情景。而且工商、税务登记业务的办理；纳税申报与筹划；银行存贷款业务和结算业务的办理，特别是与这些部门的业务往来及协调配合等会计接口协调处理，以及不同企业会计政策、会计处理方法、内部控制制度的选用等财会实践操作能力难以在仿真财会实训中解决。

就财会学专业教学而言，虽然很多高校建立了财会手工实验室，进行“会计凭证—会计账簿—财务报表”全方位仿真模拟，但实验在一定程度上受规模小、时间短的限制。随着我国经济的改革与发展，社会对财会专业人才的要求越来越高，学生也不断走入社会，信息反馈逐步增加，社会需求逐渐明确。通过对用人单位领导的调查，认为财会毕业生最应具备的素质和技能是日常财会操作；从对财会在职人员的调查发现，目前本科毕业生最欠缺的是业务操作能力。

财会是一门对职业判断能力要求很高的学科，要求从业人员具备对不确定事项有判断和财会估计能力。而在财会实验中，会计政策与方法是既定的，即方法是唯一的、答案是确定的，最终要求所有学生得到一致的报表数据，不注重财会职业判断能力的培养。

实践教学所引用的资料大多是虚拟的或打印的黑白样式，尤其是原始凭证，高校财会专业学生很难得到填制真实凭证的机会，因此他们对部分凭证的填制较为生疏。财会工作岗位的适应性不强。据调查，在每年财经类毕业生中，分配在企事业单位从事财会工作的占很大的比例。因此，大批学生亟待解决的是实践能力问题，而不是理论知识问题，通俗点说就是到了企事业单位后如何以最快的速度、最短的时间适应具体财务及会计工作。虽然市场需要很大一部分财会专业毕业生从事财会实际工作，但目前，我们的课程设置、教学内容和教学方法无法适应这一要求。为了使学生一毕业就能胜任实际工作，缩小理论与实际的距离，在学习期间注意培养学生的实践能力是完全必要的。通过财会实验教学，能够使毕业生走上工作岗位后很快适应各行业财会工作的需要，满足用人单位的要求，这是因为财会模拟实验教学的内容，就是企事业单位具有代表性行业的经济业务。财会岗位设置不够明确，不利于他们熟练掌握各个

岗位的业务内容，也不利于强化他们对整个会计核算组织程序的理解。在财会实践教学中往往忽视了一些基本技能的训练，如点钞、装订凭证、装订账簿等，使得他们毕业后并不能立即走向岗位、胜任工作，因此就形成了“高等教育供给”与“市场需求”相背离的就业状况。

（四）基本采用“封闭型”“报账型”的验证性实验教学模式

即把学生关在各自的实验室里按实验教程要求的资料、方法和步骤进行分岗协作或个人独立完成实验，验证性地观察、记录实验过程和结果。实验后要求学生对实验结果进行综合分析并写出实验报告。通过实验使学生对实验过程获得一些感性认识或理性经验，着重于帮助学生深化对理论课程的理解。实验对学生要求不高，学生开始都有一种新鲜感和积极性，但一段时间后，由于实验资料单一，实验方式单调，要求和层次也只停留于能够正确地填制凭证、登记账簿、计算成本和编制会计报表等基本技能的训练上，且实验内容千篇一律，在很大程度上限制了学生能力的培养和发挥。

（五）缺乏具有较强实践能力和丰富实际工作经验的师资力量

大部分高校缺乏专门的财会实践教学教师队伍，专业教师既担负财会理论教学任务，又担负财会实践教学任务。由于高校财会专业教师大部分直接来自高校毕业生，没有参加过会计工作的实践，教学内容仅局限于教材知识，无法结合会计工作的实际案例来生动地讲授，造成学生动手能力不强，在实习、实训中只能靠自己的知识和能力来想象。另外，由于各种原因，很多高校也没有把教师参加社会实践纳入教学管理计划或形成制度，在时间、组织和经费上都没有相应的安排和保证，不可避免地出现教师脱离实践的现象。由于他们缺乏操作真实经济活动的经历，使得教师在实践教学上缺少举一反三、灵活应用、列举实例的能力，对会计适应社会经济发展，特别是现代信息技术对会计领域的深刻影响把握不够，从而严重影响实践教学质量。

（六）强调培养学生会计核算能力，忽视培养其管理能力

目前的财会实践教学主要强调对学生会计核算能力的培养，例如，实践教学的主要形式——会计模拟实验，它是将账务处理作为教学重点，着力培养学生对会计信息的处理、反应能力。但随着市场经济的发展，企业间竞争日益激烈，企业对财会工作的要求也发生了变化，财会工作对于企业管理者和企业会计信息使用者来说，其决策、支持等管理方面的职能越来越重要。如果现今的实践教学环节依然停留在核算型账务处理方面，即使学生在学校中很好地完成了财会课程的实践学习，其实际能力还是远远不能满足社会的需求。因此，现阶段这种单一层次的财会实践教学在人才培养中并没有起到应有的作用。

（七）开发技术或平台落后，校内实验与校外实习没有实现有机结合

由于财会软件规模相对要小一些，加上早期的开发者大多是非计算机专业人士，所以一般都选择大众化的开发工具。目前，尽管部分财会软件已从 DOS 转到了 WIndows 平台，但大多数软件的开发工具仍然摆脱不了 DBF 的文件体系，缺乏 Oracle 之类大型数据库管理系统在功能、性能、安全等方面的有力支持。学生仅限于在实验室进行模拟操作，没有深入实际工作中，不便于增强学生对财会部门内部信息及与其他部门业务信息联系的直观感受和消除模拟实验可能存在的不真实感。

四、会计信息化人才培养现状的影响

（一）会计信息化理论缺乏

我国目前现有的财务理论、方法等是在传统财务手工的模式下形成，会计信息化理论匮乏。即使会计信息化的知识体系也仅仅是技术方法的汇集，对会计信息化的指导性不足。理论的缺失导致政策落后，进而使相关的法律法规等发展滞后，致使企业在推行会计信息化有所顾虑，制约了会计信息化发展。比如，信息作为资产应如何计量。网络经济下，信息的增值能力正在逐步超过资本的增值能力，伴随着资产从有形到无形的过程，一项新的信息资产“域名”也开始引起人们的关注。一个网址即代表一个企业，无论是“虚拟企业”还是“实体企业”，只有通过域名网址，企业方可在网上进行国内国际交流，从事跨国经营。如何计量这项资产众说纷纭。一种观点认为，域名应作为与企业的专利、商标、专有技术、商誉性质相同的又一项重要无形资产，采用无形资产的计量方式；还有一种观点认为，由于这项资产主要是建立网址所发生的费用，因而应视为企业的一项递延资产。这只是会计信息化理论缺乏的一个缩影。

（二）会计信息化人才缺乏社会化和专家化

面对快速变化的经济环境，会计职业者要不断提高自身素质，培养和增强自身的经营观察力、职业判断力和有效决策力，财务人员可以不拘泥于固定的办公场所，同时有更多的自由时间向其他会计领域转变，部分会计人员将逐步脱离具体单位的具体岗位，实现会计人员的社会化，成为专家化的专业人员。

（三）利用网络技术熟练进行业务处理的能力较弱

会计信息化模式下，财会人员既是会计信息系统的使用者，也是系统的维护者。会计信息系统是一个人机对话系统，人居于主导地位。因此，会计信息系统的运行需要高素质的财务人员。所以，必须提高财会管理人员的素质，让财会管理人员具备与会计信息系统相适应的思想观念和熟练的计算机操作技能以及数据仓库、网络技术及

计算机软件设计、操作等一系列新技术和新知识。现有财会人员利用网络技术熟练进行业务处理的能力较弱，必须学会软件工程并掌握其设计方法，为会计信息化软件的设计打下基础。

（四）达不到会计信息化人才的培养要求

我国会计信息化人才的培养要求是高层次会计人才和创新型现代会计人才。

所谓高层次人才，一是指既懂外语，又熟悉计算机操作、有实际工作能力及组织才能，善于攻关的人才；二是指懂得经营管理、能运用会计信息协助企业管理者进行筹划决策的开拓性人才。建立完善我国高层次会计人才体系，既要在国家层面推进国家级高层次会计人才队伍建设，又应在各省、自治区、直辖市层面广泛开展省级高层次会计人才的培养，有条件的地级市和地区也应当从本地区实际出发，培养一批为本地区经济社会发展服务的高层次会计人才，从而使我国高层次会计人才队伍建设得到层层落实，具有群众基础和后备力量。除了要加强纵向高层次会计人才队伍的建设，还要重视横向高层次会计人才队伍的培养。要大力培养造就一批企业系列、注会系列、学术系列、事业单位系列、政府机关系列、农村系列等各种不同领域的高层次会计人才，以满足经济社会发展和全面建成小康社会对高层次会计人才的多样化需求。

目前教育界普遍认为，衡量创新性人才的基本特征有以下四点。

（1）是否有较宽的知识面和较深的理论知识；（2）是否富于想象，并具有灵活性和全面性的思维方式；（3）是否具有好奇性与开拓性的探索精神和严谨务实的工作作风；（4）是否有强烈的创新意识。改革开放后，我国经济社会快速发展，对外开放水平不断提高，许多新的行业、新的经济形态不断涌现，并产生了许多新的会计业务，会计信息化人才就属于创新型现代会计人才.

在实行会计信息化的企业中，财务人员的知识结构必须从传统的财务转向会计信息化。而现在大多数财务人员底子较薄、新知识接受能力较差，限制了会计信息化在我国发展的前景以及会计信息系统在企业的普及和有效利用。在会计信息系统下，企业的财务人员利用计算机程序和数据库来编制外部用户所需要的财务报告，仍是他们负责的独特任务。更重要的是，财务人员应更善于解析和拓展系统输出的信息并用于重要的决策，提供对基层经理和职员的业绩控制有用的信息。

五、会计诚信与职业道德教育存在的问题

目前，我国高等教育对会计专业学生，普遍存在对专业知识教育非常重视，忽视会计诚信与职业道德教育的问题，无论是在课程设置上，还是在教材内容上以及教学过程中，都普遍存在许多问题；或者即使有高等教育开设了会计职业道德教育，也基本上流于形式，并未取得实质性效果。具体体现在如下几方面。

（一）会计诚信与职业道德教育课程设置大部分空白

随着我国社会主义市场经济的不断发展，会计专业作为有很大社会需求的专业得到了较大的发展，许多高校纷纷新增会计专业或者扩大会计专业的招生规模。在此背景下，高校会计类专业的教学计划反映了突出专业课程、提高专业素质的主导思想，而在职业道德教育课程设置上则普遍存在着空白。目前我国大多数高校都没有专门的会计诚信教育课程，而会计专业领域在很多方面都需要会计人员做出自己的职业判断，更需要会计人员有坚定的道德信仰、严格遵守职业道德。

会计职业道德教育的内容主要表现为相关法律、法规的学习，高等院校对会计类专业学生的诚信与职业道德教育从形式上看应该由三部分组成，即公共基础课的思想道德和法律基础、专业基础课和专业课中的部分章节和学生管理部门的检查与指导，对学生三种形式道德教育具有相对的独立性。我国多数高等教育会计专业仅在低年级的专业基础课中对会计职业道德规范和会计法律规范略有涉及。例如，经一些学者的调研发现，在广州十余所开设会计专业的高校中，大部分专业培养计划中没有设置系统的会计职业道德、法律法规方面的课程，有些院校虽然设置了商业伦理与会计职业道德或会计法规与会计职业道德课程，但只作为选修课程，且缺乏系统性，教与学的效果也不太理想。另有一些院校在学生毕业前会安排其参与职前教育，但通常时间很短，系统性差，没有真正与学生的专业学习和今后的职业生涯相结合，效果不尽如人意，而大多数院校甚至没有安排职前教育。自会计从业资格实行考试制度以来，不少高校会计专业都已设置了与会计职业道德教育相关的课程，如财经法规与会计职业道德、会计法规等，试图对会计专业学生强化其职业道德素质，但其实质效果却并不理想。显然，这种教育对学生职业道德观念的培养、会计违法的危机意识的树立均不能起到应有的作用。当学生毕业后遭遇职业道德问题时，由于从未受到过有针对性的应对措施教育而会感到茫然，且在没有固有教育基础及现有利益诱惑的情况下，极易走向反面。最终的结果使培养出的学生缺乏坚韧的职业道德的“铠甲”，走上社会后，在从事本专业工作时，难免由于缺乏职业道德的系统知识、由于意志薄弱而制造虚假的财务信息，伤害使用会计报表的国家、单位和个人，同时使自己受到伤害。

（二）专门的会计诚信与职业道德教材缺乏

目前我国有关会计职业道德方面的教材为数不多，尽管随着我国高等教育事业的不断发展，会计学专业的教材建设取得了丰硕的成果，但适合高校课堂教学的会计职业道德教育的教材并不多。表现在我国各大院校的会计教材体系中各种教材中都很少涉及会计职业道德教育，而专门的会计职业道德教育教材更是少之又少，这和改革开放以来道德教育受到忽视以及其效果受到广泛诘难相对应，会计专业的职业道德教育也没有受到应有的重视。会计学专业和其他文科专业以及其他经管类专业相比，专业性较强、自成体系，所以无论是学校还是家长或者学生，更加关注会计专业理论知识的学习和掌握。而会计诚信与职业道德教育，则认为是毕业工作以后的事情了，或者无暇顾及该方面。与此相对应，在高等教育会计专业的教材建设和教材内容上普遍存在着会计职业道德教育的缺乏。

（三）营造培养会计诚信与职业道德的氛围不够

目前，我国的伦理学理论对道德的认识存在一个根本性的误差，占统治地位的伦理学理论认为道德是约束人们行为规范的总和，而没有认识到道德不仅是约束人们行为的规范，也是个人自我实现的手段和完善人格不可或缺的组成部分，对道德本质的认识偏差直接影响到道德教育的形式与内容。职业道德水平直接受个人道德水平和价值观的影响，它们是职业道德教育的基础。在大学基础教育中应通过有关基础教育，反复诱导、灌输社会道德和规范，以对学生品德起到潜移默化的作用。价值观是后天形成的，是通过社会化培养起来的，家庭、学校等群体对个人价值观的形成起着关键的作用。目前，在我国各大院校会计专业的课程安排上，虽然在公共课程中均普遍开设了相关的伦理道德课程，如思想道德、法律基础课程，但实际上在教和学两个方面都流于形式，其实际效果并不尽如人意。

总体而言，大部分高等院校没有营造一个良好的培养会计诚信与职业道德的氛围，其现有的会计职业道德教育在一定程度上只突出了道德的规范约束作用，只重视告诉学生应该怎样和不应该怎样，但是忽视了会计职业道德不仅是对会计从业人员的约束和限制，也是对从业人员的肯定。其主要方面体现在学校忽视对学生会计职业道德素质的考评，各高等院校在对学生的考核和评价过程中，主要是以各门专业课程成绩是否合格作为能否毕业的基本依据。学生专业课程成绩既是评价学生在校期间表现状况的基本指标，也是学生评定奖学金、助学金，评优，入党的基本条件，还是用人单位聘用毕业生关注的主要内容。由于过分强调学生各门专业课程的考试和考核成绩，从而忽视对学生综合素质的考核和评价，使得学生在校学习过程中过分看重专业课程考试成绩，忽视会计职业道德及综合素质的培养。这对培养学生的会计职业道德观念不利，最终使学生对会计职业道德没有具体的概念，更难以让学生树立职业道德观念。

（四）会计学生缺乏顶岗实习的社会实践机会

一直以来，因为会计与财务资料的重要性使得许多单位不愿意给学生提供实训的机会。尽管大部分高校给会计专业学生开设了社会实践课程，但因为该专业的特殊性，很多单位难以接受较多的学生实践与实习，从而使这种校内的会计社会实践课程有点流于形式，导致学生在高校读书期间缺乏“真刀实枪”的实践机会。而高校大部分会计专业教师或许有着精深的学术知识，却普遍缺少相应的社会实践经验，其本身对会计职业道德的认识和理解就不够深刻。导致会计专业的学生难以将书本上学到的理论知识，结合实践具体运用，缺乏对专业的“感性认识”和对会计职业风险性和多样性的深度理解，从而使学生埋下遵守职业道德自觉性不够高的隐患。因此，高校难以很好地履行对学生进行会计职业道德建设的责任，而把这些责任推向社会，极有可能让学生将来违反会计职业道德等。

（五）专业教师和学生的会计职业道德意识不够

道德教育是一个循序渐进的过程，专业教师在教学过程中贯穿职业道德教育内容是一种非常重要的方式。目前，高校会计专业教师教学结构的缺陷主要是缺少专门讲授会计职业道德、会计法规课程的教师，而且会计专业教师本身这方面的知识也存在缺陷。具体表现在以下几个方面。

1. 专业教师本身缺乏强烈的会计职业道德意识

在当前大学生就业形势严峻而会计准则体系又遭遇全面更新的情况下，会计教学的任务十分繁重。因此，会计教学的主要任务就着重于学生专业素质和专业能力的培养，而忽视了会计职业道德教育。同时由于受市场经济大潮的冲击和当前普遍存在的信仰危机的影响，专业教师本身缺乏强烈的会计职业道德意识，也就没有将会计职业道德教育的内容自觉融入教学过程中。或者从教师角度来看，即使开了会计职业道德方面的课程，也是为了应付完成培养目标，基本上将概念、特点等条条框框解释说明完毕就算完成了教学任务，其教学方法单一。

2. 学生会计职业道德意识的缺乏

由于高校专业教育中对会计诚信与职业道德教育的忽视，导致学生会计职业道德意识的缺乏。大多数会计专业学生注重对专业技术知识的掌握，将大量的时间用于专业课程学习或获取各级各类财务资格证书，在一些开设了会计职业道德教育相关课程的高校，不少学生只是采取死记硬背的方式对付期末考试或会计从业资格考试，难以有深刻的职业道德意识。这将对会计专业学生从业后的职业判断能力和职业分析能力的形成和提高产生不利影响，从而无益于我国会计信息失真问题的解决和市场经济秩序的好转。

所以，在互联网时代，还要加强网络信息的安全性。在今天，会计从业人员大多使用计算机进行工作，必须加强计算机技术，确保计算机内的信息安全，增强计算机的保护意识。

第二节　互联网时代对会计教学改革的机遇

一、互联网时代高等教育发展的机遇

传统高等教育最大的特点是以教师为中心的灌输式学习，学生所获得的知识仅限于教材；学习模式和教学要求均在课堂上执行。这种模式受时间及空间影响较大，已无法满足学生对知识的渴求及探索。互联网的出现，催产了新的教育模式，即“互联网＋高等教育”的教育模式，给高等教育带来了新的机遇。

（一）搭建优质教学平台，催产海量教学资源

网络平台的开放性使得只要接入互联网，海量的优质教学资源，国内外名校的公开课程或各地专家的研究成果，都以开放的形式向广大受教育者敞开。他们不再依赖于固定的教学方式，不再局限于课堂资源，可以充分利用互联网平台，根据个人兴趣，选择学习内容，分享学习经验，促进相互之间更好地学习。

互联网模式下，学生不仅可以学习到国内各大高校的名师课程，更能学到国外许多著名大学的课程。比如，慕课平台 Coursera、edX。Coursera 是由美国斯坦福大学创办，同世界顶尖大学合作，在线提供免费的网络公开课程；edX 是由哈佛大学和麻省理工学院联合创建的免费在线课程项目，由世界顶尖高校联合，共享教育平台，分享教育资源。这些网络平台使学习者可以足不出户，自由安排时间学习国内外优质课程，享受海量在线资源。

（二）降低教学资源的生产与使用成本

一方面，生产成本降低。制作课程时获取素材更加低廉、便捷，在线课程开发制作后，可重复利用，其使用、传播的边际成本将无限降低。并且随着课程参与人数的增加，长期平均成本将随着选课人数的增多而降低。另一方面，使用成本降低。学习者根据自己的实际情况，选择合适的免费课程和付费课程，可供学习者不限时地学习，降低了学习者的使用成本。

（三）拓展新型学习样式，提高学习效率

传统模式下，学习者遇到学习难题，需要花费大量的时间跟精力查阅资料、书籍，既费时又费力。而在“互联网＋”时代下，学习知识、共享资源的速度更快。学习者遇到学习难题可以求助在线专家及教授，或者跟其他人共同讨论研究来解决问题。

传统课堂上，学生在同一时间、同一地点听同一老师讲解相同的内容，然而每个学生的学习效率不同，对同一知识点的掌握进度不同，在这种学习环境下，被迫跟随老师的节奏，很难扩展自己的思维。“互联网 +”模式下的教育，使学生可以自由掌握学习时间和内容，可以把课堂上的一节课分为多个零散点，在零散时间自由学习，也可以暂停在不懂的地方记录并思考，使学习成为人人可学、处处可学和时时可学的活动，大大激发学生的学习兴趣。

在“互联网 +”模式下，学习者们不断融入各类新的学习模式：交互式学习、自主性学习等。不仅充分利用多媒体技术和网络技术，借助网上资源，由学习者自主进行的双向交流学习，还可以自主确立学习目标，选择适合的学习方法，自觉调控学习状态。“互联网 +”时代为学生的学习提供了平台及资源，拓展了新的学习模式。

二、互联网时代会计行业的机遇

（一）一般性会计工作与时俱进

作为经济管理的基础组成部分的会计工作在互联网时代，更应充分发挥在处理信息、核算数据、评价管理等方面的优势，利用好丰富的互联网资源，借助“大数据”“云平台”等网络资源的力量，实现会计部门的政务公开、电子政务、网上交流等，促进会计工作的与时俱进，更好地服务于经济社会的发展。

（二）推动会计服务模式升级

互联网时代推进了分工社会化以及新型会计服务体系的构建，同时促进了会计服务模式的升级打破地区地域的限制，将线下业务逐渐转变为线上业务，实现了实时记账和财务咨询，为客户提供更多、更高效、更便捷的会计服务。这不仅能够把财务信息提供给传统的企业所有者，还可以借助新兴的网络技术，使会计信息处理更全面、及时、动态，从而使会计核算更规范、高效、集中，为管理者的决策提供更大的帮助。同时，互联网的发展也为会计管理部门的政务公开、电子政务、网上交流等服务提供了有效平台，促进了会计管理部门管理服务模式的进一步转变。

（三）促进会计管理职能的转变

传统会计工作的基本职能是计量、核算和监督，而在依托“大数据”“云平台”等信息技术的“互联网 +”时代，会计工作在具备基本职能的同时，能够在绩效管理、预测分析、管理决策上发挥作用推进了会计工作由传统的财务会计的静态模式向新型的管理会计的动态模式转变，更好地发挥会计的预测、计划、决策、控制、分析、监督等职能，促进会计工作的升级和职能的转型。

（四）催产会计领域的新发展

互联网时代的会计行业在其自身不断融合发展的同时，促进了会计相关领域的发展。在经营方面，互联网记账公司、网络会计师事务所等产业接连出现，他们依托第三方 B2B 平台，与客户进行线上线下互通交流，受到了不少客户的青睐。在教学方面，网络会计培训学校如雨后春笋般涌现。教师在网上授课，学生在网上学习，信息在网上流通，知识在网上成型，成为众多人学习方式的首选。

三、互联网时代会计教学的机遇

（一）互联网时代会计教学形式的改革

传统的会计教学方式知识的传递是以课堂教师讲授为导向的，课堂上以教师讲为主体，利用粉笔和书本让学生被动地接受知识。随着信息技术的广泛应用，课堂要求教师用多种形式组合优化进行课堂内容，形成多种信息相互传递的互动课堂。充分发挥学生的主动性、积极性。会计教学不仅要注重会计知识的传授，更应注重会计思维的传授，在教学过程中应充分体现学生的自主思维。也就是说，互联网时代的会计教学组织方式应从传统的“以教师为中心”教学模式向“以学生为中心”的方式转变，利用互联网时代教学组织充分发挥学生学习的主观能动性，不仅要求学生“学会”，还教会学生“会学”，教学形式发生了变革。例如，“基础会计”课程中装订记账凭证操作内容，传统课堂教学教师只能单纯地课堂讲授，实践操作只能在实训环节进行演示。但在信息化课堂下，教师通过多媒体课件播放视频方式就可以完成，既丰富了课堂的教学形式，又增强了学生的学习兴趣，调动学生的主动性。

（二）互联网时代会计课堂教学媒介改革

信息技术的发展不断产生多种媒体并进入教学领域。例如微信平台、QQ 工具、微课、网络平台、多媒体会计教学系统平台等，短短几年之间媒体的发展经历了从简单直观的 PPT 到复杂多元的媒体变化，由传统的直观性教学媒体发展到基于视听技术和计算机网络技术的多媒体智能教学系统。教学课堂的数字化、智能化、网络化发展，使其课堂功能和作用不断增强与扩大。这些新媒介的出现就成为会计教学信息的媒介和辅助手段，而且已成为人们的认知工具和学习资源，不断改变着教学环境的组成元素。例如，会计教学课堂中教师点名环节就有了新方式，采取微信课堂点名功能，学生到课前极大缩短了点名时间；增加了讲课效率。当然，课堂中信息化的使用是多种多样的，如何在会计教学中利用现代教育技术和多媒体教育资源的优势促进教与学的反馈提高，成为教师不可回避的问题和探究的领域。

（三）信息化会计教学资源改革

会计专业是一个实践性很强的专业，要求学生不仅要掌握扎实的理论基础，还要求学生通过实践技能学习，掌握会计基本技能，信息时代技术助力课堂教学，为教学提供信息化教学环境和支持。利用多样化教学资源进行实践教学。会计的教学资源是教学实施的基础，创建开放性教学资源，利用现代资源优势、教师之间协同作用，在传统的会计教材体系上创建信息化教学资源体系，建成基于课程知识结构的多样化、集约化教学资源，为会计教学的多元互动奠定资源基础。例如，在“基础会计”课程中，教师可以利用信息化网络收集实践技能教学资料，丰富理论课堂，在逐步建设中建设精品课程，通过信息技术与课程的整合，创设情境化教学环境和数字化学习支持条件，重视信息化学习工具的搜索与利用，可在微信公众平台开展基于课程的学习结果分享。

第三节　互联网时代对会计教学改革的挑战

一、互联网时代对传统会计行业的挑战

在互联网的影响下，会计的内涵与本质都发生了很大的改变，也使其产生了一定的延伸，与此同时对会计产生了很多新的挑战，出现了一些前所未有的问题。

（一）老旧会计思维对会计从业者的挑战

在步入互联网时代以前，会计从业者长期处于惯性思维中，虽然对数字的变化十分敏感，但是在逻辑思维方面还有所欠缺。在互联网时代：会计信息的传输都是通过互联网得以实现，换句话说，就是会计信息的传输已经实现自动化，不但使会计从业者的工作负担有所减轻，还提高了会计工作的效率。对会计从业者来说，这种改变是思维方式上的改变，但思维方式具有顽固性，很难发生改变，这就对会计从业者造成了挑战。网络技术的不断发展和日渐完善加快了会计信息化的进程，如果会计从业者不改变自己的老旧会计思维，将很有可能被行业所淘汰。

（二）会计从业者人才方面的挑战

在互联网时代来临之前，会计从业者的工作内容只是对账务进行入账和核算、审查等，工作比较单一，和其他业务方面很少有关联，因此对工作的能力要求并不高。但是随着互联网的高速发展，会计工作的环境发生了改变，工作的内容和形式都产生了变化，不再是单一地对账务进行处理，而很多工作都需要在网络环境下完成，和互

联网的关系密不可分。这就对会计从业者的能力方面造成了挑战，需要会计从业者不断学习和会计有关的网络知识，提高相关的处理能力，只有这样才能保证企业运作的效率。同时，互联网时代滋生了订单式经济的发展，一系列无库存产业兴起。相对于过去，会计从业者在会计知识学习方面发生了改变，不但需要对会计专业知识熟练掌握，还需要了解和企业有关的产业知识。在当前，有一些和知识产权及商业信誉等相关的无形资产方面的经济纠纷众多，这就使会计从业者不得不面对和法律相关的知识了解的挑战，以及在创新能力上的挑战。

（三）会计信息资料安全性受到挑战

相对于之前的会计信息资料的安全性来说，在互联网时代，会计信息数据大多存留在互联网上，数据的表现形式以电子符号为主，通过硬盘将数据进行记载，不再像过去一样，记录在纸张上面。但是互联网具有资源共享的功能，而且其拥有无限的延展性，这样就很容易使企业的会计信息资料的安全性受到挑战，遭受威胁。首先，网络资源具有共享性，会计信息在存储和传输的环节中都极有可能遭到非法攻击或者恶意修改及信息盗取，不但会破坏原有的会计信息，使原有的信息失去作用，还有可能因为会计信息被企业的竞争对手了解和掌握，造成企业不可弥补的损失。其次，在互联网时代，原始凭证信息有可能被伪造。在会计工作中，原始凭证是信息来源的根本，对以后的会计信息尤为重要。但是进入网络时代后，会计进行入账工作时，原始凭证很有可能被有关人员修改，而且修改的痕迹无迹可寻，这种会计凭证的伪造，使得整体会计过程失效，不再具有任何价值。

（四）相关的会计法规滞后带来的挑战

在互联网时代，会计的工作方式呈现多样化，但是和会计相关的法律法规却相对落后，这使得对会计系统的监管变得不容易。首先，伴随互联网的飞速发展，市场上涌现出了大量的会计信息处理软件，其中不乏盗版制品，这些盗版制品有可能会对公司的财务管理造成很大的负面影响，使得会计信息的安全性与真实性难以得到确保。国家在这方面的法律法规缺失，如对正版制品的知识产品的保护不够，造成盗版制品风行，在会计行业对会计信息进行监管方面产生了不利影响。其次，互联网的发展和普及，促成了很多电子商务企业的产生，我国的法律法规在这方面还不健全，很难对这些企业进行全面监管，由于缺少网络会计方面的法律法规，导致会计管理质量不高。同时，正因为监管不足，使网络会计存在一定的风险，也就对会计系统的安全性无法维护。

（五）会计面临国际化发展的挑战

互联网的逐渐普及和电子商务的不断发展，使得人与人、企业与企业之间的联系更为密切，不再受时间和空间的限制。随着全球经济一体化的进展，电子商务的发展范围更加宽泛，公众可以通过互联网和千里之外的客户形成业务往来，所用的时间极短，成交额数目巨大。可以说，全球一体化正日渐形成。这也意味着企业之间的竞争已波及全球范围，竞争程度更加激烈。企业若想得到长足发展，就必须不断加强自身的竞争力，其中在会计方面必须对国外通行的会计核算办法、会计制度和财务报告的相关制度加以了解并熟悉，找出符合当前我国国情、适合自己并且在国际上通用的会计制度和会计程序，以应对国际化发展对会计的挑战。

二、互联网时代对会计教学的挑战

（一）互联网时代，国家的高等教育面临格局重构和生态重塑的严峻挑战

互联网时代打破了传统高等教育的市场壁垒，使高等教育资源的跨国界流动和高等教育市场的跨国际拓展成为可能。以 MOOC 为代表的在线开放课程不仅代表了一种新的教学形式，更将催产新的教育生态，由此引爆高等教育市场格局的重构和教育生态的重塑。国外优质教学资源的输入，带来的不仅是国内高校的生存压力，也将引发国家的文化安全的威胁。虽然科学无国界，但其传播中不可避免含有两方资本主义价值观和意识形态的渗透。当今世界，文化软实力已成为国际竞争的重要组成部分。外来文化渗透不仅威胁国家文化安全，也会影响国家的文化软实力。

因此，必须站在全球战略的高度审视高等教育的变革。高校学生是社会的精英、祖国的未来，如果我们不能打造自己的优质教育资源去占领教育阵地，去赢得广大青年学生青睐，而让他们为外国教育资源所影响和渗透，后果将不堪设想。

（二）互联网时代，高等教育面临着教学模式冲击以及教育理念更新的挑战

现有的高等教育教学方式仍然是以固定课堂为主，而互联网时代兴起的慕课、翻转课堂等，打破了原有的教学方式，将固定的教学方式转化成了以互联网为载体的新型教育模式，课堂主角从教师转变为学生，学生自主学习，学习地点也不再局限于教室。随着移动学习终端的迅速发展，在线学习成为日常生活必不可少的内容。如果冲破学历制度上的政策壁垒和社会用人制度，“互联网”必将冲击高校的传统教学方式。高校的教育理念是以培养知识性人才为主，而高校学生大多是被动接受学校安排，以顺利毕业，找到工作为目标。因此，高校的教育理念必然要重塑，否则，将会在越来越激烈的竞争中被淘汰。

（三）互联网时代，高校教师面临自身角色转变和信息技术应用能力的新挑战

高校教师要适应互联网教育模式下自身角色的转变，即从信息的展示者向辅导者、解惑者角色的转变。翻转课堂模式下，教师先录制好视频，学生课下根据实际情况观看视频，自主学习，课上教师按照学生的问题提供专业的反馈，课堂的主角从教师变成了学生。互联网教育模式下的高等教育对教师提出了更高的要求，要加速适应新型教学模式，掌握过硬的信息技术教育能力，提升信息技术教学技能。这在一定程度上冲击了教师传统的教学理念，尤其是中西部地区的部分教师。虽然国家提倡教育公平，鼓励中西部地区的教育发展并提供了信息化设备，但仍有很多教师故步自封，采用传统的教学方法，没有实质性的改变与进步。因此要转变观念，加速适应以互联网为平台的新型教育模式。

（四）互联网时代，学生面临更高的新挑战

在互联网覆盖的今天，学习资源具有开放性和丰富性，但良莠不齐，学生要学会在资源中筛选有效信息并理解消化，真正掌握知识。互联网教育模式下，学生自由选择学习时间及内容，但可能呈现无序性、重复性，因此要有效利用零碎时间将分散的知识点系统化，构筑知识网，过滤无用信息，掌握核心知识。网络的开放性必然会导致出现更多与学习无关的内容来干扰学生的注意力，从而起到反作用，降低学习效率。因此互联网模式下，对学生的学习能力、自觉性等提出了更高的要求。

第四节　互联网时代会计教学改革的可行性

如今高新科学技术对经济发展产生的影响越来越大，科技成果转化为生产力的周期也一直在变短，知识更新正在进一步加快。高质量的科技成果以及它向生产力转化的程度也越来越依赖于不同学科、不同领域的相互交叉和融合。经济的全球化已经形成气候，以电脑技术为代表的信息技术已经渗透到会计教学和实务的各个方面，所以我国会计教学的信息化和国际化是必然要求。于玉林教授就将 21 世纪会计教育指导思想的内涵形象化为应当实施专业教育、道德教育、外语教育、计算机教育、信息教育和创造性教育六大体系为主体的基本原则。

一、信息化建设为会计教学改革奠定了基础

在会计教育的信息化方面，除了在实验教学里对于实验信息平台在远程教学和模拟实习平台上的应用，目前国外已经开始普及使用可扩展商业报告语言作为财务报告

的主要形式，我国有必要将这一革命性的最新应用扩展到会计教学和科研的各方面。可扩展商业报告语言，是以统一的计算机语言形式和财务信息分类标准为基础的，使财务信息可以跨平台、跨语言，甚至跨会计准则，进行即时的、计算机自动化的上报、搜集和分析的一项信息技术。目前此技术只应用于我国上市公司在上交所和深交所两个证券交易所的网站上，其他各方面的应用较国外（如美国的强制 EDGAR—Online 财务报告系统和英国的强制性税务报告形式等）还是比较落后的。我国的会计信息化教育，可以以此为重点，抓住当前机遇，满足时代的要求。

二、国际化为会计教学改革提供了方向

互联网时代，信息沟通顺畅，经济更加趋于多元化和全球化，所以要不断发展会计教育的国际化。在会计教育的国际化方面，除了教育形式和培养目标的国际化（英美目前的中低级层次的复合型人才和高级层次的专业性人才趋势），目前国际化的关键点在双语教学方面（或全英文）。会计的双语教学主要包括教材的国际化、授课和考试主要使用英文、师资的国际化三部分，这三大方面也是我国目前主要面临的三大问题。首先，在英文原版教材的选取上，很多高校存在版本过旧问题，未能及时根据国际变动而更新。其次，在授课方式上，没有完全将外语形式的专业教育与外语语言教育区分开来。最后，师资上过于依赖有限的本校双语教师，而未能发挥外教作用。其实适量以外聘或同国外大学合作的形式引进国外会计专业教师授课，可能会达到更好的效果。

三、专业化和实用性为会计教育改革提供了途径

随着社会竞争的逐渐加强，高等学校学生在就业方面与研究生或更高级别的研究者相比，在理论知识的掌握上并不具有优势，而高校对学生的培养方向上也更倾向于对学生专业技术能力的培养，使学生能够具备较高的实践能力，依靠娴熟的业务素质来达到胜任工作岗位的目的。从这个角度来看，无论是社会发展的大方向还是用人单位的实际要求都对会计专业的学生在专业性方面提出了越来越高的要求，为了满足社会对会计专业学生的用人需要，会计专业在发展的过程中也就自然出现了专业性发展趋势逐渐加强的特征。

高等院校对学生的培养方向是针对某一社会岗位和用人单位的需求而制定的，这也就是为什么高职院校在教育教学过程中都会尽最大可能为学生提供实践和模拟的机会。毕竟纸上谈兵式的会计教学是没有太多意义和价值的。从现实条件来看，通常来说用人单位也并不愿意利用大量的人力与物力去为会计专业学生本应在高等院校获得的能力进行买单。因此，在高等院校的发展方向，尤其是高职院校会计专业的发展方向上来看，会计专业的教育教学越来越具有实用性倾向。

四、合理性发展为教育会计教育改革确立了目标

高等院校在对会计专业学生进行培养的过程中，也开始意识到对学生进行综合性能力培养的重要性。对于会计专业这一特殊职业来说，仅仅从对会计专业学生进行理论知识培养、实务操作能力培养是远远不够的，对会计专业学生进行会计法规、经济法规、职业道德、终身教育意识等内容的培养是不可或缺的。因此可以说，现阶段高等会计专业学生的培养，其综合性也正处于不断加强的趋势。

第五节　互联网时代会计教学的目标与理念

一、会计专业人才培养的目标

根据企业和劳动力市场对会计人才的需求，以服务经济建设为宗旨，坚持以就业为导向，以能力为本位的教育理念，建立多样性与选择性相统一的教学机制，通过综合、具体的职业实践活动，帮助学习者积累实际工作经验，突出会计专业教育特色，全面提高学生的职业道德、全面素质和综合职业能力。

根据我国会计发展的客观要求及劳动力市场的特点，考虑我国经济领域各行业发展水平，不同地区经济、技术、社会以及职业教育的发展水平和区域特点，着力提高学生的操作技能和综合职业能力。会计专业人才培养应体现以下原则。

（一）根据市场需求，明确人才培养定位

以会计领域的分析、人才市场的分析为前提，以生源分析和办学条件分析为基点，以用人单位对毕业生的满意度和学生的可持续发展为重要检验标准，按照适应与超前相结合的原则，培养各行业和各企业有关市场营销岗位需要的、能胜任相关职业岗位群工作的技能型应用性中高级专门人才。

（二）以全面素质为基础，提高学生综合职业能力

技能型人才的培养，应加大行业分析、职业分析、职业岗位能力分析的力度，构建以技术应用能力或面向工作过程能力为支撑的专业培养方案，加强实践性教学环节，以提高综合职业能力为着眼点，以致力人格的完善为目标，使受教育者具有高尚的职业道德、严明的职业纪律、宽广的职业知识和熟练的职业技能，成为企业生产服务第一线迫切需要的、具备较高职业素质的现代人和职业人。

（三）以社会和企业需求为基本依据，坚持以就业为导向的指导思想

将满足社会和企业的岗位需求作为课程开发的出发点，提高五年制高等职业教育的针对性和适应性，探索和建立根据社会和企业用人要求进行教育的机制，根据社会和企业用人需求，调整专业方向，确定培养规模，开发、设计产学结合、突出实践能力培养的课程方案。职业学校应密切与相关行业、企业的联系，在确定市场需求、人才规格、知识技能结构、课程设置、教学内容和学习成果评估方面发挥企业的主导作用。

（四）适应行业技术发展，体现教学内容的先进性和开放性

会计专业应广泛关注行业新知识、新技术、新方法的发展动向，通过校企合作等形式，及时更新课程设置和教学内容，克服专业教学存在的内容陈旧、更新缓慢、片面强调学科体系完整、不能适应行业发展需要的弊端，实现专业教学基础性与先进性的统一，在课程中还应融入如何去学习专业知识、寻找获取专业相关信息的途径与方法等思维训练及方法训练的内容，在学习与掌握职业知识过程中强化学习方法与创新意识，培养现代社会从业人员所必须具有的方法能力与社会能力，使学生通过学习能适应时代发展的需要。

（五）以学生为主体，体现教学组织的科学性和灵活性

充分考虑学生的认知水平和已有知识、技能、经验及兴趣，为每个学生提供劳动力市场需要和有职业发展前景的模块化的学习资源。力求在学习内容、教学组织、教学评价等方面给教师和学生提供选择和创新的空间，构建开放式的课程体系，适应学生个性化发展的需要。采用大专业、小专门化的课程教学模式，用本专业职业能力结构中通用部分构筑能力平台，用灵活的模块化课程结构和学分制管理制度满足学生就业的不同需要，增强学生的就业竞争力。

二、信息化时代下会计信息化人才的培养目标

（一）会计人员信息化

移动互联网时代的到来，推动着云计算、信息录入系统等高科技的应用，原有的会计系统也将转化为以互联网为基础，由专业的服务终端提供的系统，且其中包含会计核算、财务管理等功能。同时表明，计算机等高科技数码终端将会成为会计工作的主要工具。因此，需要会计人才在掌握扎实的专业能力的同时，还要了解计算机及局域网应用方面知识，能够轻松运用网络平台进行工作。此外，会计人员还要掌握相关网络管理技能，确保计算工作在一个安全、稳定的环境中。

（二）会计人员管理化

会计管理工作是企业管理中的重点工作项目，而在互联网时代，开放性、交互性的网络特点为管理工作带来了很大的挑战。因此，需要会计人员具备优秀的管理能力，利用财务会计知识，提升企业管理水平，从而促进企业发展。此外，会计行业为了适应互联网的环境，逐步推进管理体系以提高服务水平，企业对会计工作的理解也逐渐由基础的账目核算转化为使企业利润最大化的决策工作。因此，也需要会计人员擅长财务核算及管理技能。

（三）会计人员国际化

互联网时代的到来，对传统带来了一次颠覆，一成不变、中规中矩不再是自全之道，特别是对会计而言，计算机系统的“野心昭彰”已初显端倪，如果再以不变应万变，恐怕最后的结果只能是淘汰。所以，随着世界经济的密切联系，这也要求会计从业人员开阔眼界，学习多种语言。

涉外会计人员在企业的发展中占据着重要的位置，关系着企业的发展，因此成为企业急需的应用型人才。而目前我国涉外会计人员数目较少，供不应求，相关专业毕业生无法胜任国际化企业会计一职，不仅浪费了国内优秀会计人才，还制约了我国企业国际化发展。因此，会计人员需要精通一门外语及相关国际会计规则，并能将其应用到经济管理之中，成为一名国际化会计人员，加强国内外企业交流沟通。

三、互联网时代会计教学的理念

（一）建立专业的师资队伍

专业的师资队伍是保障学生专业化发展的一大基础，因此需要建立多元化教师队伍，提升教师专业素质。首先，教师队伍中需要包含专业的会计核算教师、财务管理教师、会计评定教师、计算机专业教师、外语教师等。其次，对教师定期进行培训，使其专业能力能够达到社会发展的需求，也要针对会计专业信息实践教学的培训，使其具备真正的实践经验，并能将经验应用于教学中，切实提高学生的实践能力。此外，制定教师考核、评价制度，当考核结果未达标准时，可进行淘汰或继续培训的方法提升其专业能力。

会计专业传统教学模式主张理论、实践教学单元单独布置拓展，其中理论教师注重理论知识讲解，实习教师注重实际操作，再加上课程进度不一，理论教学与实习教学严重脱节，不但给学生的学习造成很大困难，也造成了重复教学和资源浪费，更影响了教学质量的提高和应用性、技能型人才的培养。为适应市场需求，现代教育呼唤新的教学模式，“专业基础理论与技能实践一体化”，线上教育和线下交流同步展开，如今此类教学引导模式正在实践与探索行列之中。

（二）创新教学方法

正确的教学方法是学生提高专业能力的基础。传统的教学方法理论度过高，学生接受度不强，且学生无法真正感受到互联网时代的特点。因此，需要教师创新教学方法，加强学生互联网意识。首先，教师需要与学生转换位置，将学生作为课堂的主体，教师仅起到引导的作用。其次，教学手段将传统的“一言堂”形式转变为师生共同学习的方法。教师可将重点内容提前告知学生，并根据学生学习特点分成小组，使其提前预习，在课堂上进行讲解，教师随后进行点评与指正，这样的方法能够加深学生对知识的印象，并加强教师与学生的交流次数。最后，教师可利用互联网的优势进行教学，如应用新媒体、计算机等数码设备进行授课，可将理论难度较强的知识转化为直观的图像或影音，使学生在课堂上便可理解知识的来源与发展。

此外，教师可利用问题引导课堂的走向，可将互联网时代的特点融入问题之中，引导学生思考，教师亦可将其他相关课程添加入网络授课之中，使学生在课余时间便可观看到教学视频，学生可自己掌握及控制学习进度，实现自主化学习。但网络授课需要教师进行有效的管理，教师需要在网络平台上与学生多加交流，加强学生对教师的信任度，提升学生的学习兴趣，并能了解更多会计知识。而且，教师可以利用互联网技术创建网络班级、云课程等交互式教学设备。学生可以感受到网络的特点，也能享受丰富的网络资源。

（三）调整课程设置，增加实践课程

调整课程设置前教师需要设定正确的教学目标，根据当前互联网时代的需求，教学目标需要以学生具备优秀的会计、管理、评估能力为主。然后，教师需要根据此目标设置相关教学课程，其中理论课程需要包含会计核算学、会计管理学、财务管理学、外语等相关课程，课程比例应以核算学、管理学为主。而实践教学设置比例需与理论课程相同，以加强学生的实践操作能力。为此，教师可利用建立实习基地、创建实训模型等方法进行实践教学。首先，高等院校可与会计师事务所进行合作，给予学生实践的机会及场地。使学生加强财务管理方面的实践能力，学生也能因此接触到真实的账目，从而理解互联网时代会计工作的真实情况。此外，教师可利用沙盘模拟等方法，使学生在校内也能感受到真实的经营环境，使其在几天的时间便可模拟到企业多年的经营情况，了解企业在互联网环境中的发展趋势，并能明确会计工作所要具备的条件。

（四）丰富教学资源

传统的教学方法中，课堂资源皆以课本、讲义为主，学生接触到的知识过少，无法满足社会的需求。因此，教师需要将书本与网络资源进行整合，使得会计教学能够立体化发展。为此，教师可将互联网中可用的教学资源推荐给学生，学校也可与其进行长期的深入合作。保障学生能够享有丰富的学习资源，例如，学校可与论文网站深入合作。如中国知网等权威论文网站，使学生能够随时阅读会计专业相关论文，了解会计行业最新动态。此外，教师需要根据学生特点，筛选出其可用的课程资源，针对资源设置相关问题，并对教材及习题资源进行有效改进，从而使学生更多了解互联网时代的大数据特征。

第五章　互联网时代会计教学改革的新思维

第一节　互联网时代会计教学改革的运行机制

多媒体、互联网等现代信息科技的发展对社会产生了全方位的影响，无论对教育观念、教学思想、培养目标，还是教学模式、教学方法、教学组织形式等都产生了重大影响，从而促使高等学校的教学过程发生深刻的变革。

一、互联网时代背景下会计教学运行机制

（一）教学目标的改革

网络会计环境下，会计人才不仅要懂得会计理论知识、会计核算业务以及财务管理知识，还必须知道如何应用会计软件来实际操作这些业务及如何优化企业的网络会计环境来实施网络会计。唯有如此，学生才能实际胜任会计工作岗位。这时的会计人才显然是既要懂会计知识，又要懂计算机应用，还要懂企业管理的复合型人才，高等教育现行的教学目标定位没有重视网络会计方面的需要。已经开始对毕业生的就业前景产生了负面影响。近两年来，高校会计专业的毕业生，由于会计电算化方面的技术达不到一定的水平，在北京、广东、上海一带失去了更多更好的就业机会。可以肯定，如果这个问题不加以解决，今后毕业生的就业就不会有什么市场。所以，我们的教学目标要改革，要兼顾学生会计业务能力和会计软件的实施及操作能力的培养。树立复合型人才教育目标，用前瞻性的眼光突出和加强网络会计的地位。

（二）教学理念的改革

网络会计的出现，使会计学科体系扩充了新的内容。加入了会计软件、电子商务等方面的内容，而且这些课程之间具有纵向上的层次递进关系，在横向上又具有内容方面的关联和关系。其中，电算化类课程的部分内容更新还比较快。所以，在新的形势下，会计专业教学理念要转变，要用更宽的视野和发展的眼光来看待专业教学，使专业的包容性更宽，而不应为了迎合市场上的某种需要去设置过细的方向。在会计专

业中再设“注册会计师”“会计电算化”“会计学”等方向，因为，就会计专业来说它是定位于培养基础性专业人才，显然，会计理论基础知识，会计业务技能，电算化技术应用能力都是他们所必需的，没有必要在这些方面厚此薄彼。如果确实要对学生在会计学理论方面或会计电算化方面进行进一步的专门培养，那是研究生阶段的事情，到研究生阶段再去设定一些较细的方向，同时由于学生从在校学习到毕业后在单位从事会计工作有一个时间差，这样学生所学知识能为日后所用是十分重要的。一般来说，学校教学内容是相对静态的，在一个时期内变动较少，而会计工作实务却是相对动态的，随着国家的会计制度或有关政策的变化，会计核算方法也会发生变化，随着会计电算化技术的不断发展，会计核算手段也会不断出新。因此，会计教学要有前瞻性观念，对市场经济条件下，有关会计制度和会计准则方面的变化趋势问题要在教学中加以体现,对已经出现但尚未在企业广泛推广的较先进的会计软件要加以介绍等，以保持教学内容能符合会计实务的实际和发展趋势。

（三）教学方式的改革

封闭式教学使学校和社会之间有“一墙之隔”，不利于学生接触实际，不利于理论联系实际。今天的高等教育不仅是要向学生传授书本知识，还要注重培养学生获取知识的能力，动手能力和创新能力，而这就需要在教学中向学生提供较为丰富的教学形式，包括情境教学、案例教学和专题讨论等，这样一系列的教学方式需要的素材资源是十分丰富的。一般来说，学校内部不可能提供这些素材的全部，学校提供的教学条件是有限的，这样，向校外寻求教育资源进行补充是很有必要的，实行开放式教学就有利于利用校外各种教育资源。组织学生“走出去”学习，可以利用校外企业的网络会计设施实行现场模拟教学，以弥补学校实验设施不足而无法进行的一些实验。学生通过在校外接触企业会计实际，可以发现一些学校教学中没有触及的实际问题，通过邀请校外有关专家进行专题讲学，可以弥补校内教师某些教学方法的不足，有利于学生拓宽视野、定期接触学科方面新的动态，同时，实践教学也要进一步加强。这里要抓好两个方面，一是要多上一些实验课，除了课时安排实验课外，还应增加一些开放的实验课，为那些需要进一步加强练习的学生和有兴趣有潜力在电算化技术方面进行进一步探讨的学生提供更多的实验机会；二是对现行的实习环节要做些改革，目前学校大多只安排有毕业前实习，以准备毕业论文，由于这个时期学生大多忙于工作或考研，可能没有太多的心思用于实习，所以实习效果并不太好。面对新的情况，学校可考虑增加学年实习，以便学生在学习途中有机会接触实际，从而更好地领会和消化阶段性学习内容，也可安排学生在假期进行一些专题实习。

（四）课程体系的改革

当前，高等教育会计专业课程体系设置是按必修课和选修课两方面来进行的，从其布局来看，是和传统会计下的专业教学要求相适应的。具有一定的重理论、轻实践，重讲授、轻操作，重实务介绍、轻手段培训的倾向。从另一个侧面看，涉及电算化手段内容的课程仅2门至3门，由于电算化教学内容涉及软件设计原理，会计软件应用，电子商务，网络会计环境建设、数据库知识等多方面内容，要将这些内容压缩在1门至2门课程中，显然是达不到应有教学效果的，因此，现行课程体系有待进一步改革，一是要增加网络财务方面的课程，正常来讲，应该有4门至5门课程，其中还应该设有主干课程，以突出其主要地位，尤其是网络会计实施方面的内容要增设，这在目前的教学中基本属于空白点；是在课程体系中应适当增加实验课程，以利于学生在会计和会计软件，帮助学生向企业会计员的角色转变。当前，在毕业生就业市场上，有不少招聘单位都要求所招人员有一定的工作经验。所以，在加强理论知识的同时要提高学生的实践能力。

二、基于慕课（MOOC）的实践教学运行机制

（一）设计理念

首先，按照会计专业实践教学过程实践性、开放性和职业性的要求，根据职业岗位层次、职业能力要求分门别类设置网络模块。其次，在调查现有MOOC的基础上，分类已有在线课程，以现有实践教学体系为支撑，配套网络实践环境、软件，构建基于MOOC的实践教学平台。

（二）功能设计

在线教学平台是实施基于MOOC的会计专业实践教学的基础，应满足学生实践的要求，可用性的需求，并提高其学习持续性，功能设计应简捷易用，教学资源应呈现多元化，其基本功能应包括基于数据库的大规模学期教学管理、学生注册、课程链接及课程上线、兼容浏览器。运营一定时间后，还应进一步逐步实现手机、平板电脑等访问终端，提供在线课程的即时测试，建立课程论坛，进行课后测试和平时作业，记录课程资源的利用情况，提供在线问题研讨厅，配以实时在线辅导答疑，并提供成绩综合评定系统，为校内导师和企业教师提供综合评价平台。

（三）实施与保障

调动学生兴趣和参与积极性的核心是教师。在线教学平台的众多教学活动设计与组织机制，教学内容和资源间关系的碎片化，设置教学情境，组织教学内容，构建

独立、可以为学生自主预习提供结构完整的短视频、阅读材料，课中的反馈与答疑，设计课程实践情境、完善评价方式等，都需要保障团队来进行，也对保障团队提出了要求。

会计专业实践教学体系的顺利实施需要专兼职教师团队，除校内专职教师外，团队中还需要网络技术专家、视频录制与制作专家和会计行业专家。网络的设计和视频的录制与制作可以外包由专业公司完成。但优秀会计人力资源，则需要进行不断的校企合作逐渐开发，进而保持稳定。

（四）实践课程评价机制

会计专业融合了导学、实践教学及学习环境一体化的网络平台，能够充分调动现行资源，如企业案例资料、各类财务软件、教考平台等，建立学生课内和课外与教师沟通交流的有效媒介。除在线模拟课程的学与自身工作项目的做之外，还应建立起实践导师导学、定期见面答疑和常态化网络答疑机制，改变在线课程以往的“视频+答疑”的简单学习与评价模式，形成学生自评、小组评分及计算机客观评分、实践指导教师评分等相互结合的实践评价机制。会计专业实践教学按照岗位课程的内容，将职业工作内容项目化，配套的课程评价机制则以项目评价为主。评价过程中做到既要检测学生对实践课程相关知识的理解、掌握程度，又能考查学生岗位技能的运用及模拟项目的完成情况，并附带评价学生通过课程的学习，在综合分析能力、表达能力、团队合作、道德素养方面达到的水平，进而全面提高学生岗位适应能力。

成绩评定以过程考核方式为主导。在实践课程学习过程中，对各岗位工作内容设置具体工作任务，完成阶段性工作任务，并根据提交的任务单，填写项目评价表。采用学生自评、小组评价，结合阶段性的课程配套软件成果统计的计算机评分；采用多元化的过程评价方法，教师指导过程参与各个成绩构成，起到有效的督促和指导作用；并且在岗位任务结束时给予总结性评分，综合性评定成绩。具体操作中，学生自评采用定期评价，让学生参照由课程标准提供的任务单元和工作任务评价标准，对自己的完成及成果情况评定成绩，学生自评容易出现“估分过高”的情况，因而在总成绩中所占比重不宜过大。小组评价体现了学生自我的监督机制，根据项目情况组成的模拟公司小组，每个小组成员承担一定的工作任务，小组内部建立相互监督和制约机制，发挥学生的自我管理，确定项目组长，由组长监督和考察，并定期评定本组成绩。同时，汇总学生自评成绩以计算机软件为主要操作媒介的实践项目，将软件自动评分作为成绩构成内容计入小组评分表。阶段性工作任务结束时，由教师进行检查和统一指导，并将阶段性评分评语记录于过程考核表单及小组评分表中，实践项目总体结束后，汇总各评分要素，最终确定综合成绩。

"多元"评价方式能够潜移默化地提升学生语言表达能力，增强学生自主管理、自主学习意识，提升学生自信心；引导学生不断进行自我反思，增强集体责任感，并加强学生间团结协作。学业成绩的多方综合评定形式，显得更加人性化，做到了公平、公正、全面。

第二节　互联网时代会计教学改革的主体分析

一、互联网时代会计师资队伍的建设

（一）会计专业教师课堂内部角色特性的重新定义

随着新课改方针的大面积覆盖落实，有关高校内部会计专业开始大力提倡项目教学法，希望师生之间从此合作，渲染课堂积极探究互动等愉悦氛围，使得学生能够在课后不断借助网络、图书馆等渠道广泛收集课题信息，同时主动渗透到所对应的岗位领域中积累实践经验，至此不断完善自身经济分析实力。透过上述现象观察，教师全程角色地位几乎发生着本质性的变化，涉及以往知识填鸭式硬性灌输行为弊端得以适度遏制，并且懂得朝着教学情境多元化设计、学生自主学习意识激发和会计专业技能科学评估等方向扭转过渡，规避学生今后就业竞技过程中滋生任何不必要的限制因素。

（二）教师会计专业思维创新和团队协作意识的全面激活

具体是遵循会计行业专家科学指示，自主将会计一体化教学岗位实践工作内容视为自我专业技能和职业道德素质重整的关键性机遇和条件，积极推广宣传和系统化落实项目教学理论。毕竟，借由上述渠道开发延展出的教学项目内容独特性显著，作为新时代专业化会计课程讲解教师，应该敢于跨越不同学科束缚，在团队合作单元中完善自身各项学科知识、技能结构机理，这样才能尽量在合理的时间范围内，将今后工作任务过渡转化为项目教学策略并进行细致化灌输。

（三）不断提升会计专业教师团队整体现代化教学理念的培训研习效率

为了快速辅助会计专业教师进行岗位意识转变，相关高校领导可以考虑定期邀请会计分析专家前来开展专题报告工作，确保校本培训工作内容的大范围延展；再就是鼓舞相关专业教师明确掌握会计专业课程改革的现实意义，愿意投身到不同规模职教学会、教研分析活动之中，或是参观教学改革成就突出的校园，及时更新自身教学规范理念，避免和时代发展诉求脱离的危机。

（四）有机强化校园、企业的经济辅助支撑、人才供应等事务协作交流力度

为了尽量确保会计专业教学课程能够同步迎合企业、学生诉求，高校领导联合以下细节因素进行综合调试。首先，定期组织教师深入会计师事务所等单位进行实践体验，快速汲取各类创新知识养分并完善自身动手操作能力，为后期与学生精确探讨会计行业发展趋势奠定和谐适应基础。其次，邀请金融机构专家参与校内经济类专业建设事宜之中，针对既有师资团队素质和技能优势进行挖掘引导，同时成立行业专家指导委员会，督促相关指导教师透过课堂收集的问题进行汇报咨询，听取其意见并进行校本教材内容革新，同时确定阶段化教学改造指标。最后，及时跟踪验证财会专业毕业群体就业发展实况，结合学校既有会计专业课程设计形式进行对比验证，为后续毕业生职业生涯发展前景稳固提供样式丰富的预测疏导线索。

（五）借助校内各类科研项目成就带动会计专业教师教学质量协调控制力度

高校内部会计类专业课程系统化灌输落实的显著特征，就是集中一切技术、经济手段稳定学生实践操作能力完善成果。结合以往实证经验进行综合校验解析，在校内建立起合理规模的科研项目和财会专业实训基地，稳定不同实验设备更新力度，能够为学生今后经济类职业发展前景细致绽放，提供更为广阔的支撑动力。所以说，有关院校应该尽心竭力建立和完善一体化教室，配备各种会计模拟教学工具及设备；同时开放沿用不同类型高水平的现代化的财经实习教室，并全部进行教学联网，专门用于系统的财会电算化培训和学校的电算化教学。

二、师生进入移动自主学习角色

随着现代信息技术的迅猛发展，网络技术在教育中的应用日益广泛和深入，特别是Internet与校园网的接轨，为学校教育提供了丰富的资源，使网络教学真正成为现实，为有效实施素质教育搭建了平台，有力推进了新课程改革。现代信息技术的发展为创新人才培养提出挑战的同时提供了机遇，通过大力推进现代信息技术在教育中的普遍应用，促进现代信息技术与学科课程的整合。而运用现代信息技术教学具有“多信息、高密度、快节奏、大容量”的特点，其所提供的数字化学习环境，是一种非常有前途的个性化教育组织形式，可以超越时间和空间的限制，使教学变得灵活、多变和有效。处在教育第一线的我们，必须加强对现代化教育技术前沿问题的研究，努力探究如何运用现代信息技术，尤其是在课堂上将基于现代信息技术条件下的多媒体、计算机网络与学科课程整合，创新教学模式、教学方法，更好地激发学生的学习兴趣，调动其学习积极性，使课堂教学活动多样化、趣味化、生动活泼、轻松愉快，提高教学效率。

课堂教学改革是实施新课标的重要基点。现代社会要求青年一代要具有较强适应社会的能力，并从多种渠道获得稳定与不稳定、静止与变化的各种知识。传统的教学模式是教师在课堂上讲课，学生在下面接受知识；而新型课堂教学模式是学生在教师的指导下，通过积极参与教学实践活动，自主完成知识的学习，课堂变成了师生之间和学生之间互动的场所。面对常规的每一节课，面对基础不一的每一个学生，面对每一个新的知识点和每一个学生不同的需求，打造"翻转教学模式"下以学生为中心的高效课堂教学就显得十分重要。

（一）学生角色

学生进入移动自主学堂后会看到自己未完成的任务，其中包括老师发布的考试、作业和学习资源；自己制定的学习任务，如查看学习资源和错题练习等；系统根据学习曲线算法在适当的时间布置给学生的相应学习任务，如学生长时间没有复习和练习某个知识点时，系统会将相应的学习资源和练习推送给学生进行复习和练习。学生可以查看自己最近一段时间的学习记录，及时了解自己的学习情况。学习记录中包括最近学习了哪些资源以及学习每一种资源所用的时间、测试情况的反馈，包括每一个知识点测试题目的数量、正确率等信息。平时考试、做作业会产生错题，利用好这些错题可以有效提高学习效率。移动自主课堂考试、作业功能可以根据学生的学习记录自动剔除学生已经牢牢掌握的试题，从而缩短学习时间，提高效率。学生可以自主在题库中随机（由系统根据算法进行预筛选）或指定筛选条件等多种方式抽取试题学习，以及根据学生的特点推送与学生掌握不好的知识点相关的试题供学生进行练习（缩短学习时间）。同时，系统根据高分学生的学习记录，推送这部分学生的学习资源和练习题供当前登录的学生进行练习，并根据练习题的测试情况调整推送参数，以探索最适合该学生的学习模式。针对每个学生的不同学习特点，系统对学习资源进行有效分类。系统将知识点和学习资源建立网络结构，并根据教师指定的难度和实际测试过程中形成的难度数据建立分层结构（海量资源分类）。学生可选取知识点的学习资源，系统自动记录学生学习每个资源所用的时间，以 t 表示。每个学习资源在入库时由系统自动根据资源内容设置学习时间，以 t_0 表示。当 $t>t_0\times1.5$ 时，t 取 1.5 倍的 t_0，其意义是如果学生学习某个资源耗时过长，可以认为仅学习了 1.5 倍的标准时间。这样可以排除一些人为的操作，避免产生影响统计分析的结果。针对每个学习资源，学生可在学完资源后进行即时练习，趁热打铁。

（二）教师角色

教师可利用平板电脑或其他方式出题，同时指定试题的属性，如关联的知识点、体现的能力和难度系数等。对于试题的难度系数，系统可以根据学生答题的情况计算出来，自动将错误率较高的题目推送给教师并给出建议，如题目太难、讲解不够等，从而优化题库。为了提高教学效率及资源利用率，系统可以统计每个资源的使用情况，包括学习次数和时间等，并针对使用过于频繁或者过少的资源推送通知。教师可以通过考试系统发布随堂练习，及时查看学生学习掌握程度，以便当堂解决学生本节课学习中存在的问题。考试系统根据历史数据，对试题库中的试题进行预筛选，剔除正确率非常高、近期出现频率过高的试题，同时将错误率过高、近期很少出现的试题前置显示，为教师提供更多的建议，从而提高出题质量，实现因材施教。在体现个性化教学方面，系统中的学生学习情况查询功能可以使教师了解学生的整体情况，包括错误率较高的知识点和题目。同时，将查询到的数据与相应学生学习资源的时间投入情况进行对应，以协助教师分析学生失分的原因。还可以针对指定学生，了解其最近的学习方案和考试、练习情况，包括其薄弱知识点、资源学习的盲区等，以便针对个体给出个性化的学习建议。

三、营造师生及生生互动的学习空间

（一）师生、生生互动

移动自主学堂采用先学、精讲、后测、再学，并有教师参与的教学模式。在移动自主学堂中，教师根据学科类型、知识特点、学生特点、教学目标与教学内容等，可采用灵活多样的教学方式，并且系统可自动记录学生行为和教师行为数据。教学生之间可以针对某知识点的学习进行竞争学习，教师和学生之间可针对某知识点发起话题讨论等，在课堂教学中实现师生、生生互动。更重要的是，这样可采集到用于学生分析和管理的真实数据。

（二）个性化学习

在课堂教学中，虽然学生是在教师的安排下有序学习，但课上时间主要集中在教师对疑难问题的解答或教学内容精讲上。而那些课上没学会或缺课的学生，则可以在课外登录“移动自主学堂”，自主学习课堂教学中的相同内容。在课外，系统根据每个学生的学习路径和近期学习情况，针对教学过程中的重难点和每个学生的错误点进行个性化推荐。根据系统记录的学生错误试题的数据，教师也可以进行个性化指导。

信息化环境下移动课堂教学模式探究以“移动自主学堂”为核心，我们还设计了“四课型”渐进式自主学习方式。其基本模式是先学—精讲—后测—再学，即教师提前通过学生学习支持服务系统向每个学生发送资源包，包括导学案、课件、测试题及有关学习资源（包括微视频等）；学生参考资源包，依据课本进行预习自学，并记录问题或疑问；学生通过平板电脑或其他媒介展示反馈学习成果，或通过学生学习支持服务系统进行前测，通过测试展示学习成果或问题。对重难点内容由学生或教师进行点拨，在充分质疑交流的基础上进行归纳总结（教师与学生互动）。最后通过学习平台进行练习评价课，系统自动统计测试成绩并进行分析，之后由学生、教师或系统进行讲评、评价。

第三节 互联网时代会计教学的人才培养探索

高等院校已走过初创阶段和快速发展时期，逐步进入提升阶段，高等院校会计专业应抓住机遇、深化改革，从人才培养模式改革入手，对高职院校的人才培养目标进行分析探究会计专业实践教学模式，构建一种应用技术型实践教学模式，使学生的实践能力直接对接企业，提高高等院校会计专业的教学质量和实训能力。

一、高等院校会计专业人才培育模式的不足

（一）人才培养目标定位不准确

会计是一种技术性、理论性较高的职业，要求从业人员有较高的素质和专业技能。大多数高等院校的会计专业定位于培养从事会计岗位的应用型高技能专门人才、技能型会计人才，但是缺乏特色和培养目标。而对于全国各类高等院校，一方面，由于会计专业人才的缺乏而加大会计人才的招生人数；另一方面，各高等院同校水平用同样的人才培养方案无法满足不同学生的发展需要，会计专业的人才培养模式越来越难。因此，高等院校制定准确的人才培养目标非常重要，并且要根据培养目标决定会计人才的类型和培养方向。

（二）复合型会计教师缺乏，实训室仿真效果不强

会计专业教师主要是从高校毕业直接参与高等院校会计专业教学任务，缺乏相应的实践经验，容易导致会计教学与实践工作脱节，难以保证实践教学质量，很多会计专业教师没有意识到实践经验的欠缺会影响到教学效果，反而相信企业会为毕业生提供上手锻炼的机会。从校内实训的核心内容来看，实质都是对某一类型的企业进行会计核算，欠缺企业整体财务的工作氛围，很难通过实训。学生在完成教学实训过程中，不应只机械操作各流程，更应该让学生知道变换角色。

（三）教学内容缺乏实践性

由于高职会计专业在实际课堂的教学内容上有时也呈现过分注重会计理论讲述而忽视实际操作的缺陷，教师往往集中对会计理论进行讲解且缺乏实际案例的展示，从而使得课堂教学枯燥乏味，极大削弱了学生学习的主动性与积极性，课堂效率明显降低。

二、网络经济时代的网络会计的应用

随着经济全球化和信息化进程的加快以及计算机技术、互联网和通信技术的发展，信息处理的迅速越来越快，传统工业经济模式下的手工操作及简单的电算化操作难以适应网络时代的需要。会计作为经济信息系统的一个重要子系统，对经济事项的处理和会计信息的传递必须网络化。这样，会计信息的输入、加工、处理和传递才能更加便捷，共享会计信息将达到前所未有的程度，而与国际惯例相协调的会计信息及网络信息，无疑会增强我国参与国际竞争的能力。

三、网络经济时代会计人才需求

目前，我国会计人才的供需结构尚存在着较大的不平衡。一方面，高校会计学专业毕业生的知识面较为狭窄，相当多的毕业生只懂得财务会计理论知识，而对企业经营管理和生产经营活动的业务流程等方面的知识了解不多，缺乏独立性思考和具有创造性思维的能力，理论与实践脱节现象较严重，学生对会计实务了解不深，理解不够透彻；另一方面，社会经济的发展又亟须一大批会计专业人员。特别是在会计信息化的普及和经济全球化、国际化的宏观环境下，市场对高级网络会计人才的需求更是十分迫切，使现有会计人员的能力和素质都面临着更加严峻的考验。在当前及今后相当长的一段时期内，通晓国际会计规则的国际会计人才、熟悉经济管理和税务法规、懂得财务管理理论、具有一定管理决策能力和掌握现代信息技术的高素质会计人才，将备受人才市场的青睐。

随着我国经济全球化网络化的发展，会计人员原有的知识水平、知识结构已经落后于网络经济发展的步伐。在网络环境下，要求会计人员不仅能进行计算机操作，还要能解决工作中出现的各种问题，所以应积极培养能掌握现代信息技术和现代会计知识及管理理论与实务的复合型人才。提高会计人员的素质，是促进网络经济持续、快速、健康发展的基本前提之一。

四、网络经济时代会计人员应具备的素质

高级网络会计人员应具备的素质包括以下几个方面。

（一）网络经济时代会计人员的管理

知识网络会计下会计的职能由核算型转变为管理型，因此要求会计人员具有相应的管理能力。一是决策支持能力：能够提供管理建议，进行预测分析、报告，当好决策者的参谋。二是资本运营能力：不断更新、扩展知识面，拓宽企业生存空间。三是公关能力：处理好与银行、财税、审计、工商等部门之间的关系。四是综合分析、思

考能力：能够结合市场经济变化，运用市场经济规律，对财务信息数据进行合理分析，提供决策依据。

（二）网络经济时代会计人员的计算机知识

网络会计人员除了必须懂得一些常规的计算机操作知识，还应该学会一门编程语言并掌握其设计方法。同时，能够结合财会岗位的工作特点，进行有关财务软件的简单维护，并熟练掌握常用软件（如 Excel 等）的使用方法。

（三）网络经济时代会计人员的网络安全知识

网络安全问题一直是网络会计面临的最主要的问题之一。会计人员应努力学习网络安全知识，在对网上会计信息进行有效过滤的同时，注意保护本企业的会计信息，防止非法访问和恶意攻击。

（四）网络经济时代会计人员的网络会计理论

目前我国关于网络会计的理论和法律法规等还不十分完善，因此应该注重对国外先进理论的学习与借鉴。网络会计从业人员应做到与时俱进，紧跟形势，加强对新出现的法规政策的学习，不断丰富理论知识。

（五）网络经济时代会计人员外语的应用

网络经济时代，要求会计人员具备较高的外语听、说、写能力。传统的商品交易将发展成以电子媒介为基础的电子商务，网上交易将成为时代发展的趋势。企业的财会人员很可能因此被赋予除算账、管账等传统职能之外的许多边缘职能，如重要合同条款的审定、网上支付款项等。或许这些交易的对象是从未谋面的异国商业伙伴，根据通常的习惯，作为沟通和交流的语言一般都是英语。在经济发展全球化的今天，商品交易日益国际化，充斥着大量外语的商业信函、重要合同文本、往来凭证等，支付手段也存在于国际交往之间，更何况在以英语为支撑语言而形成的网络时代，英语的掌握程度已成为衡量一名财会管理者合格与否的标准之一。

（六）网络经济时代会计人员国际化的会计眼光

网络经济时代的到来，同样要求会计人员要有适应国际竞争的新观念。应该拥有全球化的视野和开放的眼光，要站在全球角度考虑问题，而不能局限于本地区、本部门。会计人员要将国际竞争机制和新型的会计规则引入国内，依据法制办理，适应国际办事效率，国内交往中那些不守时、不守约、不守信用的做法，在国际上是行不通的，必须尽快改变;要强化质量意识,适应国际质量要求,提高服务思想,适应国际服务水平。会计人员要以更广阔的视野、更博大的胸襟和更开放的姿态，大步地融入世界经济发展的大潮。

五、高校网络会计人才培养的途径及改进

处于信息环境中的高级网络会计人才培养的途径，主要包括高等学校会计教育和会计继续教育。高等学校会计教育包括一般学历教育（大专、本科、研究生），以及应用型的会计专业硕士学位教育，立足于培养未来的高级网络会计人才；会计继续教育则注重于培养和建设现有的高级网络会计人才队伍。

（一）高等学校会计教育

对于高校网络会计人才培养，主要是对现有的会计教育体系进行改革，从教育系统的角度来看，应该注意以下几个方面。

（1）教育环境：首先，要关注计算机和网络的冲击带给我国会计制度、核算方式的变化；其次，网络会计教育的成本较高，要尽力解决资金来源；最后，加强与在职网络会计人员的沟通，使人才的培养速度能够跟上职业界的发展速度。

（2）人才培养目标：应考虑网络会计的发展现状，根据环境的变化及时调整和确定人才的培养目标。

（3）专业课程的设置：注意落后与过时教材的更新，同时增加学生信息管理课程和网络等内容。

（4）实践环节：加强与企业、注册会计师事务所、财务软件等会计职业界的联系与合作，保证实践性教学环节的顺利运行。

（5）教育活动实施：一是要建立一支高学历、高学识、高素质的会计教师队伍；二是注重教学工具的改进，特别是运用多媒体教学、财务软件以及上机所需资料的更新等。

（二）会计继续教育

目前，对我国培养高级会计人才影响比较大、贡献比较多的，包括财政部、各地方财政部门或各大型企业集团从2005年开始启动的高级会计人才工程，以及各个省、市、自治区财政部门或行业协会组织的高级会计师继续教育如构。

1. 财政系统高级会计领军人才项目

自2005年以来，财政部启动高级会计人才工程。其运作模式如下：一是严格的人才选拔机制，确定培养对象；二是领军人才培养机制，采取因材施教、学用结合的原则，实行集中培训与在职学习实践相结合、课堂教学与应用研究相结合、教师讲授与学员互动相结合的培训方式，通过建立学习、研究、实践、交流的平台，全面培养和提升培训对象的综合素质；三是领军人才淘汰机制，强调要“严进严出”，从而确保领军人才工程目标的实现；四是跟踪管理机制，财政部建立会计领军人才库，对参加

培训的学员实行跟踪动态管理，通过定期报告制度和考核制度，系统记录学员的学习、科研和工作情况，及时了解学员的工作表现及成长经历，为这些人员提供展示才智的机会。财政部负责全国会计领军人才的培养，各地方财政部门负责地方会计领军人才的培养，大型企业集团负责集团内领军人才的培养，只有从多渠道着手和努力，才能迅速提高我国高级会计人才的质量和数量。

2. 高级会计师继续教育

各省、市、自治区财政部门或行业协会组织的高级会计师继续教育，为财会行业培养了一大批高级管理人员，有力促进了我国高级财会队伍整体素质的提高。教育培训的内容包括五方面：计算机操作能力，能够熟练掌握计算机的操作方法和技巧；网络常规维护能力，能够系统地掌握网络维护的基本程序和方法；数据保密技能；网络安全技能；外语技能。网络经济时代我国高级网络会计人才的培养，既是一场攻坚战，也是一场持久战，机遇与挑战并存，动力与压力共生。经济发展方式的转变和中国经济快速崛起的背景，呼唤自主培育、自主创新、具有国际水平的高级网络会计师将脱颖而出。

第四节　互联网时代会计教学的管理模式

中央文件要求教育工作者要贴近实际，贴近生活，贴近学生。作为教育工作者，我们要不断加强自身学习，特别是认真学习党的十八大的重要指导思想，认真贯彻高等院校的办学精神和理念，针对会计学院的学生现状，抓氛围，促引导，扎实地做好学风建设工作。

一、会计学院学生管理存在的问题

会计学院的学生生源质量一流，许多同学进校时有远大的理想和信念。进入大学后，由于种种原因，会计学院有一部分学生在学风方面出现以下问题。

（一）学习目标不明确，不思进取

一部分学生通过高考踏入高校大门之后，缺乏宏伟的理想，抱着混日子的观念，想方设法打发大学里的美好时光，学习无目的，无动力，缺乏专业兴趣，认真求学的人少，浪费时光的人多。而真正想认真学习的学生受到此类学生的不良影响，也产生了不思进取现象。有些学生不知道为什么来上大学、应该学什么、以后怎么办等，这些同学比例虽小，但对学校学风建设危害极大。

（二）学校学风不浓，纪律松弛

一部分学生对自己要求不严，自由散漫，整天萎靡不振，缺乏学习热情和刻苦钻研精神，经常迟到早退，旷课，相互间流传“选修课必逃，专业课选逃”等错误思想。在学习上弄虚作假，靠动歪脑筋搞投机取巧，考试作弊的手段五花八门，虽然学校对考试作弊有严格的处罚制度，但学风考风权威时常遭遇挑战。

（三）会计学院学生人数多，教学任务重，管理难度大

近年来持续的会计专业热，造成连续多年的新生人数剧增。目前各个高校会计学院的教职人员人数不多,但是,他们承担着高校会计专业所有学生的教学和管理的重任。虽然教育部对高校会计专业有一定的政策和支持，也及时补充了一些博士生加盟会计学院任教，但一些会计学院仍然无法在教学和管理上做到面面俱到，尽善尽美，没有形成持久的优良学风体系。

（四）家长与学校的配合度不够，不能做到共同关心、促进学生成长

现在大多数学生都出生在独生子女家庭，孩子能够考上大学是每一位家长的梦想和心愿。孩子们一旦考上大学，家长们就错误地认为已经完成任务，万事大吉。他们没有尽到家长的责任，对孩子的生活自理能力、学习自律能力、在校自我管理能力的关心和提醒不够，没能及时与学校沟通与联系。特别是有的家长对孩子过度上网、打游戏的情况和多门考试不及格的情况一无所知。由于学风不正，有的同学由于种种原因不能完成学业，严重影响了学风建设的深入开展。

（五）社会大环境影响了部分学生的思维

由于目前是改革开放的攻坚阶段，处于市场经济发展时期，取消了大学生包分配的模式，许多学生对学习好坏与今后的工作不能正确地认识和理解。特别是社会上的一些不正之风导致学习优秀的学生还不如家庭有背景的学生有前途，使学生的心理严重失衡，模糊了大学生对社会正常现象的辨别与思考，造成了学风不正的情况发生。

（六）学生党员、班委干部为同学服务的意识不强

学生党员、班委干部为同学服务热情不够，没有把精力投入班级的工作中，导致各项工作无法深入开展，特别是课堂纪律方面，学生上课抢占后排座位、玩手机上网、说话、吃零食的情况时有发生，学风问题严重。

二、会计教育管理信息化建设中存在的问题

（一）会计教育管理软件的开发与维护不足

会计教学管理信息化建设包括硬件建设和软件建设，硬件建设指信息化办公所必需的计算机、处理器等网络设备；软件建设则指会计教学管理所应用的计算机软件，这两者应当并重，不可偏废。目前，许多高校把主要的精力投入硬件和平台建设，对于软件的引进、开发和维护还没有给予足够的重视。计算机等设施的置备并不能说明实现了会计教学管理的信息化，还要看这些信息化设备在会计教学管理中的作用。然而，现实中会计教学管理系统设计与学校具体需要之间存在矛盾，软件公司在开发时往往选择具有普适性的模板，但每个学校的会计教学管理体制存在差别、需求不同。因此对于不同的学校，就会导致会计教学管理系统功能上存在不适。

（二）传统会计教学管理理念的不良影响

将会计教学管理信息化建设定位于硬件和平台的建设固然有利于教学评估检查、完善基础设施，但实现会计教学管理信息化的关键在于树立适应信息化社会运行规律的理念，即高效、智能的会计教学管理理念。一些教学单位认为会计教学管理信息化只是管理手段的变化，只具有提高效率的作用，甚至在一些操作技术不熟练的人看来还不如传统方法简捷方便，这实际上是传统会计教学管理理念造成的误区。使用信息化的会计教学管理方式不仅会对传统会计教学管理手段带来改革，更会对管理理念造成冲击，它要求会计教学管理者建立新的认知和工作思维方式，对涉及会计领域的各种信息逐步培养辨别能力和筛选能力，培养灵敏的信息嗅觉和敏感性。

（三）缺乏网络信息风险意识

信息安全不仅涉及电脑使用者的数据保密和硬件维护，甚至会影响到计算机所在局域网络的整体安全，因此必须引起足够的重视。目前的网络应用软件市场良莠不齐，操作系统方面还存在大量的盗版操作系统在运行，一些高校为了节省成本而安装或在维护时使用未获得授权认证的系统固件，这不仅给计算机本身的运行带来风险，而且很可能会危及学校整体的网络安全，使得会计教学管理信息化存在一定的安全隐患。为了解决这一问题，可采用身份认证和权限控制的方案对信息系统进行全面监控。也可采用一些保护个人隐私的办法，如数据加密、身份认证、病毒及隐私保护等。

（四）建设经费相对投入不足

会计教学管理信息化是需要高投入进行保障的教学模式，教学过程不仅需要信息技术的一系列终端设备、维护设备、电气设备，还需要运行设备的场所、配套的实习

场地。因此，消耗大、投入多，需要得到更多的经费支持。然而，在我国曾经一段时期内绝大部分高校都没有在信息化建设方面投入较大经费，这在很大程度上制约着会计教学管理信息化建设。因此，各地区应加快会计教学管理信息化经费的拨款，用充足的经费保障来促进会计教学管理信息化的正常实施。

三、互联网时代会计学科的教学管理

互联网时代的发展正对会计教育进行深刻的变革，在这个过程中，作为高校教师，我们必须积极地应对这些挑战，对新时期会计学科的教学管理工作提出新的要求。

（一）教学方式的改革与实践

根据日常教学工作与学生的交流，大多数学生还不了解云会计、大数据这些新概念，更不清楚对以后就业带来的机遇与挑战。当下很多学生对大学的学习还是主要依赖于教师的课堂教学以及教材的课本学习，或者选择培训班的方式应对会计的各种专业考试。这种上课、复习、考试的教育机制已经不能满足社会对学生的需求，大学必须培养学生对新知识的认知能力和独立自主的学习意识，教学方式的改革迫在眉睫。

（1）课程建设。在互联网、大数据时代下，传统的课程建设显然已经不能满足我们的教学需求，我们必须积极推进新的课程建设。首先，传统的教学资源比较单一，只有教材习题，而在互联网、大数据时代下，我们可以借鉴微课、慕课、翻转课堂等教学方式，在课前录制短片供学生预习或者课后复习，也可以利用微信等软件进行习题的发布。其次，传统的教学方式都是教师讲，学生听，比较枯燥，在互联网、大数据时代,学生通过课前的短片学习有了一定的知识基础,教师可以只进行重难点的讲解,也可以组织学生进行小组讨论，相互交流彼此的观点，教师最后进行点评，提高学生学习的效率。最后，教师可以通过软件对学生习题答题情况做一个统计，找出学生的易错点及重难点，及时调整教学方法。

（2）培养学生对网络资源的挖掘能力。伴随着互联网技术的快速发展与普及，当今大学生都拥有基本的上网工具，具备获取网络资源的条件。一方面，随着大数据时代的到来，使得会计专业学生可以不受时空的限制进行自主学习；另一方面，海量的会计数据又让学生应接不暇，如何快速地查找并利用有效的会计资源进行学习是当前会计专业学生面临的困惑。首先，教师在教学过程中可以鼓励学生主动去关注与会计相关的专业机构的微博、微信等公众平台接受专业的信息推送。其次，教师在教学过程中可以多开展数据应用实践，为学生提供专业网站，如国研网、巨潮资讯网、东奥会计网校、中华会计网校、重庆会计之家等，充分培养学生利用大数据时代的优越性挖掘网络资源的能力。

（二）教学管理

为了与教学方式相匹配，高校必须建立相应的教学平台进行辅助教学管理。教学平台应当包含以下几个方面的内容。第一，学生的管理类数据。包括学生的基本信息（如姓名、性别、年龄以及人校的心理测试等）、考勤、作业、成绩以及该生在学校的各类表现（荣誉、处罚）等。第二，教师的管理类数据。包括教师的基本信息（主要教学课程、主要研究方向等）、教师备课的教案、教学进度、作业批改情况、辅导学生情况等。第三，综合管理类大数据，包括学校基本信息数据以及学校各项评比类数据等。第四，第三方应用类大数据，包括地图、天气、安全、网上课堂等教学资源。

第五节　互联网时代会计教学的考核评价

一、互联网时代会计教学考评创新体系设计

为顺应互联网技术发展的需求，满足学生超越时空限制的课外辅导诉求，会计教学方式必须求变，要充分利用现有的网络发展技术，开发研制会计网上考核系统，以提升会计教学的效率与效果。

会计考核系统的设计，应体现以下几个思路。

（一）充分利用信息化的技术成果

互联网已经遍布世界的每一个角落，没有任何一种方式像互联网那样将教育的权利送至千家万户。网络教育已经发展为一项巨大的产业，这是一种自主、快乐的教育形式，实现随时随地的学习，达到学习就是生活的最高境界。网络教育具有交互性，相互交流机会更多。网络教育是一种最廉价的教育形式，不仅教材、讲义的成本较低，而且不需要庞大的教室、设备的投资。会计教育必须利用网络这种先进的技术手段，提高会计教学的质量和数量，满足信息社会的要求。

在系统的设计过程中，要充分借鉴信息化发展的最新成果，尤其是网络互动平台的建设必须体现到系统中去。另外，面对大规模的会计教学数据处置的需求，可以应用最新的云计算成果，提升系统的运作效率等。同时，在系统设计中，要留有标准化的接口，以便将来与高校的教务系统完全对接。系统自身的设计框架也应具备开放性和可扩展性，为将来的升级与更新做好准备。

（二）考虑高校会计教学的实际情况

会计考核系统是为高校的会计教学服务的，必须考虑到中国高校当前的会计教学实际情况。首先，要考虑师资力量的建设，要确保大部分的会计师资能运用该系统，而不能仅仅依托几个精英来使用该系统。其次，还要考虑高校的网络建设水平。尽管现代网络技术已经发展到了一个很高的层次，但高校的网络化建设总体水平还不高，系统的设计必须满足现有的高校网络运行的条件，不能太过超前。另外，还要考虑学生的应用条件。尽管部分学生拥有了现代化的学习设备，但大部分学生还是依靠学校的机房或图书馆来进行网络学习，系统的设计必须充分考虑这一点。

反映会计信息化发展的最新成果。会计信息化的发展已经经历几十年的时间，有了一定的成果。尤其是20世纪90年代开始的ERP建设，将会计信息集成到了企业的管理系统中，加速了会计信息化建设的进程。在这一过程中，很多企业运用了比较先进的会计信息系统，尤其是数据库技术的使用，加大了会计数据的处理能力。同时，会计报告的标准语言开发，也促进了会计信息的可扩展性。这一切，在会计网上作业与考核系统的设计上，要予以充分考虑，使得会计信息化既要体现在教学内容中，也要体现在教学手段中。

二、教师考核评价制度的改革

教师考核评价制度要以“师德为先、教学为要、科研为基、发展为本”为基本要求，以“坚持社会主义办学方向与遵循教育规律相结合、全面考核与突出重点相结合、分类指导与分层次考核相结合、发展性评价与奖惩性评价相结合”为基本原则，努力解决考核评价存在的突出问题。为此，应从以下方面深化改革。

（一）考评内容

首要是师德师风。高校建设与教师发展应回归教育本源，体现教育的实质。为此，必须增加师德师风考评的权重、加强师德考核力度；建立教师师德档案，健全师德长效机制；设计将师德考核贯穿教师日常教育教学、科学研究和社会服务全过程的软硬指标体系；进一步完善将师德要求和思想政治考核贯穿教师聘用、职务晋升、岗位聘用和聘期考核的首要参照机制；推行师德考核负面清单制度，加强教师师德考核惩戒机制建设，对高校教师师德违纪行为，师德考核不合格，进行严肃惩戒，实行师德“一票否决”。

关键是教育教学水平。教书育人是教师的本职工作，对教师教育教学水平和效果进行考评是人才培养能否达到目标的重要衡量指标。为此，必须健全教学工作质量评价标准，特别是针对不同特点的高校，建立任务清晰、分层次、差异化的评价标准，充分调动教师从事教育教学工作的积极性；建立由教师自评、学生评价、同行评价、督导评价等多种形式结合的教学质量评价体系；建立课堂教学纪律考核机制，对教师的课堂教学活动和教学实践环节加强督导，严肃处理在课堂偏离正确育人方向、传播违背社会主义核心价值观的有害观点和言论。

难点是科研评价。高校教师既承担着教书育人的重要使命，又担负着服务国家社会经济发展的重要职责。科研是高校教师工作不可或缺的部分，但目前重科研、轻教学，重论文课题数量、轻质量效果的评价体系在高校普遍存在。为此，科研评价应改变片面重视论文、专利、项目和经费等量化指标的倾向，建立针对不同类型、不同层次教师的分类评价体系；按照哲学社会科学、自然科学等不同学科领域，根据基础研究、应用研究等不同研究类型，建立科学合理的分类评价标准；建立以服务国家经济社会发展需求和教育教学功能为导向的科研指标体系，推动原始创新和推进科教融合，落实科研工作的实效性；探索建立“代表性成果”评价机制，将通过长期积累、潜心研究形成的科研成果作为评价教师科研工作的重要依据。

（二）考评方式

第一，应充分尊重教师自评。高校教师是教学科研的主体，但由于在考评制度上成为考评对象，是被动的监督和考核的客体，从而被考评过程所忽视。应充分重视教师自我评价，建立教师在师德师风、教学科研、职业规划、教学环境、心理压力、学校发展目标与自身发展的关系、社会服务贡献等方面的自我评价指标体系，增强教师的主体意识。

第二，应采取学生考评与同行和督导考评相结合的形式。建立包括教师的道德品质和教学态度、教师的理论素养和教学水平、教师的心理素质和与学生的沟通能力、教师对学生的影响力、教师的教学方式方法的创新能力和效果、对学生反馈的接受程度等为内容的指标体系，最大限度地吸收学生以及同行和督导的意见和建议，使之成为教师改进教学、不断调整提升素质的动力。

第三，应形成分类评价体系。基础研究注重原始创新，研究成果往往没有明确的实际目标，但能够彰显以认识论为基础的大学精神与理智传统、高等教育使命与高校教师的内在价值，只有在某一学科和领域的同行专家才能做出专业、科学的评价；应用研究和技术开发探讨的是如何将基础研究应用于实际，是以解决实际问题和实践难题为明确目标的研究，研究成果必须接受市场的评价和认可；哲学社会科学是对社会科学领域的重大理论现实问题提出见解和建议，应主要看其是否遵循国家利益和政府立场，因此必须由社会进行评价。总之，应充分发挥同行评价、团队评价和第三方评价的作用，建立科学化、市场化和社会化的考评制度。

（三）考评效果保障

第一，规范评价程序。科学完善的评价程序是保证教师评价制度准确性和公正性的前提。为此，学校必须做好考评的宣传和解读工作，保持考评程序的公开透明；建立稳定的教学评价机构，以保证考评的权威性与公信力；建立评价结果反馈机制，科学分析教师在考核评价中体现出来的优势与不足，为教师提供自我提高和职业规划的建议；建立评价结果申诉程序，让对评价结果有异议的教师通过正常渠道抒发意见，表达诉求；建立评价过程监督机制，让考评工作程序自始至终在阳光下运行。

第二，注重政策联动。针对目前高校评估体系存在的片面、碎片化管理，缺乏沟通与互动所导致的评估效果不彰的问题，应建立各类评估评价政策联动机制，包括探索建立院校评估、本科教学评估、学科评估和教师评价的政策联动，将制约和影响教师考核评价政策落实的评价指标进一步优化和调整。

第三，推进部门协调。建立健全由学校主要领导牵头，人事管理部门协调，教学、科研、研究生等管理部门密切配合的规范化、制度化和常态化沟通协调机制；建立科学完整的教师信息数据库，各部门实现网络数据对接和信息资源共享，为考评提供快捷方便的条件；建立各部门问题解决和纠错机制，准确快速解决部门间在考评工作中出现的矛盾和问题，彼此支持、形成合力，进一步提高行政办事效率以保障考评工作的顺利进行。

第六章　互联网时代会计教学改革的资源支持

第一节　互联网时代会计教学改革的信息资源支持

现代信息技术的发展使教育逐步走向信息化、开放化、大众化，极大地拓展了教育的时空，为素质教育、创新教育提供了环境、条件和保障，也为会计教学改革提供了良好的机遇。随着通信科技与计算机科技的快速进步，现代信息技术应用于会计专业教学，信息技术与会计课程教学的整合已成为当今会计教育发展的必然选择。

一、适应现代信息技术的发展，改革会计专业的课程设置

在现代信息技术条件下，数据共享、网络传输已成为信息管理的主要方式，而会计信息与生产信息、经营信息在很大程度上已融为一体，因此在设置会计课程时，必须考虑网络环境下处理会计信息的需要，研究探讨新的会计课程体系。会计专业课程的设置要尽可能与管理学、经济学和现代网络信息技术有机结合，会计教学中应增加与信息技术相关的课程，如“现代信息技术”“网络环境会计核算与控制”“管理信息系统”“电子商务与会计”等课程，使学生在掌握传统会计核算原理的基础上，了解现代信息技术背景下的会计发展，具备应用现代信息技术处理会计信息的能力。

二、适应会计教育的信息化，创新会计教学模式

随着教育信息化的不断推进，现代信息技术对传统的会计教学模式带来了冲击，传统的会计教学模式已经越来越不能满足现代会计教学的要求。这就要求我们必须加快会计教学模式的创新，应用现代信息技术和新的教学模式使传统的埋头苦学式的学习方法被新型的团队式的学习方式所替代；传统的课堂教学形式被新型的个人探索的形式所替代；传统的教学内容被瞬息万变的最新内容所替代。

现代多媒体技术的发展，使交互探讨教学成为可能。交互探讨教学模式是教师利用计算机网络技术和会计教学软件，达到教师和学生进行双向交流的教学目的。例如，在会计信息化实验室中，教师可以利用计算机网络的同步和异步双向传递功能进行教

学。这样，学生可以通过计算机向教师提出问题，教师可以在自己的主机上回答学生提出的问题并指导学生解决问题；教师既可以对学生进行单独辅导，也可以对一组学生进行集体辅导；教师还可以把某个同学的作业放在网上供大家集体学习。总之，交互式教学的关键是教与学的互动，如果学生只是信息和知识的被动接受者，而不能主动参与其中，这样的教学过程是枯燥的，也无法达到有效的教学效果。

三、利用现代化的教学手段，提高会计教学效果

应用计算机网络技术的教学平台系统、智能辅导系统开展教学，将带来教学手段的变革，大大提高教学效果。

（一）开发多媒体辅助教学系统，提高会计教学效果

在传统的教学方式下，许多会计问题因数据量过大、业务处理过程繁杂以及教学时间的限制，无法采用手工的方式在课堂上解决。因此，完整的会计实例教学往往流于形式，教学内容常常只是讲授会计原理。利用多媒体课件和会计教学软件等进行辅助教学，可以将传统教学方式下难以表达的会计理论、会计方法和会计实务引入课堂，显著地提高教学效果，激发学生的学习兴趣和学习主动性。

（二）发展网络学习系统，拓展会计教学时空

利用网络系统可以为学生提供一个模拟的会计实验环境，让学生在局域网上进行有关信息检索、信息收集以及信息处理的实验。例如，可以将一些商品化会计软件如用友财务及企业管理软件 M8.X、用友 U8 系列、金蝶 2000 系列等，嵌挂在学校的局域网上，根据网站的实验案例库所提供的实验案例数据，由学生完成账务处理、编制会计报表、财务分析、工资核算、固定资产核算、存货系统核算等多项会计实验操作。学生完成实验后，要将实验账务数据传回到实验作业库中，由教师进行评价。这样，学生利用会计实验软件系统进行反复实习，一方面可以进一步加深对会计核算的基本原理的理解，亲身体验会计核算方法的具体应用和会计数据处理的全过程；另一方面，学生可以在计算机网络环境中完成教师布置的会计核算作业，将所学的会计理论知识与会计实务进行有机结合，最终形成会计职业能力。

四、适应现代信息技术的要求，加强学生能力的培养

适应现代信息技术的要求，加强学生能力的培养包括以下几个方面的内容。

（一）学生信息技术应用能力的培养

现代社会步入网络经济时代，越来越多的企事业单位正在逐步构建内部管理信息系统，而会计信息系统又是管理信息系统中的一个核心子系统。这就要求所培养的会

计人才应该具备熟练地应用计算机网络技术的能力。所以，应该加强计算机网络知识教学，开设更多的计算机应用，计算机网络使用、维护、设计等相关课程，丰富学生的计算机网络知识，提高学生的网络技术应用能力。

（二）学生信息检索能力的培养

在网络信息时代，大量信息在给人们带来方便的同时带来了诸如信息量过大、信息不对称、信息安全等一系列问题。如何在扑面而来的大量信息中及时发现有用的信息，是未来会计人才必备的基本技能。因此，在信息技术日益普及的环境下，高等教育在增强学生信息意识的同时，应重视培养学生的信息获取能力，使学生能够利用各种网络数据库、光盘数据库和图书馆信息资源，有效地获取本学科领域内的相关信息以及有关社会生产所需的各类信息。这就要求把包括现代信息检索技术、数据库管理和信息分析技术等数据开采、发现的技能和方法传授给学生，提高学生的信息检索能力。

（三）学生自我学习能力的培养

在知识爆炸的时代，新的知识不断涌现，新型会计人才必须具备不断更新自我学识的能力。世界注册会计师协会已经把通过互联网进行的在线教育列为注册会计师后续教学的主要手段。“终身教育”“自我教育”已不再是一句空话，而是会计人才适应社会需求、自我提高的基本手段。因此，现行的会计教学必须兼顾传播知识技能和培养未来自学能力的双重任务，使学生逐步适应网络时代最为广泛的“在线教育”模式，让学生具备利用网络更新知识、实现自我教育的能力。

（四）学生创新能力的培养

要在教学活动中培养学生的创新能力就要充分尊重学生的主体地位，发挥学生在学习过程中的自觉性、自主性和创造性，不断提高学生的主体意识和创造能力，最终将学生培养成为能够进行自我教育的社会主体。对会计专业的学生进行创造性学习，应该加强会计网络教学体系的建设，主要包括以下几个方面的内容：（1）资源库的建设，包括建设网络会计课件（积件、智能学件）库、网上会计案例库、上市公司数据库，以及考试试题库等；（2）支持平台的建设，向教师提供上传下载素材、课件的界面，向学生提供下载学习资料的界面；（3）应用系统的建设，向师生提供用于会计教学的资源，包括保证安全的身份验证、课件点播的交互式界面等。此外，网上会计信息资料要及时补充与更新，使学生能够方便地查询和下载最新的学习资料。

五、适应现代信息技术的要求，提高教师的信息化素养

教师素质直接制约着教学的效果与质量，要培养出能够适应信息技术发展的高素质会计人才，必须全面提高会计教师队伍的素质。会计教师除了需要掌握新的会计理

论和方法，具有独立思考、独立教学的能力之外，还需要提高运用信息技术的能力，熟练应用计算机网络技术，方便快速地查询最新的科技资料和各种法规制度，及时更新教案，合作开发与使用计算机多媒体教学资源，进行课程资源建设、开展课堂互动教学，不断提高自身的业务素质和信息化水平。

六、会计教学课堂中应用“微资源”

随着我国信息技术和互联网技术的不断发展，高等教育的教学手段和教学方式都发生了巨大的改变，微资源在教学中得到了广泛的应用，将微资源充分应用到会计课堂教学中，可以不断丰富课堂教学手段和教学工具，取得良好的教学效果，还能提高各种资源的利用效率，使整个课堂更加具有感染力。

（一）微资源在会计教学中的应用优势

1. 实现会计教学的电算化教学

近年来，随着我国各种信息技术和互联网技术的不断发展，在教学中应该充分利用各种信息资源，在会计教学中充分使用微资源，可以实现会计教学的电算化教学。在会计教学过程中，应该考虑到会计本身的操作隐秘性和保密性，在会计教学中，电算化教学是非常重要的。在传统教学中，教师单纯采用理论教学是远远不够的，只有借助各种先进的多媒体技术和平台等教学手段，才能真正提高学生的实践操作能力。在会计教学过程中充分利用微资源。

2. 丰富教学资源，实现资源的再利用

教学过程中，教师面对的是全班学生，而在全班学生中，不同学生的学习能力是不一样的。课堂教学中，如果学生对教师的课堂教学内容并没有完全掌握，或者学生由于生病等原因请假而没有参与课堂教学中，就可以利用课余时间学习课堂知识。充分利用各种微资源，学生在课余时间就可以对教师在教学过程中提出的问题和讲解的知识点进行回顾，置身于真实课堂中，从而实现课堂资源的再次利用。

3. 帮助学生构建知识模型

微资源是一种时间较短但是内容非常丰富的学习资源，通过微资源进行会计知识教学，可以将各种各样的学习资源整合到一个视频或者界面上，将课程知识点和内容通过有趣的形式展现在学生的面前，大大节约了教学时间。另外，教师采用微资源进行会计教学的过程中，可以将微资源传输到学校的学习网站平台上，学生在课余时间可以通过互联网等登录学校的学习平台，然后找到相应教师上传到平台上的学习资源进行学习，使学习不受时间和空间的限制，使教学时间和空间得到有效拓展。

（二）微资源在会计课堂教学中的应用措施

1. 选择合适的教学内容进行微资源教学

在会计课堂教学中，充分利用微资源进行教学。微资源是会计教学的一种补充和延续，并不是会计教学的一种缩影，教师在教学中应该明确这两者之间的关系，做到分工明确。虽然将微资源应用到会计教学过程中具有多重优势，无论是在教学效果上还是在教学方式上都得到了极大地提升，但并不是所有教学内容都适合采用微资源进行教学的，对于不适应微资源教学的内容，如果采用微资源进行教学，不仅不能充分发挥微资源的作用和优势，甚至还会适得其反，使整个课堂教学质量下降。在讲解操作性比较强的教学内容的时候，通过微资源的教学方式，可以不断提高学生对知识点的学习兴趣，让学生积极主动地参与到教学中，从而全面提高学生的会计学习成绩。

2. 科学、合理地制定微资源教学项目

教师在采用微资源进行教学的过程中，制定一个合适的微资源教学项目是非常重要的。教师在采用微资源进行教学的时候，首先应该制作一个合理、科学的微资源，应该明确教学目标，根据教学目标进行微资源设计，应该保障微资源中不能留有空白。教师喜欢用录制视频的方式授课，利用这种模式和多媒体教学模式有一定的相似性，教师应该充分利用不同的素材充实微资源，只有选取了合适的素材，才能使整个微资源讲授的内容更加充实，并且微资源呈现的内容更加形象，可以有效激发学生的学习兴趣。

3. 进行多元化的微资源教学

在会计教学过程中，会计课程教学本身具有较强的实践性和理论性，会计知识本身非常丰富，在教学中更不应该局限于课本上的有限知识。会计教学过程中，知识点之间的关联非常紧密，所有知识点都是环环相扣的，学生在学习时对于任何一个知识点都不能遗漏。在会计教学中充分利用各种微资源，也应该进行多元化教学，不能仅局限于某一种方式或者固定的教学方式。

第二节　互联网时代会计教学改革的工具资源支持

传统授课方式在现代会计专业课程教学中存在诸多局限和不足，针对这种情况，随着多媒体技术的发展，多媒体教学工具被广泛运用于课程的辅助教学。而在会计专业的学习中，沙盘模拟也是现代常用方法之一。此外，网络的不断发展，一些有利于会计学习的网站和软件也悄然兴起。实践表明，合理使用多媒体教学，能够大幅提高教学效果。

一、多媒体在会计专业课程教学中的运用

（一）优势分析

（1）承载的会计专业课程信息可呈现多样化和处理方式的多样化。多媒体能够完成在内容上相关联的多媒体信息的处理和传送，如声音、活动图像、文本、图形、动画等；而且能够高度集成这些元素，形成搭配合理、协调统一的教学资源，同时教师可对此灵活处理，根据教学需要方便地调整教学内容。

（2）多媒体能够直观、生动地输出教学内容，更好地揭示会计知识内在的逻辑性，有利于会计知识的阐述，有利于吸引学生的注意力，便于学生理解，学生观后印象更加深刻。此外，教师精心设计出的优秀教学课件可有效降低课程的难度，深入浅出，化复杂为简单，化抽象为具体。

（3）多媒体特别适用于会计案例的讲解，它是案例展示和讲解极好的辅助工具，相比传统的教学手段更加方便、简单，多媒体中的声音、动画等元素会使得会计案例的讲解异常形象、生动。

（4）以超文本结构组织教学信息，能够为学生提供多样灵活的认知途径。为教师的教学和学生的学习活动提供良好的导向；同时，师生利用多媒体系统还可方便地接入因特网，从浩瀚如烟的资源平台中获取相关的知识。

（5）能够提供友好的交互界面，使学生积极参与认知过程，体现学生主体地位，激发学生的学习热情，是一种全面的双向、主动式的交互，这种交互十分有利于课程教学。

（6）多媒体资料的共享性和复制性的特征使得优秀的教学资料能够共享和传输，可为教师提供丰富的教学资源，也为学生拓展了获得学习资料的渠道。

（7）多媒体的产生为虚拟教学提供了基础条件。虚拟教学、虚拟图书馆等都需要使用大量的多媒体教学资源，真实课堂外的虚拟教学十分有利于财会专业学生的学习，是课堂教学之外的一种教学形态，有利于学生自学。

（二）提高多媒体教学质量的方法或对策

虽然多媒体是现代教学的重要辅助工具，但是如果教师不合理地使用多媒体辅助工具，则会产生不良的教学后果，严重影响教学质量。教师运用多媒体工具，在会计专业教学活动中，应注意采用恰当的教学方法，采取一定的对策，充分发挥多媒体辅助工具在教学中的优势，克服其存在的不足，根据会计专业的实践经验总结，大致有如下几个方面的方法或对策。

（1）充分展现教师的音容笑貌。教师运用多媒体教学时，不能缺失肢体动作、脸部表情。有些教师利用 PPT 授课时，整堂课都是安静地坐在讲台上，像机器人一样机

械式放映PPT课件，面无表情，学生听起来没精打采。PPT课件只是教师的一个辅助工具，不能完全依赖它，教师在教学过程中需伴有饱满的激情、丰富的动作表情，全方位刺激被授课者的视觉和听觉神经。

（2）加强与学生互动，体现学生的主体性。运用多媒体教学可以更好地促进教师与学生之间的互动，但是有些教师使用多媒体工具授课时，只是简单地把多媒体工具作为已打印出的课件稿子，一味地坐在讲台上埋头宣读课件，几乎与学生没有语言或眼神上的互动，由此大部分学生听得索然无味，没精打采。教师应避免向学生单向灌输知识，而应充分体现教学过程中学生的主体地位，让学生在课堂中都能成为一个个活跃分子，正所谓有呼有应，教学相融。

（3）加强学生抽象、逻辑思维能力的培养。由于多媒体能够很直观地展现解决某些问题的过程，使人容易理解，但是有时会造成学生缺失抽象、逻辑问题思考能力。因此，教师要学会运用多媒体教学的技巧，正确引导学生对于抽象问题的思考，在讲述某些抽象、逻辑性较复杂问题的时候，不能急于通过多媒体直接给出问题解决的方法或步骤，而应借助多媒体辅助工具，遵循问题提出、提示引导、讨论建议的原则，逐步给出抽象问题的解决过程，培养学生思考的习惯。

（4）使用的课件不能背离教学目标和教学内容。不能一味地追求课件外观上的炫丽，虽然有时确实能够让学生眼前一亮，拍手叫好，但只是给学生视觉上的冲击，未能达到预定的教学目标，离教学内容相去甚远。

（5）不能忽视财务理论和设计思想的教学，有些教师使用了多媒体教学工具后，就大量讲解实例、会计账目处理流程等，而忽视对相关会计理论的教学，没有讲清、讲透财务设计的思想，其结果把学生培养成只会模仿操作的机器人，而失去了创造能力。

（6）建立和健全多媒体电教系统、多媒体网络教学系统，实现教学工具的信息技术化、教学手段现代化。建立多媒体综合系统是扩展教学和学习渠道的一条有效途径，不但可以增加课堂教学的知识输出量，增多课外学习机会，而且学生不易疲劳，以新颖的视觉刺激学生大脑的兴奋点，从而大幅提高教学效率。如果条件允许，努力构建学生课外学习的平台，为其提供丰富优质的教学资源。

三、基于网中网软件的教学改革

（一）根据实际工作的业务选择性的重组教学内容

目前财务会计的教材涉及要素的各个方面，带有“准则 + 解释”的特点。由于高等院校的学生具有畏难、喜欢动手操作的特点，在安排教学内容时，可以依据中小企业财务处理的基本情况，结合网中网等软件的仿真操作，选择难易适当的内容安排教学。

（二）岗位体验中配合“财务会计”课程的仿真软件教学

由于企业财务数据的保密性，学生要进入企业学习真实的账务处理不太现实。而在教学中，有的内容通过“讲解 + 练习”的传统教学模式难以有好的实践效果。在这种情况下，采用网中网等仿真软件辅助教学，能取得事半功倍的效果。

（三）体现岗位分工原则

会计岗位涉及出纳、成本会计、销售会计、采购会计、财务主管、财务经理、财务总监等。一项经济业务的账务处理可能涉及多个岗位，网中网教学软件按岗位分工设置角色，将企业工作中的经济业务的处理与课堂教学相结合，可以让学生体会不同的岗位对经济业务的处理，这种形式既能提高学生的实践能力，又能让其身临其境地体会会计岗位的各个职责，以及会计业务流程的整个过程，从而为日后快速走上工作岗位打下扎实的基础。

第三节　互联网时代会计教学改革的服务资源支持

会计专业教学与服务资源是为会计教育者、学习者、社会会计人员和经济实体提供所需资源和服务的平台，通过会计专业教学与服务资源库的建设，提升高等院校会计专业的人才培养质量和社会服务能力，帮助会计在岗人员提高和更新技能，满足个人多样化学习和终身学习需要，同时，形成区域性职业教育教学资源库建设范例，带动全国职业教育教学资源库建设。建设会计专业教学与服务资源库的建设，一方面可以提升职业院校会计专业的人才培养质量和社会服务能力，使浙江省乃至全国职业院校的会计专业学生受益；另一方面可以为会计在岗人员提高和更新技能，为个人多样化学习和终身学习提供服务，同时，形成区域性职业教育教学资源库建设范例，带动全国职业教育教学资源库建设。

一、会计专业教学与服务资源库的建设内容

（一）专业背景

专业背景反映专业的整体情况，包括专业调研报告、职业岗位工作任务分析表、专业标准、专业课程体系、专业人才培养方案等内容。

（二）资源中心建设

资源中心包括一切可用于专业教育教学的物质条件、自然条件、社会条件及媒体

条件，是专业教学材料与信息的来源，分专业课程中心、实训实验中心、技能认证中心、专业素材中心和服务交流中心。

1. 专业课程中心

专业课程中心的建设要具体到每门专业课程的建设，专业课程包括“基础会计”“经济法”“初级会计实务”等考证课程，以及服务于不同会计岗位的“出纳实务”“成本会计”“纳税实务”等岗位课程。课程建设主要包括以下9类要素：课程设计；课程标准；电子教材；电子教案；教学课件；配套习题；教学案例；授课视频；业务操作平台；具体业务的动画、视频演示。

2. 实训实验中心

实训中心是为专业实训项目服务的，分设常规实训室、虚拟实训室和ERP电子沙盘实训室三个模块。

（1）常规实验室

常规实训室以学校现有的各个实训室为单元进行建设，建设内容紧紧围绕实训项目内容及实训实验教学环节而展开，全面支持教师的教与学生的学，注重学生专业技能的高效提高。常规实训室一方面为在校师生的实训实验教学提供网上服务平台，促进学生专业技能的提高；另一方面，面向社会开放，成为高技能人才培养基地，成为社会人员终身学习、可持续性学习的公共服务平台。常规实训室的建设包括以下要素：实训项目资料、实训测试题、实训室配套的仪器设备图片、仪器设备使用视频等。

（2）虚拟实训室

虚拟实训室是包括会计职业场景、岗位设置、岗位工作任务、操作角色在内的3D虚拟实训系统。学习者可以选择不同岗位进入系统，按照工作流程完成各项典型工作任务。该系统通过角色转换、上岗操作、业务路线选择、签章等功能，实现融职业认知、职业判断、业务处理、实务操作、评价反馈、教学管理为一体的实训教学功能。虚拟实训室的建设包括以下要素：虚拟实训项目、虚拟实训项目操作手册、虚拟实训素材、仿真练习系统、使用说明等。

（3）ERP电子沙盘实训室

ERP电子沙盘实训室是模拟企业实际运行状况，将企业整体战略、产品研发、生产、市场、销售、财务管理、团队协作等多方面结合，让学生体验完整的企业经营过程，感受企业发展的典型历程，感悟正确的经营思路和管理理念。

3. 技能认证中心

技能认证中心是为提高在校学生以及社会会计人员的专业技能服务的，包括技能过关、技能竞赛、技能证书三个模块。

（1）技能过关

技能过关模块主要用于第2学期至第5学期进行的“分段式”职业基本技能训练和考核。主要内容有第2学期的“出纳技能过关”；第3学期的“会计基本技能过关”；第4学期的“岗位综合技能过关”；第5学期的“真账操作过关”。每项技能需要建设的要素有：技能介绍、技能要点、技能演示视频、技能评价标准、技能过关测试系统等。

（2）技能竞赛

技能竞赛模块围绕各项专业技能竞赛建设，分设职业道德知识竞赛、点钞竞赛、账务处理技能竞赛、纳税实务知识竞赛、财务会计知识竞赛等竞赛项目。每项竞赛的建设要素包括赛制项目介绍、竞赛规则、竞赛工具图片及使用说明、竞赛题库、网上竞赛平台等。

（3）技能证书

技能证书模块是为会计考证服务的，分会计从业资格考试和助理会计师考试两个建设项目，每个项目的建设要素包括考试介绍、考试大纲、在线课堂、练习题库、模拟考场、考试热点信息等。

4. 专业素材中心

专业素材中心是为了增强专业学习的形象性和生动性、拓展专业知识，汇集的原始材料，分设图片库、文档库、视频库和动画库。

（1）图片库是以一些形象的图片展示会计工作用品、用具，包括各式会计凭证、账簿和报表的图片，以及保险柜、点钞机、验钞机、算盘、计算器等财会用具的图片。

（2）文档库是与会计职业相关的一系列文档，包括各种会计法律、法规、规章的电子文档，以及相关文献资料的电子文档。

（3）视频库是以视频的形式生动展示会计工作的流程和方法，包括典型业务操作方法的视频演示。

（4）动画库是以动画的形式展现各项会计工作程序，包括典型业务经办流程的动画演示。

5. 服务交流中心

服务交流中心分设会计信息公告、在线会计服务、财务管理咨询和财会论坛。

（1）会计信息公告是公布最新的会计考试、会计培训、法规准则等通知，使用户及时获取相关信息，及时更新业务知识。

（2）在线会计服务是通过在线传递会计信息，为企业提供网上会计业务处理与财务分析、网上纳税申报等服务。

（3）财务管理咨询是为企业的财务管理提供咨询等服务，不断提高专业服务能力。

（4）财会论坛是建立一个网络交流平台，加强与校外、省外，以及国外的信息交流和互利合作。

（三）应用平台建设

应用平台是需求者们登录资源库、获取所需信息的入口，登录后可以获取资源中心的各类资源，包括在校学生应用平台、专业教师应用平台、社会公众应用平台和中小企业应用平台。

（1）在校学生应用平台。在校学生应用平台主要面对在校的财会类高职学生，可供学生在线登录、进行实训练习、查询专业信息、参加专业技能培训等。

（2）专业教师应用平台。专业教师应用平台主要面对专业教师，可供教师在线登录、网络教学、在线答疑、获取课程建设资源等。

（3）社会公众应用平台。社会公众应用平台主要面对社会大众，供其在线登录、会计技能培训、会计后续教育、信息查询、所得税计算、其他人员自主学习会计知识等。

（4）中小企业应用平台。中小企业应用平台主要面对社会中小企业，可供其在线登录、财务管理咨询、请求代理记账、纳税申报、纳税筹划等。

二、会计专业教学与服务资源的建设要点

会计专业教学与服务资源的建设旨在满足在校师生和社会的需要，要实现这一建设目标需要抓好一些关键环节，包括前期准备、建设过程和后期维护。首先，要做好前期的调研和分析，这是资源库建设的重要前提，通过调研分析形成合理的资源库建设方案，明确具体建设内容。其次，重点抓好资源中心的建设，包括专业课程中心、实训实验中心、技能认证中心、专业素材中心和服务交流中心，这是资源库建设的核心。最后，资源库的后期更新和完善也是非常关键的，需要实时更新、不断完善，才能起到有效服务的作用。

三、会计专业教学与服务资源的建设意义

会计专业教学与服务资源的建设经历了广泛调研工作，既满足了会计专业在校师生的教与学的需求，更好地服务区域职业教育人才培养工作，又满足了社会会计人员多样化的需求，供其查询会计法律法规和会计专业知识，帮助其完成继续教育、提高专业技能。同时，突出为浙江民营中小微企业服务的特色，专门设立中小企业平台，帮助其解决相关财务问题，使资源库建设更好地服务区域经济。

第四节　互联网时代会计教学改革的政策资源支持

一、“互联网+教育”的政策响应

信息技术对教育发展具有革命性影响，“互联网+教育”已经扑面而来。我们要坚持双轮驱动，运用科技创新和体制机制创新，运用政策工具，激励其发展，主动适应和促进教育的变迁、学习的革命。

（一）共建共享国家数字化教育资源中心，促进资源形态的变迁，实现数字学习

高质量的数字化教育资源是数字时代的高质量教育的前提。通过构建利用信息化手段扩大优质教育资源覆盖面的有效机制来缩小区域、城乡、学校之间差距，提高教育质量的有效举措。建设高质量、高效率国家数字化教育资源中心的基本思路是：坚持体制机制创新，整合、改造及开发多来源、多层次、多类型资源，实现共建共享；要倡导社会责任，实现传统名校名师优质教育资源面向国家数字化教育资源中心开放的突破；要建立共建共享的激励机制，促进资源共享；要统一标准、完善平台，数据资源库分割和信息孤岛问题，为共建共享和开放服务提供技术支持；要充分利用云技术及其所带来的合作模式，保证数据和资源的高可用性、高可靠性；要加速开发面向学生的优质教育资源，使资源中心既面向教师又面向学生。可参考北京数字学校等经验，在基础教育阶段实施“优质数字教育资源全覆盖行动计划”，在已有工作基础上，采取更加有力的措施，“一师一优课、一师多优课”“一课一名师、一课多名师”，进一步汇聚、整合全国基础教育特别是九年义务教育最优质的教育资源，大力促进优质教育资源在全国特别是广大农村和贫困地区及薄弱学校共享、共用的覆盖面。

（二）建设全国高质量数字化学习支持服务示范区，促进教学形态的变迁，实现混合学习

在线教育正在触发传统教学形态、学习形态发生根本性改变，知识传授模式、学生学习方式和教学组织方式的变化必将引发教育理念、教育业态乃至教育体系的全面更新和调整。教育信息化不是简单的教育技术化，信息技术与教育教学的真正深度融合是提高在线教育人才培养质量的关键。这既需要一流的数字化教育资源课程，同时需要一流的高品质的学习支持服务。设立全国高质量数字化学习支持服务示范区，充分应用现代信息技术创建功能齐全、性能可靠、兼容网络与移动技术的数字化学习环境，深入探索、扎实试验线上教育与线下教育相结合，个别学习、小组讨论和导学助

学相结合的混合式教育业态，真正实现信息技术与教育教学的深度融合，将支撑由“以教为主”的传统教育模式走向“以学为主”的新型教育模式，带动推进高质量的数字化、交互式、多样化、个性化的学习，带动推进以学习者为中心的人才培养模式改革。要认真研究技术发展新趋势，它们将对教育的方向（学什么）与教育的方式（怎么学）产生重大影响，促进学习内容与学习方式的转型升级。教育将更加强调想象力、创造力的培养而不是记忆力的训练。随着虚拟现实（VR）/增强现实（AR）技术的日趋成熟及相应资源制作成本的不断下降，将使沉浸式学习（immersive learning）走出实验室，走进千百万学校和课堂，甚至在不远的将来常态化，从而为学习者提供一个虚拟但接近真实的学习环境，学习者通过高度参与和互动体验，掌握知识、提升技能、提高学习效果、提升教育效率。教育信息化的前景也正在于，通过信息技术与教育教学的深度融合，形成“互联网+教育”的叠加效应、聚合效应、倍增效应、倍乘效应。

（三）建立不同学习成果积累认证转换制度，促进学校和社会形态变迁，实现定制学习、定制教育，构建学习型社会

多年以来，我们期盼能通过我们的教育体系构建人才成长的“立交桥”，让学习者有多次选择机会，让青少年有多种成才机会，是教育体系灵活开放的重要体现，也将为全面素质教育实施提供宽松环境。党的十八届五中全会要求，建立个人学习账号和学分累计制度，畅通继续教育、终身学习通道。这包括探索建立网络学习学分认定与学分转换等制度。学分制并非一个新概念，但需要进一步夯实学分作为基本教育单元的学分制管理制度设计。有了这样的制度设计，建立了个人学习账户和学习成果累计、认证、转换制度，制定国家资历框架、学习成果框架及标准体系，学习者就可以弹性学习，方便选课走班及选课走校；有了这样的制度设计，有利于促进各级各类教育纵向衔接、横向沟通，促进学历教育与非学历教育、正规教育与非正规教育、线上教育与线下教育的相互融合，实现“跨界学习”；有了这样的制度设计，学习将成为“学习超市”，教育将可以“量身定制”，学校也打破了围墙限制。这也就是人性化、个性化、泛在化、终身化的充满生机活力的教育体系。

（四）运用大数据技术，建立教育管理公共服务平台与决策服务系统，推进教育管理信息化，促进教育科学管理与科学决策

信息技术与经济社会的交汇融合引发了数据迅猛增长，数据已成为国家基础性战略资源，大数据正日益对全球生产、流通、分配、消费活动以及经济运行机制、社会生活方式和国家治理能力产生重要影响。全球范围内，运用大数据推动经济发展、完善社会治理、提升政府服务和监管能力正成为趋势，我国也明确提出全面实施促进大数据发展行动。在教育方面，大数据应用能够揭示传统技术方式难以展现的关联关系，成为提升政府教育治理能力的新途径。推动教育数据开放共享，促进教育事业数据融

合和资源整合，将为有效处理复杂教育问题提供新的手段。建立“用数据说话、用数据决策、用数据管理、用数据创新”的管理机制，实现基于数据的科学决策，将推动政府教育管理理念和教育治理模式进步。完善教育管理公共服务平台，推动教育基础数据的伴随式收集和全国互通共享。建立各阶段适龄入学人口基础数据库、学生基础数据库和终身电子学籍档案，实现学生学籍档案在不同教育阶段的纵向贯通。推动形成覆盖全国、协同服务、全网互通的教育资源云服务体系。目前，我国学生数据库、教师数据库、学校办学条件数据库三大基础教育数据库建设进展顺利，并在此基础上建立教育科学决策支持服务系统，将发挥大数据管理对变革教育方式、促进教育公平、提升教育质量的支撑作用。

（五）发挥制度优势，运用市场机制，统筹、协调，深入推进教育信息化

推进教育信息化，需要政府、学校、社会协同努力，需要调动多个积极性。以当前我国正在推进的开放大学建设为例，就需要充分发挥制度优势、合理利用市场机制来加强开放大学和国内高水平大学密切合作。办好开放大学需要高等院校、科研机构、行业企业以及远程教育技术领域共同组成高水平专家团队，积极支持和参与开放大学建设和改革。高水平大学、高水平教授学者应秉持“大学的使命在于分享知识”的理念，以一种主动的责任感、使命感加入国家优质数字化教育资源的建设。鉴于我国高水平大学是国家公共财政支持重点建设的公立高校，有义务让优质教育资源造福更多的学习者，应充分利用我们社会主义国家集中力量办大事的制度优势，组织建设国家优质数字化教育资源。对此，要有相应的约束性规定，例如每所院校每年提供一定数量的高质量数字课程。同时，要适当运用市场机制，给予资源提供者精神嘉奖和物质上的适当鼓励，形成数据库资源不断更新的可持续发展机制。实际上，考虑到开放大学在教育信息化趋势中已经走在了普通高等教育的前列，在技术应用、课程上网、支持服务、平台建设、协同办学等方面具备自己的优势，两者可以有更多更深的合作，优势互补、相得益彰。要探索新型教育服务供给方式。鼓励互联网企业与社会教育机构根据市场需求开发数字教育资源，提供网络化教育服务。鼓励学校利用数字教育资源及教育服务平台，逐步探索网络化教育新模式，扩大优质教育资源覆盖面，促进教育公平。鼓励学校通过与互联网企业合作等方式，对接线上线下教育资源，探索教育公共服务提供新方式。推动开展学历教育在线课程资源共享，推广大规模在线开放课程等网络学习模式，加快推动高等教育服务模式变革。在建立标准规范解决资源分割和信息孤岛问题上，在打通信息技术设施的“最后一公里”上，还需要进一步发挥政府主导作用和加大政府投入。

有关“互联网＋教育”的探讨，还包括如何在信息时代的海量信息中寻求最有价值的知识，如何在泛在学习时代的碎片化学习中进行深度学习，如何在自媒体时代更好地进行德育和弘扬核心价值观，如何运用非结构化数据处理技术进行教育质量综合评价，等等。

二、新会计准则对会计教学方法的影响

目前，我国众多企业等执行的《企业会计准则》是由财政部于2006年2月颁布的，要求从2007年1月1日起逐步开始实施，通常称之为“新会计准则”。之前执行的《企业会计制度》和《企业会计准则》一般称为“旧会计准则”。“新会计准则”体系包括1个基本准则，41项具体准则，32项应用指南，若干准则解释和补充规定。2014年7月，财政部对基本准则和具体准则进行了修改，并新增了三项具体准则。2019年1月，财政部进行了进一步的修改与完善，现阶段，对于会计教学和会计从业人员的主要政策为新会计准则。新会计准则的出现，是我国企业会计制度的重大变革，给我国会计行业带来了巨大的转变。它打破了会计人员传统的思维习惯，用统一、系统规定规范会计计量问题，全面引入了公允价值的计量属性。新会计准则对会计人员提出了新的要求，它要求会计人员也具有更高的职业判断能力，并着重培养会计人员的职业判断能力。新会计准则改革内容和对会计人员的新要求，必将对现有会计学教学方法产生巨大的冲击，要求转变会计学教学方法，以适应新会计准则的要求，提高教学效果和质量，提升学生的社会竞争力，以应对日益严峻的就业形势。

（一）对会计专业教师的影响

首先，新会计准则的发布与实施，对会计专业教师的教学方法提出了更高水平的要求。需要专业教师及时更新会计教学理念，改进现行教学方法，注重实践教学环节，引导学生独立自学的能力与创新意识，培养学生的个性发展，提高学生解决实际问题的能力。加强学生的会计职业道德教育，完善会计职业判断。在会计专业教师教学的过程中，要不断改进自己的教学方法，以适应教学与实践的需要。由于新会计准则内容多、观念新、难度大，对会计教师来说，将新会计准则应用到实际教学过程中，是一件十分艰巨的任务。需要会计专业教师在教学方法上有所突破，采取多种教育手段与教育方法，改变原有的单一的教学模式，让学生成为课堂上面的主人，调动起学生的积极性和学习热情，最大限度减少学生对会计知识的厌烦心理。对于一些晦涩难懂的会计专业知识，教师通过各种全新的教学模式，为学生创设出发展自我的平台。依据新会计准则的内容，讲究以原则为依据，允许会计人员根据自己的职业判断进行处理，渐渐引导学生形成自己的职业判断。

（二）对学生动手能力的影响

一个合格会计人员的职业判断能力是通过长期的实践获得的，但是在目前的会计专业教学中，教学偏重理论知识的讲解，学生的实践能力得不到锻炼。在会计专业的学习过程中，手工模拟实习与会计电算化实习相脱节，学生很难将这两部分进行融合。除此之外，学生的会计实践实习流于形式，不能真正学到知识，学生根本不能学到真正的会计实践知识，实习也就很难取得成效。如果依旧依靠以前传统的会计教学模式，学生根本无法养成职业判断的能力，自身的职业应变能力也不能得到提升，很难适应新会计准则对会计人员职业判断能力的要求。所以，针对这一现状，会计专业教师要为学生创设一个民主和谐的教学氛围，充分调动学生的能动性，扩展思维，将课本与实际相结合，做到学以致用，理论与实践相统一，帮助学生在实际生活中将课堂所学运用其中，锻炼学生的动手动脑能力。

（三）对学生专业素养的培养

新会计准则要求会计人员具有职业判断能力，这一点就要求在会计专业教学的过程中，重视会计人员的专业素养、重视会计人员的职业道德。所谓会计职业道德，就是调整会计职业关系的职业行为准则和规范。通过在会计职业活动中利用各种利益关系手段来维护经济利益关系、保证正常的经济秩序。但是就目前的会计专业教学的现状，在会计专业教师教学的过程中，并没有重视学生专业素养的培养：因此，需要教育工作者改变原有的填鸭式的教学模式，采用多元化的创新性教学模式，培养学生养成自主学习的意识与能力，引导学生树立正确的世界观、人生观和价值观，促进其个人全方面多层次的发展，尊重学生的个性，成为实用性创新人才。在培养专业素质的同时，培养创新精神，激发学生的求异思维，适应新会计准则对会计人员的要求。

三、新会计准则下教学方法改进对策

（一）树立学生的职业判断意识

会计教学的目的不仅是将会计学生培养成一个具备丰富会计知识和操作能力的会计专业人才，更重视将学生培养成具有良好职业素质的会计专业人才。依照此要求，在学生接触会计专业知识阶段就应重视树立学生的职业判断意识，并将培养学生的职业判断意识贯穿学习会计知识全过程。因而，会计专业教师要让学生了解进行会计职业判断给学生带来的有利影响，让学生弄清未来会计发展趋势。随着市场环境的变化，会计制度必然从“一包到底”的状况向提供确认、计量会计要素标准方向发展，排斥判断、崇尚统一观念也必将发生革命性变化。

（二）改进教学方法

学生的职业判断能力是建立在扎实的会计专业知识基础上，因而要丰富专业知识内容。丰富专业知识内容过程中更应重视学生全面能力和综合素质的培养，以厚基础、宽口径的原则为指导，不断完善课程体系设置。厚基础是指调整课程之间的主次关系以及课程设置量，重视基础课程设置，让学生逻辑思维和分析问题的能力得到更多培养和锻炼的机会。宽口径除了是指会计专业课程外，还应开设经济、管理、金融等课程，拓展学生的知识面，提升学生实际处理会计业务的能力。改革传统单向灌输式教学，多使用启发式教学和问题教学，促进学生思维发展以及实际解决问题和创新能力的提升。

（三）重视实践教学环节

会计人员的职业判断能力需要会计人员通过处理大量会计业务来巩固和提高。会计教学要提高学生的职业判断能力，教师使用的教学方法必须让学生获得更多的实践机会。因此，首先要改革会计模拟实习中的会计档案资料，依据会计工作岗位模拟业务现场，改变实习方式。教师可以在依据分章节、分阶段进行试验和能力考核的基础上，通过角色扮演方式让学生扮演会计部门中的角色，加深学生对岗位的认识。扩展学生实习渠道，增加学生实习机会。学校可通过与企业合作的方式让学生进入企业实习，将学生置于动态的学习、实践过程，在实践过程中提高对理论知识的感性认识。鼓励学生假期进行社会调查，了解行业、单位的会计核算实际情况。

（四）重视专业素质教育

重视学生的专业素质教育，尤其是学生的法治和职业道德教育。专业知识是职业判断的必要条件，而法治和职业道德素质则是学生形成职业判断的重要保障。只有养成良好的专业素质，会计人员才会按照会计准则去确认、审核和计量会计要素，也才能提供真实、准确的会计信息。在会计教学中，重要的是让学生了解当前经济是市场经济，也是诚信和道德经济，更是法治经济。让学生明白职业操守对形成会计人格和最终形成会计人的重要性。

第五节 互联网时代会计教学改革的教学手段支持

在互联网时代,教学手段的丰富得以让教师采取各类方法进行教学,而启发式教学、行动导向教学、会计模拟教学、分层次教学是长期运用到实际教学中的教学手段。

一、启发式教学

启发式教学是指根据教学目的、教学内容、学生的知识水平和知识规律，运用各种教学手段，采用启发诱导的方法传授知识、培养能力，使学生积极主动地学习，以促进其身心发展。导入这一阶段，从教育教学目标上，否定了以传授知识为目标的注入式教学，变教师讲授知识为学生探求知识，把教学的基点定位于发展思维和培养能力方面。从教学内容上讲，教师创设的情境和显现的内容，必须与教学的重点内容相关联，但不是提供结论性的答案，而是在基本结论的一定范围内，留有余地，以便充分发展学生探索问题的能力。从教学结构上讲，这一阶段以学生观察、联想活动为主，教师通过媒体显示或实物显现，激发学生学习的兴奋点。

讲解教师通过讲解勾勒出知识结构的轮廓，教师处于主导角色的位置。教师若要成为“主导”，重点应放在如何启发学生的“学”上。那么，教师必须转变备课只是熟悉教材内容而上课是“照本宣科”这种轻备课、重授课的教学思路，确立重备课、活课堂的教学思路。教学大纲和教材所规定的教学内容，仅仅为教师提供了教学的基本线索，教师在备课过程中，不仅要熟悉教学内容，而且要着重掌握教学大纲所规定的学生的认知和能力培养目标。围绕这一目标，广泛收集现实的材料，设定使用的媒体和教学方法，并使之与教学内容有机结合。扎实、科学、全面的备课，将会使课堂教学厚积薄发，游刃有余。从这个意义上看，教师备课的工作量要远远超过授课的工作量。

设问启发式教学模式以发展学生的能力、提高学生的素质为目的，传授知识仅仅是实现这一目标的一个过程。引导学生观察、发现、分析、解决问题是课堂教学的主线。在教学结构上，师生之间、学生之间形成一种合作关系，既可以是师生之间的个别或群体讨论与对话，又可以表现为学生之间的个别或群体讨论与对话。这一过程是启发式教学模式的灵魂，教师要尽可能地有意制造认知过程中的障碍，如提供正反两方面的立论、故意误导等，从而使学生在迂回曲折、历经坎坷的多向思维之后，获取知识。在教学技巧上，教师要尊重持不同观点或者是错误观点的学生，要保护好学生的积极性。

二、行动导向教学法

行动导向教学法是指通过师生共同确定行动产品来引导的教学组织过程，学生通过主动和全面的学习，达到脑力劳动和体力劳动相统一的学习方式。其基本特征体现在“完整的行动模式”和“手脑并用”两方面。通过行为的引导使学生的脑、手共同参与学习，在学习活动中提高学习兴趣，培养创新思维、团结协作的能力。

三、会计模拟教学法

会计专业的课程实践性强，为了缩短实践和理论的距离，让学生理解全部业务操作过程，了解和弄清各环节之间的联系，出现了会计模拟教学。在会计模拟教学中，学生可以进行会计凭证、账簿、出纳、材料、工资、成本费用等各岗位的模拟教学，也可进行综合会计岗位模拟教学等。

“银行结算方式”是会计专业教学中的重要内容，如何在教学过程中实施行动导向教学法，下面就以“银行结算方式运用”为例进行具体的阐述。简述典型的学习任务源于企业生产或服务实践，能够建立起学习和工作的直接联系，是用于学习的任务，但并不一定是企业真实工作任务的忠实再现。因此，学习可以是自我管理的个体学习，也可以是小组合作学习。在学习中有独立学习的手段和媒体，如教材、工具书、计算机辅助学习程序，还有与教师交流的可能性，也可随时打断工作进行学习。

在“银行结算方式运用”中，确定的学习任务是学生以小组形式，根据 7 种银行结算方式的特点和适用范围，以教师提供的材料购销业务为工作实例，进行小组角色定位，是材料的采购者还是材料的销售者，结合企业的资金周转与发展的实际情况分析讨论，选择合适的银行结算方式。在选定的银行结算方式下，按照规定的结算程序，填写原始凭证并传递，做出相关的账务处理。

确定有效的学习目标是教学活动所追求的、学生在学习过程结束以后应实现的最终行为，它是预期的教学效果。表述学习目标可以使教师和学生都明确自己的努力方向，有效评价学习效果，并帮助选择合适的学习内容、方式方法和手段。在“银行结算方式运用”中，学生以小组的形式，通过教师讲解银行结算方式等资料，选择最适合本小组角色的结算方式，完成相应的结算程序，并写出相关的账务处理，对已完成的任务进行记录、阐述、存档和评价反馈。学习银行结算方式后，学生应当能够了解企业发生的货币资金收付业务，可采用银行结算方式的种类，熟悉各种银行结算方式的特点及适用范围，掌握在实例中的不同角色并选择结算方式的不同策略，能够写出相关的账务处理。设计合理的学习情境，制定工作与学习内容的学习情境是在典型工作任务基础上，在考虑学校教学资源、教师和学生等实际情况的前提下，由教师设计用于学习的“情形”和“环境”，是对典型工作任务进行“教学化”处理的结果。

一个典型工作任务可以划分为几个学习情境。在"银行结算方式运用"中，根据学习任务的难易度及业务的发展顺序进行合理的排序，划分为三个学习情境，并分别制定工作与学习内容。一是银行结算方式的选择。教师给定企业的材料购销经济业务和企业财务状况情况表，学生根据对银行结算方式各种类的理解和掌握，考虑小组的角色是材料的采购方还是销售方，围绕给定的材料购销业务实例，从企业的资金周转、材料需求或库存、对方企业的信誉等情况，组内成员之间沟通，对应组之间协商，选择小组的银行结算方式，签订简要合同并记录。二是银行结算方式的结算程序。教师准备好各种银行结算模拟原始单据、财务专用章、预留银行印鉴，要求学生小组在选定的银行结算方式下，能够按照现行银行结算制度的规定填写好原始单据，按照规定的路线和时间进行传递结算，掌握银行结算的流程就是单据的账务处理。教师准备好记账凭证和账簿，要求学生小组能按照记账凭证的填制方法正确填写记账凭证，根据填好的记账凭证登记到相应的账簿中。

采取合适的学习组织形式与方法学习过程在教学中占据核心地位。学生以小组为单位，模拟企业操作，接受并完成学习任务，教师是学生的专业对话伙伴，组织并帮助学生顺利完成工作任务。因此，在"银行结算方式运用"中，全班学生可分成五大组，每个大组 8 人到 10 人，分别给出不同的企业财务状况表。每个大组又分成两个小组，每个小组 4 人到 5 人，分别扮演材料的采购方和销售方。以小组学习讨论为主，以正面课堂教学和独立学习为辅，三种学习组织形式交替进行。为了给学生提供解决问题和"设计"的空间，在学习过程中可以贯穿多种教学方法，如在给定材料购销经济业务和企业财务状况表时，用引导课文教学法引导学生获得必要的信息和资料，避免学习的盲目性；在选择银行结算方式时，强调合作与交流，为照顾学生的兴趣和经验，用"头脑风暴法"引导学生就银行结算方式的特点及适用范围自由发表意见，教师不对其正确性或准确性发表评价，但共同分析实施或采纳每一种意见的可能性，并归纳总结；在掌握银行结算方式的结算程序时，用角色扮演法让每个大组的两个小组学生分别扮演材料购销业务的采购方和销售方，让学生在完成学习任务的同时，感悟职业角色、体验职业岗位；通过迁移应用建立理论与实践的联系，形成一定的职业认同感等。整个学习过程以学生自主和合作学习为主，教师更多地以"师傅""导演"身份出现，行动导向教学法始终贯穿教学全过程，留给学生尝试新的行为方式的实践空间。

四、多媒体辅助教学法

多媒体教学是一种以多媒体传播媒体为手段，以人的感官为通道，以呈现模式的多样化为特征的现代化教学途径和方式。其最大的特点是图文并茂，使课堂教学生动化、形象化。正因为如此，多媒体教学越来越多地为广大教师所接受并广泛使用。多媒体教学不仅能创造教学氛围，激发学生学习的兴趣，提高学生的学习积极性和主动性，而且能提供大量的信息，丰富教学内容，提高教学效率。

会计学具有内容复杂、图表数据多、操作性强等特点，大量的图表给会计教学带来了一定难度，此时运用形声并茂立体辅导会计教学法的作用十分明显。它可以增强学生获取与处理信息的能力，有利于培养学生的抽象思维和逻辑思维能力，特别是根据会计现象建立模型的能力。比如基础会计中讲述会计账簿内容时，如果只是照本宣科来讲解，学生根本不了解账簿到底是什么，采取多媒体以后，我们就可以将不同账簿的实物和账页扫描至多媒体课件中，展示企业的各种账簿，并配合讲解企业常设的现金、银行存款日记账和总账、明细账的设置原则和填写规范，将抽象的东西变成具体的实物，提高学生的认识能力和感官能力，让学生在认知过程中始终积极主动地参与学习，在轻松愉快的环境中完成学习，这样既提高了教学质量，也提高了学生的学习效率。

在设计多媒体课件时应做到以下几点：明确教学目的，突出教学重点，搭配适当的声音、图画及色彩，收集广泛素材，精心设计课后练习题。多媒体辅助教学要在把握教学内容、明确教学目标的前提下，以其媒体多样、形式灵活等优势为课堂服务。课堂上把握讲课的时间和节奏，及时调整课件演示速度，运用把握好度，充分发挥多媒体教学的原理作用。在使用多媒体进行形声并茂立体辅导会计教学法时，必须做到“三要”：一要适时把握教学节奏。由于运用多媒体进行会计教学，信息量大且变化快，学生要做到听课、记笔记、消化三不误有一定困难，如果教师在讲课时不把握好节奏，有可能让学生顾此失彼。二要强化师生互动交流。运用形声并茂立体辅导会计教学法进行教学时，师生之间缺少互动交流，因此要防止由过去摒弃的“人灌式”变成现在的“机灌式”。三要整合优化课堂资源。既要利用现有网络上的会计教学课件，又要整合一切力量，成立会计专业核心课程多媒体课件制作小组，研究制作一批高质量的教学课件。

五、分层次教学

分层次教学，是指根据受教育者在一定阶段内的认知水平、知识基础、发展潜能、兴趣爱好、抱负指向等方面的客观差异，在尊重主体意志的前提下，学校依据资源配置条件而实施的教学形式。其教育理论的核心是因材施教原则，其施教理论基础是具体问题具体分析，一切从实际出发。目前，分层次教学已在很多学校的不同专业中得到开展和推广，而会计专业是一门技术性强、应用面广的专业，市场需求更是有不同的层次，因此探讨会计专业的分层次教学具有重要的意义。

（一）做好教学对象分层

要做到客观地把握学生层次，必须深入地了解学生。学生是整个教学活动的主体，由于其智力、能力、兴趣、动机、学习方式等方面的差异，接受教学信息的情况也有所不同。因此，单纯地以学习成绩为依据来简单机械地划分学生的层次往往偏差较大，所以对学生的层次应采用相关分析、客观分析、动态分析等方法，进行科学的分析研究。分层前教师应重视对学生的思想教育，使每个学生都舒心乐意地排到相应的层次里。分层后还应根据学生的学习情况定期做调整，合理地进行组织教学。

（二）做好教学目标分层

学校要依据学校师资水平、社会需求、就业意愿等因素，根据不同层次的学生制定相应的分层教学目标。

1. 培养研究型、高级实务型会计人才

这一层次的培养目标一方面是让有志于理论研究的学生能够进一步入学深造，攻读会计硕士、博士；另一方面是向国内外有名的会计师事务所输入高水平的实务型人才。

2. 培养大众化会计人才

这一层次的培养目标主要是夯实学生基础，让他们能够胜任中小型企业的会计工作。

做好教学内容分层要根据不同层次学生的实际情况，有针对性地制定教学内容和进度。

培养研究型、高级实务型会计人才的教学应选择内容全面，有一定难度、深度的教材。如有些课程的教学可选择注册会计师考试用书，同时加强某些课程的双语教学、加强实务培训，一些特别重要的课程可适当延长教学时间，以便教师能讲解得更透彻，学生也能学得更扎实。对于这部分学生我们要求他们能“知其然并知其所以然”。大众化会计人才的教学应选择内容相对简单的教材。这一部分学生的教学应轻理论、重实务。在他们掌握基本的会计核算知识的基础上适当加以提升，适当延长财务会计、成本会计等教学时间。对该层次学生的作业练习难度要降低，以模仿性、基础性为主，要求学生们毕业时能通过会计从业、初级资格等考试。

第七章　互联网时代会计教学改革的路径探索

第一节　互联网时代会计课堂活动教学实施策略

一般而言，所谓“传统”会计教学方法，是指按照学科线索和知识体系的内在逻辑关系，即从基础会计知识到专业（工业、流通业、金融保险业、服务业、事业单位、其他）会计知识，循序渐进，由易到难渐次展开学习。这种教学方法自有其合理性，那就是逻辑严密，知识线索清晰，按部就班，逐渐掌握较为复杂且系统的会计知识，同时，为巩固知识，辅之适当的技能训练（如学习凭证取得与填制方法、登账及更改错账方法、编制报表的方法等）。但是，在传统教学方法那里，会计专业知识的掌握才是最根本的任务，技能训练其实只是为之服务的，处于相对次要的地位。

一、现代会计专业课堂教学方法

严格来讲，就课堂教学而言，并无“传统”与“现代”之分，彼此间很难说泾渭分明，而是你中有我，我中有你。所谓“现代”，其实是对“传统”的改进，或者侧重点有所不同，即更加贴近企业会计实践活动要求和会计专业岗位能力需求而已。因而，现代会计专业教学方法更加注重“工作过程”和“业务线索”，而知识的系统性、逻辑性、连贯性则处于相对次要的地位。由此，技能训练显得尤为重要。一切学习，最终都是围绕会计工作“过程”“线索”“环节”展开的，“学”的目的是“做”，“做”的效果好坏，成为验证“学”的标准，技能训练效果即是否真正学会“做账”，并使之变成教学最为核心的工作任务。“教”完全为“学”服务，是为“学”提供指引、示范和帮助的一项工作，教师是学生的协作者、服务者，共同组成教学活动的“双主体”，师生关系不再是主客体关系或“主辅”关系，而是“双主体间关系”。

二、互联网场景教学法的应用

（一）互联网场景教学法概述

互联网场景教学法也是在互联网背景下会计课堂教学经常使用的方法。互联网场景教学法，是以真实会计工作场景为核心，提倡“以用为本，学以致用”，利用项目导向的角色模拟方式，以网络为学习载体，规范并系统地培养专业技术人才，从实际工作内容出发，确定各阶段培养目标、项目实战内容和培训课程内容。具体而言，是以会计工作经验为指导，强化会计业务处理技能训练，辅以实际企业会计业务测试项目，使用角色模拟方式，通过逐步深入的“六步教学法”，即提出问题、分析问题、解决问题、总结出一般规律和知识，并不断地扩展知识和技能，解决更高级的类似问题，展开整个教学过程。这种教学方法极具现实性、可操作性、可复盘性，打破了学科专业藩篱，以工作过程为导向，以项目为引领，任务驱动，以能力培养为主线，知识学习只为技能提高做准备和铺垫，因而在会计教学中有广阔的应用前景，可极大提高会计专业教学质量和会计专业人才职业岗位能力。

（二）互联网场景教学在以工作任务为导向的课程体系中的应用步骤

1. 设置工作场景

针对企业会计实际工作流程和工作场景，结合已经实际投入使用的软件项目，进行项目分析和任务分解，重现企业会计工作任务环境。

2. 安排会计工作主导性项目

所有知识点和技能都是通过一个或者几个项目来组织的，学生通过可扩展的项目案例来逐步学习知识和技能；所有的会计专业实践都是项目中的一个实际任务，通过实践学员可具备完成一种任务的能力。

3. 进行角色模拟

学员在实际动手操作的课程和项目实训过程中，使用真实的企业项目，真实的企业工作流程和工具，模拟项目组中各种角色（会计、出纳、主管等），协同完成项目和任务，体验和掌握各种角色的工作技能和工作经验。

4. 实施任务分解

在为完成整个项目而必须掌握的概念和知识环节的讲解上，将整个项目划分为多个子任务，再分析每个任务需要的知识、技能、素质要求，并通过完成任务的形式来组织学习内容、设计课程体系。

5. 分享项目经验

通过对企业会计实际工作场景的模拟和实际测试项目的训练，积累实际的项目经验，熟悉项目测试过程中常见的技术、流程、人员协作问题，并掌握相关的解决方法。

（三）互联网场景教学法应用效果

在场景教学法下，知识和技能的传授和自学都严格遵循从具体到抽象、从特殊到一般的规律，将在提升学生职业素质等多方面产生明显效果。

1. 全面提升学生职业素质

通过互联网条件下的上机操作、项目实践、课堂研讨、在线学习，以及职业素质训练，学员能够从任务目标设定、个人时间管理、团队协作和沟通、冲突和情绪处理等方面，得到会计工作岗位所需职业素质训练。

2. 培养学生团队协作

在授课过程中，学员将被划分为几个团队，每个团队将根据课程内容和教师安排，通过技术研讨、实际操作等手段，合作完成一个任务和项目。

3. 提高学生动手能力

为使学员知识面和思路有所扩展，鼓励学员自己动手，通过实际操作课程中的实验和进行项目演练，培养学员举一反三的能力，从而帮助学员掌握重点会计业务处理技术的应用，为日后完成更大的项目积累经验。

4. 提高学生学习能力

通过项目训练、上机操作、在线学习和讨论，使学员养成自学习惯，并掌握自学的有效方法和工具。

第二节　互联网时代会计课外活动教学实施策略

互联网时代，会计教学不仅能够在课堂上展开，在课外时间，完全可以通过计算机、平板电脑、手机等工具进行线上学习。现阶段，互联网会计教学的开展主要为微课。

一、会计微课程概念

微课程是一种包括介绍、关键概念和结论的短小视频课程。微课程可以通过移动通信设备，观看一个话题介绍、一个快速回顾或者巩固课程学习内容。微课程首先在美国新墨西哥州圣璜学院（San Juan College）开发，其后被推广到高等教学体系之中。

所谓的会计微课程就是围绕会计课程中的某个知识点或者环节而记录的视频或者其他形式的多媒体微内容。

二、会计微课程的特点

（一）移动化学习

开放式课程计划（opencource opencoursewake prototype system，OOPS）是一种在线或移动学习模式，它强调的是学习者自主学习行为，更多的是以人为基度，数字化学习资源可以重复使用，大幅节约有限的师资资源，但它对学习者自律性要求高。

OOPS 最早源于 2004 年麻省理工学院开放式课程计划。比如，麻省理工学院下的史隆管理学院（Sloan School of Management）开放了与会计有关的课程计划：财务会计、财务与管理会计、财务会计、财务与管理会计导论，包括相应的课程大纲、教材、教学用书、作业习题、考试题和答案、延伸阅读书目清单，以及课程的影音档案等。目前，犹他州立大学、康桥大学、日本早稻田大学等名校都有该计划。

2003 年我国高校开始国家精品课程建设，截至 2010 年，在国家级精品课程共享服务平台上，会计类国家精品课程有基础会计学、财务会计、管理会计、成本会计、财务报表分析、审计、会计信息系统和中级会计学等课程，基本涵盖了会计专业的所有主要专业课程。这些会计学国家级精品课程提供了教学课件、电子教案、教学设计、试卷，有些课程还提供教学录像、教学案例、实践实验和文献资料。

微课程和国内外的开放式课程都是借助网络平台提供免费的网上课程，但是其载体有区别，微课程特别适宜与智能手机、平板电脑等移动设备的学习，而早期的开放式课程和国家精品课程则是强调运用计算机进行的一种在线学习模式。

（二）碎片化学习

后期的开放式课程包括 2007 年萨尔曼·可汗成立的非营利性的可汗学院网站，将教学视频放在 YouTube 网站上供网友进行在线学习。在可汗学院金融学中有资产负债表和权益两个问题的介绍。巴黎高等商学院会计和管理控制常见问题的公开课也是通过教学视频讲述资产负债表、利润表和现金流量表等问题。

2011 年国家级精品课程资源网视频专区正式上线我国大学视频公开课，会计学课程主要有全球会计通史（郭道扬教授，中南财经政法大学）、会计与价值创造（孟焰教授，中央财经大学）、财务报表分析（张新民教授，对外经济贸易大学）。同时还有精品课程视频，如企业会计学（赵湛芳，合肥工业大学）、会计学（陈信元，上海财经大学）、基础会计学（刘峰，中山大学）和管理会计学（吴大军，东北财经大学）。

微课程和后期的开放式教学计划都是通过教学视频传播课程内容，其中可汗学院的教学视频可以看见授课教师的板书，将问题推导过程清晰地展现在观看者眼前，能够了解问题的来龙去脉。巴黎高等商学院的教学视频和国内教学视频一样，把教授上课的过程拍摄下来，可以一览名师名家授课风采和师生之间的教学互动。不同的是可汗学院的教学视频时间一般在10~20分钟，巴黎高等商学院的会计课程只有10多分钟，而国内会计课程教学视频与教学时间一致，45分钟讲授一堂课的内容。

三、我国会计学微课程现状及其对策

（一）会计微课程的现状

（1）讲课式微课程。国外高校的微课程包括课程设计、实施和评价等环节，通过教学视频在1~3分钟的时间传递给学生核心概念，并以核心概念为基础，提供15~30秒的介绍和总结，注重对现有教学的支持。与国外高校微课程比较，我国高校微课程还处于初级的课程设计阶段，会计微课程还是以讲课式微课程为主，通过语言提示课程内容使学生理解内容，将某一个话题控制在10~20分钟，授课教师讲话语速较快。

（2）目标短视频微课程。国外高校的微课程是基于建构主义理论和联通主义理论，以学生为中心，构建一个学生学习的知识网络，学生自主地、有针对性地学习，是现实课堂的紧密结合。而我国高校微课程短期性目标是为了切磋高校教师的授课水平，展示教师个人风采而制作的微课程，因此选题具有短视性，教师根据自己擅长课程，选择一个主题进行录制，录制后的微课程对现有课程是否形成相互补充的关系，缺乏一个全面、综合、长远的考虑，因此对学生的学习指导欠考虑。

（二）会计微课程发展对策

（1）多元化微课程。会计课程是理论性和实务性都很强的课程，会计理论是一个完整的体系，并不是所有的内容都适宜于分拆以讲课式微课程展示。会计课程中还有大量的实践教学环节，如会计认知实习、ERP模拟实习等更适宜于微课程教学，通过操作性示范形式，利用语言、动作、书写、操作等直观的教学方法把课程内容展示出来，更好地对学生进行指导。

（2）合理定位微课程。会计微课程是对传统会计课程的一个补充，两者之间应该有一个合理的分工，传统会计课程强调理论，会计微课程突出实践；传统会计课程突出前沿，会计微课程突出不容易变化的、可重复的部分；传统会计课程讲授复杂的会计问题，会计微课程讲授最基本的会计问题，这样两者互为补充，相得益彰。

第三节　互联网时代会计教学形式的改革

一、培养能力驱动型人才是互联网教学形式改革的重点问题

在知识已取代劳动力成为经济发展战略性资源的当今社会，经营、管理、技术的创新和发展，有赖于高素质的人才。高等教育作为人才培养和学术研究的重要阵地，承担着知识生产、传递和转化的重大责任。如何适应知识经济的需要，培养高智商、高情商和高灵商的高素质会计人才，高等会计教育面临深层次、全方位的改革。

（一）能力素质是高素质人才培养的核心

所谓高素质会计人才，是指智商、情商和灵商“三商并举”的优秀人才。智商是成功的前提，在意识上善于吸取“知识”、感悟“常识”，并能融会贯通，运用于实践，实现跨领域思考。情商一般包括自我觉察、自我表达、自我激励、自我控制等方面，具有一定的可塑性，环境和教育对一个人的情商有很重要的影响。灵商代表有正确的价值观与职业观，懂得包容，擅长沟通，既灵活应变，又能分辨是非，辨别真伪。情商决定智商的发挥，灵商的健康和完善是情商的源泉。

人才培养应包括知识、能力、素质三个基本要素，我国高等教育经历了从重视知识传授到关注能力提高再到强调素质教育的过程，现在逐渐形成构建有知识、强能力、高素质三位一体的新型培养模式，这也是对教育本质的深刻认识。知识是人类认识世界与改造世界的智慧结晶，也是能力和素质的基础；能力是人们胜任某项任务的主观条件，是对知识的内化、转化、迁移、融合、拓展、创新水平和程度的高度概括，是知识和素质的外在表现；素质是指在自然禀赋的基础上，通过后天环境的影响以及主体参与教育活动和社会实践而形成的比较稳定的、符合群体化要求的素养和品质，素质的基本要素是知识和能力。我们认为，未来人才素质差别，不仅表现在专业知识上，更表现在人才的专业能力和职业能力上，其中创新能力居于重要地位。会计专业学生不仅要有宽厚的基础理论知识、扎实的专业技术知识，更要有较强的多层次的综合能力，这是衡量高等会计教育能否培养高素质人才的重要尺度。高素质必须强能力，强能力才能有知识，因此，能力素质是高素质人才培养的核心。评价一名合格的会计人才，不仅看他拥有多少会计知识，更要看他是否具备解决相关会计、财务、管理问题的综合能力。会计教育的目的在于帮助学生掌握这种能力，而不仅仅是学习、传承会计知识。高等会计教育应该培养社会需要的高素质会计人才，并在培养学生的

专业能力、职业素质方面有所作为，变知识驱动型目标培养模式为能力驱动型目标培养模式。

（二）应用型人才的培养形式

对于普通高等院校来说，“后大众化”时期，会计专业培养目标主要是应用型人才，要解决的是大多数学生的就业问题，培养学生的就业竞争力，把职业优势、就业优势、创业优势作为特色追求。会计专业学生不仅要面对学习，还得面对就业、人际交往、经济、家庭等方面的问题，需要各种职业发展能力支持。个体不可能完全预见未来的职业取向或职业变化，为了自身的生存和发展，会计专业学生自身也需要掌握核心能力。这些能力可以概括为信息能力、表达能力、沟通能力、职业能力和创新能力。

1. 信息能力

信息能力是指个体有目的地收集、鉴别、存储、利用信息过程中所具有的一种复合型技能，是信息时代人们赖以生存、学习、工作的必备条件，也是会计人才素质结构中最基本的能力要素，主要包括信息意识、信息技术、信息品质等方面的能力。

会计工作的重要性不仅在于反映经济形象、描述经济行为，更重要的是能在纷繁复杂的信息世界中，通过有效的方式，高效地查阅、提炼、组织有用的信息，解决问题。据有关资料统计，现代企业在管理上所需信息有 70% 来自会计部门。

2. 表达能力

表达能力是指个体有目的地运用语言、文字、图表准确阐明观点和意见、抒发情感的技能。表达能力的高低直接影响到每一个人的生产生活质量。表达能力成为会计专业学生必须具备的重要能力和基本素质，主要包括语言表达、文字表达、图表表达等方面的能力。准确的表达能力是培育有效沟通能力的前提。

3. 沟通能力

沟通能力是指个体在事实、情感、价值取向等方面有效地与人交流以求思想一致和信息通畅的社会能力，主要包括组织、授权、冲突处理、激励下属等方面的能力。沟通是不同主体之间信息的正确传递，沟通能力的培养和教育可以使一个人吸收与转化外界信息，理解和调节他人情绪，与他人合作，妥善处理内外关系。良好的沟通能够促进与他人和谐相处，创造性地解决好人际关系问题，是事业成功的重要条件。

会计作为国际通用的商业语言，企业利益主体的多元化，使会计工作处于内外错综复杂的关系中，只有在良好沟通下，才能提供准确、及时、有用的会计信息。会计工作岗位既分工明确，又相互联系，从凭证填制到账簿登记，从成本核算到财产清查，直至会计报表的编制，各环节紧密相连、互相承接，需要各会计岗位人员通力配合、团结协作、共同完成，才能发挥会计信息的沟通效能。

4. 职业能力

职业能力是指具体从事某一职业所具备的能力，也是在真实工作环境下按照既定标准实现其职责的能力，主要由专业能力、关键能力（包括方法能力和社会能力）、职业价值观和态度三项能力构成。职业能力是指学生所掌握的通用的、可迁移的，适用于不同职业领域的关键能力，是以一种能干、有效率和恰当的态度履行高标准工作的才能体现。我们认为，职业能力是个体为胜任特定的专业岗位，将知识、技能和态度迁移与整合而形成的，能顺利完成职业任务所必备的专门技能，表象外显的是专业知识、技能，潜在内隐的有职业动机、偏好、态度、行为等要件，主要包括职业规划能力、职业判断能力、职业品质等内容。

会计具有很强的操作性，会计核算、财务报告编制以及内部控制制度设计等都需要有丰富的业务经验。在进行具体实务处理时有关会计处理程序的选取、会计估计的变更、会计信息化的运作、网络化传输等，都要有相当娴熟的职业技能。

5. 创新能力

创新能力是指由一定的知识、方法、思维、人格等共同构成并相互作用，能够产出和获得一定新技术、新经验或新思想的复杂能力，这种能力的发展有一个由低到高的过程，主要包括应用创新能力、集成创新和再创新能力以及原始创新能力等方面。创新能力是高素质会计人才培养的价值追求目标，其形成与教育方式、方法密切相关。

二、互联网时代会计教学模式的改革

互联网技术的发展为会计教学模式的深层次改革提供了平台和技术支撑，会计教育工作者要解决的问题是如何让互联网技术和会计教学模式进行深度融合，探索出互联网时代适用于应用型本科院校会计教学的新模式，在互联网时代下实现会计教学模式深层次的改革必须实现以下五方面的转变。

（一）教学主体学生化

传统的会计教学理念是以教师为中心，教师集制片、导演、演员于一身，学生是观众，在这种教学模式下，学生的地位是被动的，课堂气氛是沉闷的，压抑了学生的创造性思维，学生分析问题、解决问题的能力低下。尽管大多数教师能将计算机多媒体技术应用于会计教学，使会计教学的手段改变，但新的问题也随之出现，最典型的表现是由于教师课堂板书量的减少，课堂上讲述的内容以演示文稿的方式呈现，导致课堂教学的知识和兴趣点转移。

互联网时代下，会计教学模式的改革首先要转变的就是教学主体的转变。利用互联网技术可以让学生成为会计教学活动中的主体。教师是制片和导演，学生要从原来的观众要转为演员，实现教学主体学生化。让基于知识传授的课堂教学方式转变为基于问题解决的课堂，即我们通常所说的翻转课堂的教学模式。具体的做法是，将会计教学中知识性的内容以微课的形式通过互联网课程平台发布，学生利用课余时间通过自己观看视频进行自主学习。每个学生可以根据自己对知识的掌握情况控制学习进度，没有学会可以反复学习，实现自主学习和个性化学习。课堂教学不再讲述知识性的内容，而是提出新的问题，让学生利用获得的知识去解决问题，通过解决问题的过程完成知识点的内化和提升。课堂教学的重点是帮助学生解决学习中遇到的困难和问题，教给学生解决问题的方法和思路，教师成为学习的引导者。以问题为导向的课堂教学模式可能促使学生去做更多的阅读和学习，这样才能解决问题。课堂教学主体的转变可以激发学生学习的兴趣，培养学生分析问题和解决问题的能力。

（二）课程资源的多样化

传统教学方式下，会计专业的教学资源主要是教材和习题。这些传统的教学资源是无法满足翻转课堂这种教学模式的，以学生为教学主体的翻转课堂教学模式不是用视频和网络资源代替书本，而是这些资源的融合，使会计的课堂教学模式呈现出立体化，线上课堂和线下课堂做到优势互补。要实现课堂的有效翻转必须做好课程资源的建设，课程资源建设是会计教学模式改革的基石，可以通过一些途径完成一系列现有资源的整合。国内的多数视频学习网站都有会计专业相关教学视频的免费资源，教师要能够充分利用这些教学资源，对这些资源进行甄别，筛选出适合教学对象的课程资源，推荐给学生在线下观看，并设计好学生要完成的任务以及需要思考的问题。同时，要自行开发课程资源。由于每个学校办学特色不同，现成的课程资源并不能完全满足教学需要，还必须组织课程的主讲教师针对自己教学对象的特点，开发建设有针对性的课程资源。对传统纸质教材和习题资源进行修改，使之符合新的会计教学模式的需要。在这种教学模式下，课程的资源将呈现出多样化的趋势，纸质的教材、习题，微课视频，动态开放的慕课资源都将成为课程资源，离开课程资源建设，翻转课堂模式就没有实施的基础。

（三）教学控制全程化

传统的课堂教学，教师能控制的仅仅是课堂的 45 分钟，课后学生做什么，教师没有办法控制和实施有效的管理。有人也会质疑，辛辛苦苦开发的课程资源通过互联网课程平台发布后，学生不看怎么办？如果学生不能自觉地在线下完成自主学习，翻转课堂的教学模式就无法实现，相当于导演让演员回家背台词，演员根本没背，戏就拍不下去。不能有效地解决这个问题，翻转课堂就是空谈。那么如何解决这个问题呢？可以利用互联网的云技术，创建云班级，云班级以教师在云端创建的班群和班课空间为基础，为学生提供移动设备上的课程订阅、消息推送、作业、课件、视频和资料服务。云班级为教师和学生提供基于移动交互式数字教材的教学互动支持，教师在数字教材中标注阅读要求和学习要点，学生在数字教材学习时可以查看教师的批注，也可以在同学间分享笔记。教师可以查询学生的学习进度和学习记录，学生本学期进度和学习成效都能在手机的 APP 里一目了然。到了期末，谁能得高分，谁会被判不及格，就都有了依据。学期末教师可以得到每位学生的学习评估报告，实现对每位学生的学习进度跟踪和学习成效评价，也激发了学生利用手机进行自主学习的兴趣。云班级最大的优势在于可以发布丰富的教学资源。这些资源可以自行设计开发，也可以共享网络中的资源。它并不只是一个类似简单的手机 APP，通过对数字资源的不断开发，未来云班级将是一个取之不尽用之不竭的资源库和实现教学全过程管理的有效工具。有了这样一个互联网平台，学生的手机将成为学习的工具，而不再只是悄悄地低头在课桌底下用手机聊天、玩游戏，教师手中的手机也将成为教学管理、课程建设的有力工具，这些智能化的电子设备才能实现其真正的价值。

（四）学习情境混合化

在互联网时代，学习情境将呈现出混合化趋势。学习的空间既有线上的课堂学习，又有线下的自主学习。互联网技术的深入发展和智能化电子产品的广泛应用，使学生的学习方式变成移动式和碎片化，只要有网络，学生就可以利用智能手机在任何时间任何地点进行学习，提高时间的使用效率，学习的方式更加自由和多元化，文字的课本、发布的视频、网络上的资源，都可以利用。在同一个课堂上，有的学生可能在互相讨论，有的可能自己看视频，有的学生可能在静静地看教材上相关习题的讲解，用何种方式获取知识完全取决于学生自己的喜好。但无论用什么方式，要达到的目标是一致。这种学习情境的改变满足了学生个性化学习的需要，对激发学生的创造力，培养学生的创新思维将大有裨益。

（五）考核评价多元化

目前，高校会计专业大部分课程仍采用传统考核方式，即课程的“平时成绩＋期末闭卷成绩”的考核形式，考核的内容主要是课堂和教材的知识无法对学生职业能力进行评价。这种评价的方式的实质是结论性评价，通俗讲叫一考定终身。其最大的弊端是考试时间有限，考试范围固定，以考核知识为主，无法对学生能力进行评价，导致学生平时不用功，期末考试前进行突击复习，学生考前死记考试范围，评卷教师在评判成绩时容易参与较多个人情感，难以真实反馈教师授课水平和学生掌握知识的程度。这种考核评价机制无法适应本科应用型人才培养目标的要求。根据会计专业课程的特点，借助互联网的课程平台，建立一个科学合理的考核评价体系是会计教学模式改革的当务之急。课程考核评价的方式应该从结论性考核向过程性考核转变，评价主体从以教师为主体的单一主体向多元化主体转变,可以是计算机考试系统的在线评价,可以是教师的评价，也可以是学生之间的相互评价。考核评价的范围包括对整个课程教学中学生的学习态度、学习表现、能力发展等多方面的评价，把学习过程和学习成果都纳入考核范围。考核评价不是为了难倒考倒学生，而是找出每个学生在学习过程中在哪些方面做得比较好，哪些方面还存在何种问题，学生应该如何解决，对学生的学习过程给出指导。学生不会因为自己还有不满意的习题而难受，因为可以在后面的学习中通过个人努力进行弥补。这种考核方式能够调动学生的主动性、积极性，使学习过程变得更加有趣、更加个性化，有利于促进学生能力的发展，也有利于更加全面地评价学生的综合能力。

（六）教学模式现代化

互联网技术和移动互联网技术的推广不仅是信息技术的革命，更是会计教学模式改革的引线。促进会计教学模式的深化改革，在会计教学模式改革的探索与实践中还要注意以下问题，才能避免会计教学模式的改革走进误区。

1. 要实现对“翻转课堂”的有效管理

在会计教学模式的改革实践中，不能把翻转课堂简单地理解成让学生在课前通过观看微课视频自己学习，课堂上教师进行答疑解惑。如果只是简单地读视频，那么，翻转课堂就和传统教学中的课前预习没有什么区别。在翻转课堂中，教师要成为学习的引导者，不再是“授人以鱼”，而是“授人以渔”，必须更加注重学生学习能力的培养。所以对翻转课堂做好课前、课中和课后的整理就显得非常必要。

课前精心设计学习任务单，及时发布课程资源，任务单中要明确学生线下学习应完成的具体任务，完成任务后要解决什么样的问题，学习中遇到困难应该如何解决，完成任务后会得到什么奖励，不完成任务会有什么样的处罚，这样学生线下学习才能目的明确。同时，要注意课程资源的发布必须及时，让学生有足够的时间完成任务，课程中要设计针对性的案例，对学生自主学习获得的知识进行内化，线上课堂的案例或问题的设计必须有针对性和可行性。在教师的指导下，利用学生自己的知识积累能够解决该问题，目的是促进学生在解决问题的过程中实现对所学知识的内化，让学生能够通过这些问题和案例建立起自己的知识结构。

课后要设计综合性案例，实现知识迁移。学生获得知识的目的是提高自己独立解决问题的能力，综合性案例的设计就是为了培养学生独立分析问题、解决问题的能力，实现切实的需要。利用大数据分析的结果，辅助公司决策，以提高自身的竞争力。客户分群、客户行为分析、客户关系管理、市场营销、广告投放等企业核心业务越来越依赖于对大数据的有效分析。如何从海量业务数据中挖掘存在价值的信息和知识，从而指导商业运营与决策、提高企业运营效率和盈利能力，这也成为每个企业面临的重要挑战。由于会计专业与社会需求紧密结合，会计专业的人才培养具有明显的应用型导向，强调学生的实践和应用能力，为了适应市场对人才需求的变化，培养大学生知识的迁移。

2. 要实现对知识体系的构建

在会计教学模式改革中，为了提高学生的注意力，将学生课前自学的内容，以微课的形式在课程平台中发，它的优点是解决学生注意力不能长时间集中的问题，但是也出现了学生获得的知识是碎片化的、零散的。如何把这些零散的碎片化的知识点串联起来，将这些零散的知识点进行复原，按照会计学科的知识结构，构建完整的知识体系，是教师在课堂教学中要完成的首要内容。可以使用思维导图或知识结构图来实现会计学科知识体系的还原。

互联网时代下，会计教学模式的改革是一项长期的系统工程，在具体的实施过程中可能会遇到新的问题，需要广大的会计教育工作者，不断探索，不断总结，找到适合会计教学的新方式。

第四节　互联网时代会计教学资源的改革

一、会计专业教学资源信息化存在的问题

会计专业教学资源信息网络化的成就是有目共睹的，但也存在着一些问题，可归纳为以下几点。

（一）会计专业教学资源信息网络化跟不上硬件的发展

会计专业教学资源建设与硬件建设均衡发展，已成为会计专业发展中亟待解决的问题之一。在会计专业发展史上，受传统思想的影响，一直都存在重硬件轻软件的问题，特别是 20 世纪 90 年代以后，以计算机为核心的信息技术兴起，会计教育信息化成为世人瞩目的焦点，基础设施建设初见成效。可以说，硬件建设已取得了一定的成绩，但软件建设却没有跟上硬件建设的步伐，使“教学资源匮乏”成为开展会计专业教学的“瓶颈”。在会计专业建设和理论研究过程中，教学资源信息网络化与硬件均衡发展已成为学科建设的重要任务，均衡发展是会计专业发展的方向。

（二）网上现有的会计专业教学资源缺乏精细的组织、目标、原则及方法

纵观当前会计专业教学资源建设的现状，不难发现：人们往往注重单一课程的教学资源开发，而忽视了全面建设本专业教学资源的工作；缺乏精细的组织、目标、原则及方法，导致会计专业资源整合不足，未能形成理想的网上教学环境，使学生在学习时“见木不见林”；不能为学生提供一个不断实践、应用会计专业技术的舞台，就不能满足学生对会计专业信息技术的向往、求知，学生旺盛的精力、强烈的好奇心和求知欲未能得到及时有效的正确引导。

（三）专业领域信息网络化教学资源形式单一

当前，会计专业教学资源主体仍是文本类信息居多，罗列会计专业教学重点多，针对学习过程的指导少；教学资料静态的比较多，而交互式的多媒体教学软件比较少，缺乏会计专业教学内容之间的有机联系与链接，交互功能不足，而且专业和课程特色不够突出，专业的教学资源建设跟不上，有些课程有文字教材或音像教材，但网上教学资源的建设滞后。

（四）重复建设情况时有发生

在各高校的会计专业开展的教学资源建设中，重复建设的课程和资源比较多，共享程度差，造成了严重的资源浪费。

（五）教学资源建设完成投入使用，缺乏质量跟踪和信息反馈

教学资源建设人员对跟踪调查和信息反馈缺乏专业化的运作方式，难以发现客观上存在的问题。学习效果的反馈和信息网络化教学质量评价等环节有所欠缺，学生和教师对网上学习的效果胸中无数，存在所谓“见花不见果”的现象。

二、会计学科网络教学资源的建设策略

当前，高校信息化建设正在朝着“数字化校园”的目标迈进。实现数字化校园，网络建设是基础，资源建设是核心，因此，网络教学资源建设已成为当前高校信息化建设的重要内容和任务之一。近年来，很多高校都组织开发了网络课程和学科网站等教学资源，并在现代化教学中推广应用，成为网络教学资源建设的主要内容和载体。网络教学资源建设将常规教学资源与网络信息技术进行有机地整合，以达到激发学生自主学习兴趣和教师辅助教学的双重作用，是实现教育信息化的重要手段。

会计学科网络教学资源是指基于网络的会计专业教学材料，即基于互联网运行的会计学科信息化教学资源。作为一门热门学科，尤其是实践性和应用性特征明显的学

科，会计与计算机和网络的关系十分密切。20世纪50年代开始的计算机在会计中的应用带来了会计数据处理技术的革命，成为会计发展史上的一个重要里程碑。随着计算机和网络技术的迅速发展，计算机和网络在会计工作中的应用范围也在不断扩大，作用也在不断提升。时至今日，计算机应用于会计领域已从最初的单个功能模块发展到集会计核算、会计管理以及预测与决策等功能于一体的综合性软件系统，并实现了网络化管理。与会计学科的发展动态和教育信息化发展趋势相适应，会计学科专业教学中的网络资源使用也十分普遍。会计专业精品课程、网络课程、会计学科专业网站等，大大丰富了会计学科的教学资源，增强了学生的学习自主性，提升了教学效果。然而，毋庸置疑，当前高校会计学科网络教学资源建设也还存在一些问题，需要加以关注和解决。

（一）会计学科网络教学资源建设的意义和作用

首先，网络教学资源的使用使会计学科专业教学形式和内容得以丰富。网络教学资源的首要特征是丰富性。会计网络教学资源将大量教学资源以网络的形式展现，改变了传统“纸质教案＋多媒体课件”的教学资源匮乏的状况，使学习者可以更多地浏览、观看、下载各种专业教学课件、视频和图文资料，教学形式多样化。另外，网络教学资源及时地将最新的信息以最便捷的途径呈现在使用者面前，使会计专业学生迅速获得最新、最前沿的专业信息资源，使会计专业课堂内容不再局限于已出版的教材之上，而是将教师和学生的目光转向对界内最新知识和技能的了解和学习，教学内容大大丰富且更具有前瞻性。

其次，会计学科网络教学资源建设和使用使学生学习的自主性得以增强。高等教育的改革目标之一是培养学生自主性学习习惯，即促使学生从“应付学习任务”向“怀有愉快期望主动学习”转变。网络是当前学生最感兴趣的媒介，通过网络教学资源的使用激发学生探究专业知识的欲望，通过网上讨论培养学生思考的习惯，通过形式多样的互动式教学使教师和学生都摆脱了传统的填鸭式课堂教学模式，强化了师生之间的互动，刺激了双方的主观能动性，使学生学习的自主性得以增强。

最后，会计专业网络教学资源的使用使学生的专业技能得以增强。会计是一门应用性很强的学科，单纯的课堂学习仅从理论上解决了专业知识的讲授，对学生实践知识的运用却未能很好地指导。网络教学资源的建设可以有针对性地强化学生对会计知识的实践应用，通过“实践指导”模块的丰富和讨论模拟企业实际会计工作环境，增强学生的专业技能。

（二）会计学科网络教学资源的不足

1. 网络教学资源“静”多“动”少

在高校信息化建设的大环境下，很多财经学校的会计学科网络教学资源都得以快速地开发、建设和使用。但是，从网络教学资源提供的情况来看，现有会计学科网络教学资源中大部分仍是文本教学材料（课程简介、教学大纲、教学课件、重点与难点、课后练习题等）为主，很多内容是教材或授课的简单重复，且以静态的形式呈现。而教学是一个动态的过程，是学习者提出问题、得以解决、再产生疑惑和再次解惑的不断循环的过程。静态的信息可以满足会计专业学生对学习的基本需求，但无法满足他们在学习过程中产生的个性化学习需求。当前“动”少“静”多的会计学科网络教学资源使得其不能为学生提供及时的大学自主学习支持服务。

2. 网络教学资源建设偏于“各自为战”，未能有效整合

当前，高等教育会计学科的很多主干课程诸如基础会计、财务会计、财务管理等都是校级、省级甚至国家级精品课程，精品课程网络验收模式推动了其网站建设并对学生开放，充实了会计专业教学资源。但是，精品课程网站建设更偏重于展示而忽略与学习者的互动。很多高校开设的网络课程由于更具有互动平台，从一定程度上弥补了精品课程资源的不足，但这些网络课程的开发一般是由任课教师自行组织，教师各自为战的情况比较明显，加之网络课程偏少，使得网络课程之间、网络课程与精品课程之间未能有效整合，缺乏协调性和统一性。

3. 网络教学资源整体设计水平有待提高

由于经费的限制和会计学科的专业性要求，当前会计学科网络教学资源建设的主体绝大部分是专业教师或教师团队，这些会计学科专业教师或以精品课程为契机，或以网络课程建设为着眼点，进行网络教学资源的开发和建设。这些专业教师具备丰富的专业知识，但对互联网、信息化建设、人机界面构建等方面的知识还存在一定欠缺，导致其开发的网络教学资源的整体设计水平不高，影响其使用效果。

4. 网络教学资源所提供的便捷下载可能导致教学分析能力下降

众所周知，会计学科网络教学资源信息量丰富，相关课程的教案、课件、习题等静态资料充盈，下载便捷，这从一定程度上缓解了教师对教案等的重新编写工作。然而，正是这些便捷的网络资源可能助长了一批教师的教学“惰性”。教案不用编写，课件不必制作，习题不再新出，很多教师“拿来主义”思想严重，在教学准备过程中“偷懒”，不再根据课程特色、学生特点和自身情况设计教学模式和思路。比较严重的，连最简单的修改都不做，直接从网上下载他人教案和课件在课堂上使用，影响教学质量和效果。长此以往，教师的整体教学能力和教学效果堪忧。

5. 网络教学资源设计中忽略对学生学习过程的监控

会计学科网络教学资源建设的最终目标是向学生提供形式丰富的学习资源，让学生坚持学习并取得良好的学习效果。为达到这一目标，不仅需要在各专业网络课程建设中添加形式多样的学习内容，还应注意设计相应教学环节，安排学生充分利用网络资源开展学习任务。当前，很多网络课程中对于学时安排、学习方法介绍等大多是基于传统经验，没能根据网络环境的特点进行系统和有针对性的设计，也有很多网络课程强调了学生的讨论、互动，但因网络教学资源使用的发散性和对学生学习过程的监控不力，影响会计学科网络教学资源的最终使用效果。

（三）会计学科网络教学资源的建设策略

（1）以目标为导向构建会计学科网络教学资源体系，整合现有资源，逐步建设和完善。当前的会计学科网络教学资源比较分散，大多处于教师自建、自管、自用的状态，缺乏整体规划。因此，网络教学资源建设的首要任务是确定教学目标，以目标为导向构建会计学科网络教学资源体系。将已有的精品课程、网络课程、学科网站等进行理顺和整合，专业主干课重复部分考虑调整和删减，而对于之前缺乏的专业选修课内容逐步进行增加和完善。同时，设置每位教师可根据自身特点和学生特征进行调整的特色模块，保障网络资源的共用和可循环再用。

（2）以精品课程为基础丰富网络教学内容，增加多种素材充实“动态”资源随着高等教育系列实施的“质量工程”改革项目的启动，高校精品课程建设已达到一定的程度和水平。精品课程是集优质师资、高水平教材、先进教学理念和良好教学效果于一体的专业主干课程，最能体现会计学专业核心知识。会计学科网络教学资源建设应以现有的精品课程资源为基础，充实和丰富网络资源的教学内容。同时，为了补充精品课程资源的“静”多“动”少的不足，在会计学科网络教学整体资源库中，增加更多的专业课程的文本、图形、视频等素材，设置“讨论与互动”模块，充实动态资源。

（3）提高教师信息水平，变“拿来主义”为“拿来思想”。在信息化高速发展的当今社会，会计学科专业教师的信息化水平不仅直接决定了网络教学资源的建设水准，同时会影响到网络教学资源的使用效果。因此，有必要通过培训、进修和其他方式的学习，提升专业教师的信息化水平，从而提高网络教学资源建设水准。另外，在网络资源使用过程中，引导教师以现有网络提供教学资源为依据进行特色调整和开发，摒弃“拿来主义”，秉持“拿来思想”，以网络资源为手段提升教学水平和教学能力。

（4）增加互动和在线任务等教学环节设计，注重对学生学习过程的监控。为了发挥学生学习的自主性，建议在会计学科网络资源体系构建中添加形式多样的学生自主学习内容，运用“启发式”和“以问题或案例为切入点”的教学思想和教学方式，设计各种类型的学习任务并控制学生的学习过程。如通过发布通知、在线完成作业、在线期中考试、案例讨论、跟帖参与讨论等，对学生的学习进行必要的督促。同时，对于重点知识内容的学习还可以提出更高要求，如没有完成必要的学习任务就不能进行下一阶段的学习或不能完成学习过程等要求，以保证对学生自主学习的监督和控制。

二、基于互联网的会计教学资源库建设

基于互联网的会计专业教学资源库以区域经济发展转型及企业需求为依据，以技术更新为热点，打破行业、企业与职业教育的壁垒，形成职业教学与企业用人匹配、校企双主体育人的教学结合平台。基于互联网的会计专业教学资源库具有开放性、共享性、可扩展性、高可靠性，可以满足地区经济转型、产业升级对新技术和人力资源的需求，形成产业集聚，促进地区经济发展；可以满足学生、教师、社会人员对会计知识的需求，共享会计专业优质资源，缩小地区间会计职业教育水平及人才质量的差距。会计具有一定的共通性，基于互联网的会计专业教学资源库的建设必须涵盖共通的会计准则，在此基础上加入与本地区产业结构密切相关的（如物流会计、旅游会计、农业会计、成本会计及管理会计等）知识体系及实操案例，支持本地区产业转型升级，促进本地区经济发展。

（一）会计专业建设标准库

当前是国家经济转型的重要时期，逐步完成从传统制造业和服务业向先进制造业和现代服务业的升级。培养优秀技能型会计人才是高等教育的目标之一，需要调研区域经济、行业发展和企业需求，制定相应的会计专业人才培养目标及方案、课程建设标准等。

（二）会计职业信息库

会计职业的市场需求面广，电商企业、物流行业、生态农业、“互联网 + 制造业”、商业、餐饮业、旅游业、咨询服务业、金融行业等都需要会计人员。但不同行业对会计人员专业知识侧重点的要求不同，对会计职业资格的要求也不同。此外，会计从业人员还要了解与自身权益相关的知识和法律条例。会计职业信息库主要包含不同行业、企业信息，相关产品的流程介绍，服务内容，会计岗位描述等。

（三）会计专业课程资源库

根据企业需求，参考技能型人才的发展规律和会计职业生涯发展需求，以会计从业能力—初级会计师能力—中级会计师能力—高级会计师能力为基准线，设置会计专业课程，如会计从业能力核心课程“会计基础”“出纳实务”，初级会计师能力核心课程“财务会计实务”“纳税实务”“会计电算化”，中级会计师能力核心课程“中级会计实务”“成本计算”“财务管理”，高级会计师能力核心课程“审计”“财务

报表分析”“高级会计实务”“管理会计”，特色行业会计课程“物流会计”“旅游会计”“农业会计”“金融会计”等，建立会计专业课程资源库。会计专业课程资源库包括精品课程、课件、名师讲课等视频（中华会计网校教学视频等），核心课程电子教材，企业会计制度准则等。

（四）学习资源库

学习资源库为学习者提供自主学习素材，主要包括文本资料、图片信息、音频或视频文件、虚拟实训内容、职业资格技能训练，来自企业、行业一线的实际案例库，帮助学习者实现学习迁移。

（五）测评资源库

测评资源库主要包括专业知识题库、知识运用测试、职业判断测试、技能操作测试、毕业设计等。测试分别在学习开始前和结束后进行。企业可以根据测评结果选择所需的人才。会计课程组建系统具有学前评估监测系统，学习者利用它进行学前分析，教师通过后台评估监测系统准确了解学习者的学习情况，根据学情排列课程。会计虚拟教学系统和实训平台是将会计职业场景、岗位设置、岗位任务和操作角色结合起来的。3D 虚拟实训系统，具有仿真性、任务操作性和过程判断性，按照工作流程布置典型操作性任务，实现融职业认知、职业判断、业务处理、实务操作、评价反馈和教学管理于一体的实训教学功能。会计资源管理服务器系统是一种基于互联网的双向资源共享，类似于 MOOC 的教学模式。基于互联网，利用 Web 技术完成专业门户和课程门户定制，用户打开页面进行学习，并通过成果评价得到反馈信息。基于互联网的会计教学资源库最终实现知识共享、资源开放，面向社会服务于全民学习、终身学习。在会计专业教学资源库建设过程中，要建立长效机制。在论证、立项、建设、评估、验收及维护等环节明确资源库的专业性、实用性要求。具有计算机基础的会计专业人员是教学资源库建设的重要保证。要提高会计专业教学资源库的利用率，就要加快素材的开发与更新，融入现代教育技术，改变会计职业教育的管理方式、教学方式、学习方式及会计专业的建设方式。还要重点服务会计行业，重点建设工商登记服务案例（工商登记、公司变更、工商年检）、财税业务服务案例（代理记账、纳税申报、信息化实施与维护）、审计服务案例（验资、审计）、咨询服务案例（财务咨询、管理咨询、税务筹划）等。

第五节　互联网时代会计教学方法的改革

一、互联网时代的会计教学方法改革的设想

（一）树立教学理念

教师在教学过程中应该树立“以学生为本”的观念，一切教学活动都应该以调动学生的积极性和主动性为立足点，帮助学生学习和探究会计知识。总之，教师在教学过程中应该尊重学生的主体地位，提高学生的主动性和创造性，使学生积极参与到会计学习中来。

（二）改革课程设置

在“互联网+”时代大背景下，教师应该根据会计发展的新领域和会计结构的新变化来设置相应课程。多媒体教学作为一种新型的教学模式出现在当今教育体系中，学生在课堂上可以通过互联网掌握和理解更多的会计知识，也可以通过互联网了解更多的会计实例，让学生逐渐提高会计的实际操作能力，加强对基础会计的模拟实践，积累学习经验，这样有助于学生对会计工作的环境和过程有一个直观的认识。同时，改革课程设置，可以使学生通过现代信息技术提高自身的积极性和创造性，使课堂气氛更加活跃，从而提高会计教学的整体水平。

二、互联网时代的会计教学方法的利用手段

（一）案例教学

案例教学是对传统教学模式的补充，使学生在学习会计理论知识的同时，通过剖析案例，将学到的理论知识运用到实际生活中，以提高会计分析能力。随着教育体系的不断完善，为适应教学改革的需要，案例教学也应该逐渐被重视起来。

互联网时代，会计教学方法是会计教育改革的重要组成部分。在新时期，各类教学手法是对教学改革的启发和总结。案例教学法的主要教学目的是提高学生对知识理论理智性的理解及应用能力，提高和培养学生的评论性、分析性、推理性的思维和概括能力、辩论能力以及说服力方面的能力和自信心。案例教学法能够使学生认知经验、共享经验，能够促进学生扩大社会认知面以及激发学生解决一些社会问题的愿望和相关能力。此外，案例教学也利于培养和发展学生的自学能力和自主性思维习惯。

所有教学方法的目的都是让学生学到知识，传统教学方式的讲课方法一般是通过演绎推理来传授知识。其逻辑起点是较正式地阐明概念结构和理论，然后用例子和问题来论证，教师授课辅之以阅读、音像、练习和习题等有效方法传递具体事实、原则、系统技术。在会计教学中，授课的意义受到极大的限制。因为对于资历较浅，尚处于成长期的会计专业学生来说，事实、原则和技术只是他们应该掌握的知识的一个次要部分。许多学生在复杂多变的环境中工作，必须在不具备可靠的完备信息的前提下，做出判断并采取行动。如果只会查阅有关原则、理论和事实的记录而不能做出判断，就不能出色地完成学业和工作。事实上，学生的知识水平在很大程度上并不能决定成败，决定成败的是学生到底怎样思考、怎样判断和怎样行动。在提升思维能力方面，更积极的教学方法，尤其是案例教学必须以学生为中心、教师及时发问的授课型教学法更加有效。

案例教学通过对具体事件的分析来促进学习，最突出的优点是学生在学习过程中扮演了更为积极主动的角色。这种方式从归纳的角度而不是从演绎的角度展开某一专题的学习，学习过程中让学生高度投入事先安排好的一系列精巧设计的案例讨论之中，从而达到教学目的。

案例一般描述的是现实的财务管理经验或某种假想的情形，是案例学习的基本要素。财务管理案例表现为多种形式，大多数都用归纳方法进行教学，或是情况诊断，或是决策研究，或是二者结合。诊断的案例又叫评价案例，描述了会计从业人员的成功与失败，学生可以了解系统特征与决策结果之间的因果联系。描写管理成功的案例，可称作“解剖学”式案例；描述失败的案例可看作“病理学”案例。把一系列案例组织起来教学，能帮助学生理解什么时候特定的管理角色和管理风格是有效的。

另外一种通行的管理案例是决策案例。能使学生身临其境地像管理决策者一样进行思考。这类案例经常提到的问题是应该做什么？与现实决策相似的是，这些案例提供的决策相关信息也不完备和不完全可靠，因而不能单单通过系统规范的分析技术来得到答案。许多案例把诊断和决策联系起来，要求学生不但要分析情况，还要给出行动方案。

案例教学的另一基本要素是要采用苏格拉底式的循循善诱的教学风格，给学生分析问题的机会和分析案例的责任感并对其观点进行评论。案例教学中，教师的角色是促进讨论而不是写正确答案，即使学生有正确答案，也不应轻易表态。

（二）互联网教学

互联网时代教学是声音、文字、图像的结合，它避免了传统教学的弊端，互联网教学是利用现代信息技术，将多媒体运用到教学领域的一种教学方法。在整个教学过程中，学生可以学到书本外的知识，也可以使学生发挥自身个性，提高学习效率。教师利用互联网教学可以缩短教学时间，提高教学质量。因此，互联网教学可以提高现代化教学的效率，使教师和学生都从互联网教学中受益匪浅。随着多媒体技术的不断发展，在“互联网+”时代，通过会计教学改革，可以为社会培养出大批会计实用型人才。教师应该与时俱进，推进互联网会计教学改革，适应当前经济体制和教育体系的改革需要，为我国新时代会计领域培养更多的优秀人才。

三、互联网时代会计教学方法的其他变革

（一）交互式会计教学情境设计探索

会计教学情境是互联网时代会计教学的新方法，但是，会计情境模拟实验教学只有物质情境是不够的，还需要表演情境、语言情境等情境设计，让学生产生心灵共振。这就需要广泛借助社会力量将会计生活化、情境化、剧本化，让学生扮演各种会计角色，尝试会计职业发展轨迹和会计人生的酸甜苦辣。

1. 会计业务融入情境剧本

会计情境实验教学实施的关键在于布置高仿的工作场景，并设计合理的会计教学情境。这就需要将会计业务生活化，将具体会计业务的处理嵌入情境剧本中，采用会计职业含义更加丰富的“学习情境”搭建教学单元，提升学生的职业能力，结合实践，探索出一本理论联系实际，提高学生动手、动脑能力的教学剧本。显然，互联网技术将是会计剧本设计最重要的手段之一，可以实现区域内企事业单位联网贡献设计复杂的业务内容，让企业更好地承担社会责任和享受“免费”午餐，即让企业主动将财务难题、会计疑问作为情境贡献出来，并得到区域“会计云平台”的支持。这样可以实现模拟生动的情境，也会充分发挥学生创新能力和应用能力，实现校企合作共赢的目标。当然，根据会计职业的特点，还需要渗入职业道德教育的内容，让学生领会到会计职业道德的真谛。

2. 角色与人物的情境构思

会计情境剧本是一个生动、引人入胜的会计业务的缩影，可以是会计人才培养的蓝本。当然，有了剧本，就需要演员去扮演角色和体会任务，并组织实施实验教学情境。这就需要互联网的互动思维，让每个学生演对手戏，因为企业会计业务是交易型业务，每笔经济业务的发生涉及多个方面，这就需要学生站在各自的会计主体去体验会计业务的处理。同时，“互联网+”可以让人物生动化，这里的虚拟人物可以聘用企事业单位的在职会计人物来串演一部分角色，让职业感悟能力通过“会计云平台”去培养学生的职业应用能力。

（二）"互联网 +"与会计游戏

从以上可以知道，会计情境实验教学具有多功能的特点，是一项极其复杂的教学任务。"互联网 +"给其带来巨大的发展空间，可以使枯燥的会计教学变得像玩一场会计游戏一样。会计情境实验教学可以借助互联网技术使"单体教学"变成"立体教学"，让会计虚拟情境平台具备智能功能，为教学提供诸多方便。在会计游戏中充分让学生体验到会计职业成长的过程，记录每一次会计人生的经历，而这些信息也将为人才培养提供更多的定量分析的大数据，促使个性化人才的培养。

（三）问题探究式教学

问题探究式教学是指教师或教师引导学生提出问题，在教师组织和指导下，通过学生比较独立的探究和研究活动，探求问题的答案而获得知识的方法。这种方法为教师在互联网时代发挥教学中的引导、指导作用提供了很大帮助。教师可以利用网上论坛中热点问题引出教学相关问题，组织学生利用互联网、网络资源库等工具进行答案搜索，并利用各种互动工具进行学生间、教师与学生间的线上、线下讨论、互动、指导，最终探求正确答案并获得理论知识。问题探究式教学使得学生自主学习能力更强，学习主动性增强，学生在这个过程中学到了如何去获取知识、应用知识和解决问题的方法。

（四）项目教学

项目教学是指在教师的指导下，将一个实用性强、相对独立的项目提供给学生自己完成，学生通过信息的收集，对项目进行评估、设计、实施、评价，最终完成项目并获得知识、能力的教学方法。互联网大会计时代下，我们的会计技术将得到快速发展，会计的职能将发生转化，从传统地提供、处理会计信息转向会计信息的使用、分析、参与决策，事前预测、事中控制的职能逐渐显现。这就要求我们学习、掌握互联网应用技术，应用大数据、云计算等新手段，借助信息新工具，更高效地履行会计的预测、计划、决策、控制、分析、监督等职能。而项目教学将会更好地帮助我们适应互联网所带来的信息技术新挑战。项目教学将以企业具体项目对学生提出相应的任务，借助信息工具，完成项目要求。通过项目教学，学生学习更有目的性、主动性、积极性，学习的内容与实际企业更加接近，随着各个项目的完成，学生成就感更强烈的同时完成了相关理论内容的学习。

（五）利用信息化教学资源教学

信息化教学资源是指经过数字化处理，可以在多媒体计算机上或网络环境下运行的课件、学习工具、教学网站等。利用信息化教学资源进行教学顺应了互联网时代的需求，为教师的教学和学生的学习提供了有力的保障。这种教学方法有着其他教学方法无法比拟的优势，为培养互联网时代的会计人才发挥重要的作用。教师可以利用课件、图表、动画等演示工具为学生提供更加形象、生动的音频、视频教学内容；可以利用邮箱、QQ、论坛等交流工具与学生进行互动、交流；可以利用练习、测试软件、实训平台等辅导工具让学生在练习和测验中巩固、熟悉所学的知识；利用移动学习软件等评价工具对学生成绩进行更全面、综合的评价。

（六）尝试跨专业教学

跨专业教学是指在教师的指导下，不同专业的学生在一个模拟的工作环境中，通过信息的搜索、传递、处理、分析，最终完成不同岗位工作任务并获得知识、能力的教学方法。互联网为会计跨专业教学提供了技术支撑。跨专业教学把会计问题放在一个更为宏观的各专业教学的视野下加以审视，解决了学生的思维整合问题。通过跨专业教学，可以使学生的整合思维能力得到发展，可以消除教师只关心自己本专业教学的心理，可以解决学生体验知识的需求。例如，某些高校跨专业综合实训课程的开设、跨专业综合实训软件的应用都大大拓宽了学生的知识面，增加了学生的学习兴趣，激发其上进心，不仅能够提高学生对会计专业知识的认识，更重要的是增加学生对各专业知识的体验。

互联网时代，我们的会计教学方法终将发生变革。教师在会计教学中可以选择问题探究式教学、项目式教学、利用信息化教学资源教学、尝试跨专业教学、过程性考核教学等方法，这些方法可以进行优化组合和综合运用。无论选择哪种方法，我们都要充分考虑教学内容的特点和学生的特点，充分关注学生的参与度，充分发挥学生的主动性，逐步实现教师的“主导地位”转向“指导地位”，学生的“被动学习”转向“主动学习”。

参考文献

[1] 刘中华 . 基础会计教学实践 [M]. 成都：电子科技大学出版社， 2015.06.

[2] 李霞，陆红霞，李东光 . 会计教学方法与人才培养研究 [M]. 天津：天津科学技术出版社， 2017.08.

[3] 刘万华 . 职业能力指导下的高校会计教学 [M]. 成都：电子科技大学出版社，2016.12.

[4] 马睿 . 信息化背景下高校财务会计教学研究 [M]. 北京：北京工业大学出版社，2021.09.

[5] 董海慧 . 应用型人才培养视角下的会计教学改革研究 [M]. 北京：北京工业大学出版社， 2020.

[6] 陈沉编 . 会计学原理及教学案例 [M]. 广州：华南理工大学出版社， 2020.05.

[7] 王海燕，王亚楠 . 会计信息化教学研究 [M]. 长春：吉林大学出版社， 2020.03.

[8] 梁丽媛 . 我国高校会计人才培养与教学研究 [M]. 北京：北京工业大学出版社，2019.11.

[9] 鲍新中，孟秀转 . 财务会计类专业教学改革研究 [M]. 北京：知识产权出版社，2016.11.

[10] 姚正海，等 . 财务管理专业与会计学专业教育教学改革研究 [M]. 成都：西南财经大学出版社， 2011.08.

[11] 黄辉，程文莉，顾飞编 . 新时代会计教育转型与教学改革探索 [M]. 成都：西南交通大学出版社， 2019.11.

[12] 张宝贤，唐建荣，蒋丹 . "互联网 +" 会计教学协同创新机制研究 [J]. 中国乡镇企业会计，2017（10）：262-266.

[13] 何群英 . 互联网 + 会计教学一体化改革 [J]. 营销界，2019（34）：207-208.

[14] 孙晓阳 . 互联网 + 背景下的会计教学 [J]. 科技风，2018（13）：31.

[15] 刘秋月 . "互联网 +" 背景下会计教学改革的有效途径探索 [J]. 现代经济信息，2021，（20）：194，196.

[16] 姜利，杨慧媛 . "互联网 +" 时代会计教学途径研究 [J]. 教育教学论坛，2019（11）：173-174.

[17] 郭湘 . 探讨"互联网 +"时代会计教学体系创新研究 [J]. 文化创新比较研究，2021（3）：48-50.

[18] 张荣荣 ."互联网 +"下我国高校会计教学探析 [J]. 商品与质量，2018（35）：14.

[19] 黄蕾 ."互联网 +"下会计专业教学改革探讨 [J]. 新商务周刊，2018（16）：225，227.

[20] 宁丽熙 . 互联网环境下的会计教学改革 [J]. 中国国际财经（中英文），2018（8）：62.

[21] 贾哲，叶宝忠 . 基于"互联网 + 教育"的会计教学模式的应用 [J]. 中国乡镇企业会计，2022（9）：187-189.

[22] 崔娜 ."互联网 +"对会计教学模式的影响辨析 [J]. 山西农经，2018（1）：129.

[23] 林功 ."互联网 +"环境下会计教学的创新 [J]. 延边教育学院学报，2018（2）：76-78，81.

[24] 王立珍 ."互联网 +"背景下会计专业信息化教学研究 [J]. 教育信息化论坛，2019（12）：268-269.

[25] 张宝贤，唐建荣 ."互联网 +"下会计教学模式的变革与创新 [J]. 财会月刊，2017（36）：80-85.

[26] 刘沙沙 ."互联网 +"下会计教学模式的变革与创新 [J]. 北京印刷学院学报，2021（4）：117-119.

[27] 许路遥 . 基于"互联网 + 对分课堂"的会计课程教学模式构建 [J]. 创新创业理论研究与实践，2023（11）：122-124.

[28] 马燕，李晓 . 互联网背景下会计学原理教学改革研究 [J]. 中国管理信息化，2023（9）：222-224.

[29] 杨艳霞，吕永健 ."互联网 +"背景下财务会计实践教学创新研究 [J]. 福建轻纺，2023（3）：68-71.

[30] 王芮 ."互联网 +"经济背景下会计教学优化分析 [J]. 上海商业，2023（7）：190-192.

[31] 周巡 ."互联网 +"背景下管理会计翻转课堂教学研究 [J]. 中国管理信息化，2023（4）：227-229.

[32] 苏天一 ."互联网 +"背景下高职会计专业实践教学创新研究 [J]. 河南教育学院学报（哲学社会科学版），2023（3）：90-92.

[33] 魏英军 ."互联网 +"推动会计课堂教学变革 [J]. 经营者，2017（8）：278.

[34] 李晓璐 .“互联网 +”视域下高职会计课程融合式教学研究 [J]. 淮南职业技术学院学报，2023（3）：86-88.

[35] 聂颖 .“互联网+”时代高职院校会计教学的困境与变革探讨 [J]. 现代商贸工业，2018（34）：153-154.

[36] 吕树娟 . 互联网时代会计教学改进 [J]. 楚商，2019（11）.